ANTIBOMBAS

ADRIÁN SALAMA

ANTIBOMBAS

Terapia para desarmar ataques en redes
y en la vida

Urano
Argentina – Chile – Colombia – España
Estados Unidos – México – Perú – Uruguay

1.ª edición México: julio 2024

Copyright © 2024 by Adrián Salama
All Rights Reserved
© 2024 *by*
Ediciones Urano México, S.A. de C.V.
Ave. Insurgentes Sur 1722, 3er piso. Col. Florida
Ciudad de México, 01030. México
www.edicionesuranomexico.com

ISBN: 978-607-748-968-9
E-ISBN: 978-84-10365-48-3

Impreso por: Litográfica Ingramex, S.A. de C.V.
Centeno 162-1. Col. Granjas Esmeralda. CDMX, 09810

Impreso en México – *Printed in Mexico.*

ÍNDICE

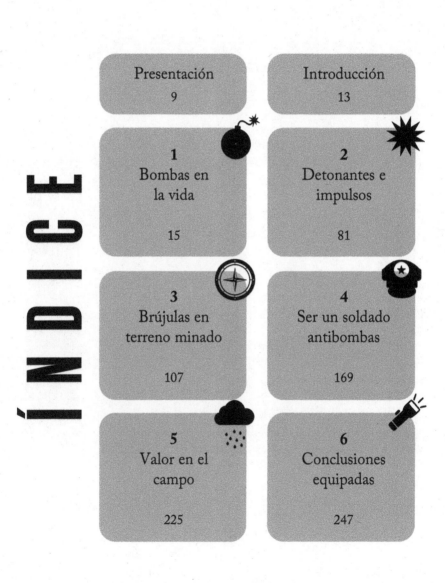

PRESENTACIÓN

¿Te imaginas vivir tu vida de forma auténtica y libre, sintiéndote feliz con quien eres, valorándote, confiando en ti y en tu potencial?, ¿siendo tú mismo en todo momento sin máscaras, sin temor al fracaso?, ¿sin el sufrimiento que acarrea una baja autoestima o por querer encajar siempre? Me encantará ayudarte a llegar ahí.

Este libro nació a raíz de mi frustración al ver a tantas personas maravillosas y con grandes talentos perderse en un mar de culpas y vergüenza, con una inmensa carencia de amor propio, que se subestiman y empequeñecen. Son muchos los factores que abonan a este problema, uno de ellos es la comparación. Estamos viviendo una de las épocas con mayor información disponible y vínculos jamás vistos antes, las personas se mantienen conectadas frenéticamente a internet, siempre presentes en sus redes sociales, siempre consumiendo y consumiendo datos.

Nos estamos comparando todo el tiempo con los demás. Vaya, equipararse con otros es un comportamiento inherente al ser humano, ha existido siempre; sin embargo, jamás se había tratado de una confrontación con absolutamente toda la humanidad. Antes te medías con tus vecinos o compañeros de clase y de trabajo, hoy es con cualquier persona que tenga redes sociales (¡millones!). Esto ha afectado por completo la salud mental y ha elevado la presencia de ansiedad en las personas como nunca antes se había observado, tanto así que es llamada, hoy en día, uno de los males modernos.

La gente no se da cuenta de que la mayoría de las veces se compara con una falsedad, con fotos retocadas, filtros. Es imposible alcanzar en la realidad el nivel de perfección como el que se logra con esos ajustes, pero el daño en la autoestima ya está presente. Quien no puede dejar de compararse y encuentra que no es tan perfecto como aquel personaje, que su piel no es tan tersa, su figura no es tan fitness o delgada, ni su cabello es tan lacio, le tocará vivir la desesperanza y la frustración si no sabe gestionar bien sus emociones. Además, la comparación no solo se queda en el físico, llega al día a día del otro: viajes, comidas exóticas, eventos del momento, vínculos con famosos, etc. Entonces surge el gran reclamo: ¿por qué yo no puedo tener una vida tan increíble?

¿Crees que no puedes tener una vida tan genial como la de alguien más, como la de los usuarios que sigues en redes? ¿Estás seguro?

Muchas veces los que comparten en redes sociales una *existencia de ensueño* en realidad no la tienen, solo aparentan; pero, si no fuese ese el caso y en verdad viven como reyes, resulta poco saludable que tengas el hábito de medir tu vida con la de ellos. Además de dañar tu salud mental como hemos dicho, pierdes tiempo. Sí, haciendo esto estás desperdiciando valioso tiempo que podrías invertir en ti para ir por tus sueños. Lo que estás a punto de leer es lo que le he compartido a mis pacientes durante poco más de 20 años de trabajo como psicoterapeuta y ha significado una diferencia en sus vidas. La Gestalt me ha permitido mapear su entorno para darles herramientas más útiles en cada caso.

«Si vas a dejar que otros marquen tu destino, entonces no te quejes si al final no hiciste lo que querías». Grábate esta frase (mi frase), tiene el objetivo de hacerte consciente de que puedes ser maravilloso siendo quien eres, que puedes lograr lo que quieras siendo tú. ¿Para qué buscar, entonces, ser alguien más? Será un gran honor para mí ayudarte a sanar tantas creencias dolorosas, tu malestar, tu sufrimiento, guiarte a buscar la ayuda que necesitas, vivir una vida en verdad libre y feliz.

Me he inspirado en cada guerrera y guerrero que ha acudido a mi consulta en el peor momento de su vida, cuando más miseria sentían y desconocían qué otra cosa hacer, pues las herramientas con las que contaban ya no eran suficientes para la avalancha que llamaban vida. A ellos los guíe de la mejor forma que pude como profesional y lo mismo haré contigo, lector, seas quien seas. Tu bienestar es mi interés.

Este será un proceso de desarrollo, una inversión maravillosa en el crecimiento de tu propia persona, de tu prosperidad. Es mi regalo para ti. Piensa en mí como tu acompañante en tu proceso de sanación, en el descubrimiento de tu potencial maravilloso.

Empecemos con la información que sé que te ayudará mucho si le das un buen uso. Sin más preámbulos...

INTRODUCCIÓN

Me siento de la mierda al escribir esto. Sí, así como lo lees, te sorprenda o no.

Soy una persona que ha dedicado toda su vida a procurar la salud mental y, aun así, empiezo este libro describiendo algo doloroso que muchos de mis pacientes dicen al iniciar una sesión conmigo: «Me siento completamente perdido». Y es que yo me siento completamente perdido mientras plasmo estas ideas. La pregunta podría ser: ¿Cómo llegué aquí? Sí, con seguridad te preguntas cómo pasó.

Todo empezó con el cambio de psicoterapeuta, llegué con una mujer que me hizo ver que mucho de lo que yo había hablado en terapia trataba de una excelente forma de manipular a mis terapeutas. Hizo evidente cómo yo, un psicoterapeuta con años de trabajo, había encontrado la manera de cegarme y no poder contar la historia real ni mostrar mi verdadera esencia por temor a ser juzgado y rechazado.

Muchos creen que los que nos dedicamos a cuidar la salud mental no tenemos problemas relacionados con ella, algo alejado por completo de la realidad. Somos profesionales capaces de ayudar a nuestros pacientes gracias a la experiencia y conocimientos adquiridos, y aun así nuestra propia vida puede ser un desastre en un momento dado. Nos sucede a todos. El problema es que, si no tenemos una réplica o reflejo que nos haga ver que buscamos convencer a los demás de que vivimos una historia trágica, entonces seguiremos jugando el mismo juego y siempre seremos víctimas de nuestra propia narración.

Por mi parte, después de reconocer la versión que contaba de mí, me avergoncé porque me había convertido en alguien que se mintió constantemente para mantenerse bajo la luz de *yo sí sé*. Poder romper con mi ego y salir de esas mañas me ayudó a mirar más claro lo que yo también podía hacer por otras personas.

Desde hace años se sabe que, si hablas constantemente sobre lo que te ocurre, poco a poco te irás dando cuenta de la historia que construiste, pero ¿qué pasa si cada vez que hablas de ella te responden que estás en lo correcto y los demás no? Se refuerza tu idea. Muy probablemente esta es la razón por la cual muchas veces las personas nos victimizamos… y es común, con la necesidad de encontrar la forma de ser aceptados sin generar envidia en el otro, desde el menor esfuerzo, desde la mediocridad. ¿Y si empezamos a cambiar esta historia que repetimos?, ¿si buscamos réplicas más duras, un eco que nos haga ensordecer? Otras ideas entrarían a escena, otras formas de mirar la situación, lo que nos llevaría, sin duda, a cambiar el guion; entonces sí tendríamos que empezar a tomar responsabilidades y, con ello, a empezar a vivir con libertad.

Por esto escribí este libro, porque creo que tanto tú como yo estamos hartos de presentarnos y ser vistos como víctimas. ¿No prefieres liberarte de esa carga de una vez por todas? Avancemos para que tu perspectiva de tormento sea muy distinta.

Hoy estoy diagnosticado con depresión severa y me tratan con terapia y antidepresivos. Me cuesta admitirlo, pero también me hace bien vulnerarme frente a ti. Al final nadie está exento de padecer una enfermedad mental, pero como toda enfermedad, hay formas de adaptarnos o salir de ella. De verdad espero que, si estás pasando por un mal momento, este libro te ayude a abrir los ojos y busques ayuda.

¿Puede un texto ayudarte a mirar tu vida desde otra perspectiva y conducirte hacia el amor propio y la libertad plena? Sigue leyendo.

NOTA DEL AUTOR. En diciembre de 2022 logré salir de la depresión con apoyo de mi psicoterapeuta y el uso de antidepresivos.

CAPÍTULO 1
BOMBAS EN LA VIDA

Repetir palabras vacías

«El simple hecho de que estés vivo te hace importante…». ¿Será?

Por todas partes nos encontrarnos con mensajes como el anterior: en libros de autoayuda, como frases destacadas en redes sociales, en tarjetas, etc. Se pregonan por cada rincón posible. En contraste, hay personas que sienten mucha frustración y culpa porque, a pesar de que les repitan y repitan que solo por estar vivos y ser humanos son especiales e importantes, ellos no se sienten así.

¿Es tu caso?

Presta atención a la siguiente historia que puede o no ser real, pero que ejemplifica muy bien el mensaje que quiero hacerte llegar:

Juan es un adolescente gordo (con sobrepeso, tiene alrededor de 15 kilos por encima del peso promedio para un chico de su estatura y edad). A sus 16 años sus únicos trofeos son los que le dieron por participar en eventos deportivos escolares, pero algo sobre ellos no terminan por convencerlo. Se compara con otros compañeros y sabe que su condición física no está nada bien, pero las pizzas, el pan de dulce, las donas y el refresco que abundan en su casa no pasan por alto para un joven de su edad.

Viene de una familia con sobrepeso. La ausencia de ejercicio y los atracones de comida rápida son su día a día. Aunque sus padres no ponen atención a esta parte, sí le han repetido, en un afán protector, que es especial y sus trofeos lo demuestran.

Benito es un niño de escasos recursos, pero tiene toda la actitud para el estudio. A pesar de no tener siempre sus 3 alimentos diarios, él sabe que la educación es la única salida para la condición de escasez que hoy vive. Benito no solo es el número uno de su clase, además es el mejor en su equipo de fútbol y voleibol.

Un día, Juan falló al patear el balón, lo que hizo que el equipo de la otra escuela ganara el partido interescuelas. Benito no toleró la frustración y le gritó: «¡PINCHE GORDO!». La maestra (educada en el nuevo arte de la inteligencia emocional escolar) los llamó a ambos para conversar. Más o menos la plática se desarrolló así:

—¿Por qué le gritaste a Juan? —inició la maestra.

—Porque es un mantecón que no correría por nada que no fuera por una guajolota [una torta de tamal] —se apresuró Benito a contestar.

—Cállate, hambreado —reviró Juan.

—A ver, los dos, silencio. Les voy a pedir que se expresen sin insultos ni agresiones. Hablen de lo que sienten.

—Claro, maestra: ¡por culpa de este gordo perdimos y siento las ganas de romperle la cara!

—Y yo siento que este muerto de hambre me tiene envidia.

—¿Envidia de qué, imbécil? —preguntó Benito con todo el enojo.

—¡A ver los dos! —dijo ya bastante alterada la maestra—, ¿qué les pasa?, ¿por qué tanta agresión?

—Él empezó, maestra —contestó Juan—. Me reclama como si él fuera perfecto, se cree mejor que todos. Y aunque le duela: tengo los mismos trofeos que él, no es mejor que yo.

—¡Tienes trofeos porque los regalan como condones en el centro de salud!

—¡BENITO! —gritó la maestra ya en verdad furiosa.

—Perdón, maestra. Yo siento que tus trofeos no valen nada porque tú no vales nada. Así me siento —dijo Benito con sarcasmo total.

—Benito, así no nos hablamos ni expresamos emociones. Los dos ya cálmense, de verdad no entiendo tanto alboroto por un juego.

—Yo tampoco, maestra —se sinceró Juan—. Además, al final a todos nos darán una medalla.

Bueno, ya se imaginarán cómo termina esta historia. Lo que aquí ejemplifico es esta tendencia pop vacía y sin peso científico en la que en algún momento se creyó que, si le dábamos premios a todos por el simple hecho de existir, entonces aumentaríamos su autoestima y, por lo tanto, tendríamos gente más feliz (¿a poco no suena súper lindo?).

¿Será verdad que todos somos especiales por el simple hecho de haber nacido? ¿De plano? Esta es la desgracia de creer que los seres humanos somos entes sencillos y que con programaciones simples nuestra vida avanzará maravillosamente. A ver, los pensamientos positivos pueden despertar una mejor actitud que conduzca a luchar y obtener grandes méritos; pero repetirles a las personas palabras vacías para hacerles creer que hicieron algo importante por haber respirado, como si fuera esto un mérito, es un gran error. Los méritos hay que ganárselos, nadie se convierte en alguien importante tirado en la cama, esperando que las oportunidades le caigan del cielo (o peor, tirado en el sillón, sufriendo porque no para de comparar su vida con el perfil de X usuario de X red social).

De por sí la vida es caótica y los seres humanos indescifrables, ya basta de creer en psicología barata que solo genera creencias falsas. Hoy más que nunca estamos buscando conectar con el otro, con nosotros mismos y con el Universo (si podemos llamarlo así); pero considero que lo más importante es conectar internamente y lo que derive de eso será bienvenido. Recuerda: la persona más importante para ti debes de ser tú (sin compararte con nadie más).

Entiendo que puede sonar mucho a la psicología pop de la que me quejé al inicio, sin embargo, jamás dije que no funcionara, el problema es *cómo* se aplican estas fórmulas: se popularizan sobre hipótesis de la psicología, pero carecen de experimentación real y, por desgracia, han mermado las redes sociales haciéndose aún más peligrosas de reproducir, como el «échale ganas».

Piensa en lo siguiente: no hace mucho tiempo una película le dio la vuelta al mundo por el tema. Unía la física cuántica con la metafísica (teorías esotéricas que parecían solo de brujos o hechiceros y que terminó siendo más parecido a la realidad del mundo subatómico que la física newtoniana), para abordar la consciencia y su capacidad para modificar la realidad material. La película era ¿¡Y tú qué sabes!?, un éxito en cartelera, un movimiento explosivo de *consciencia de petardo* (lo llamo así porque todo el mundo salió súper espiritual pero, como un petardo, solo hizo ruido unos días, horas o minutos, y luego se apagó el entusiasmo). Libros, documentales, escritos, blogs, videos, etc., salieron en su defensa, para desmitificar o aceptar lo tratado; al igual, se generaron conferencias, seminarios y talleres para explicar si la teoría funcionaba o no.

Dato interesante: esta teoría nace del libro *El Kybalion*.[1] En la película solo explican una de las siete reglas que los egipcios ya conocían desde hace miles de años, es decir, solo se abordó una de las leyes, la de la atracción. Lo irónico es que ni siquiera entendieron la idea del libro en donde se explica que, de no aplicarse las siete, provocaría

---

1. El autor al que se le otorga el crédito es Hermes Trismegisto.

un desbalance. ¿Te das cuenta de que cuando profundizamos en aquellas fórmulas rápidas y sencillas para transformar la vida en algo maravilloso, estas pueden desmoronarse como mazapanes en las manos?

Se entiende que estos caminos sean muy atractivos, pues todos tenemos ganas de seguir con nuestro desarrollo, de encontrarle mayor sentido a la vida; pero solemos hacerlo buscando un camino de paz y serenidad, totalmente incompatible lo uno con lo otro. Cuando le pregunto a mis pacientes sobre las metas que tienen, la mayoría responde que todo lo que buscan es una vida tranquila... ¿Vida tranquila?, ¿de verdad?, ¿qué clase de truco *New Age* es eso?

Una vida tranquila es igual a una vida muerta.

Seguro estás pensando que existen razones por las que la gente, en su mayoría, quiere vivir en paz. Claro, vivir puede ser muy complicado, con muchos problemas por resolver, con verdaderos retos. Lo siento, no es algo que podamos cambiar. El Universo nunca está tranquilo, mucho menos el de tu interior. Por dentro tienes miles de millones de células haciendo algo, jamás estarán sentadas y tranquilas en un sillón, conformándose. El hecho de que no logremos ver o percibir el caos controlado que existe dentro de nuestro diminuto mundo, no significa que no esté ocurriendo. Pero podemos aprovechar y emular esa maravillosa sinfonía para nuestro día a día.

Recomendación: En cuanto te guste una idea de las que veremos, ponla en acción. Esta es la única manera que encontré para hacerme de un conocimiento aplicable, es decir, para tener herramientas que pudiera usar a diario y no solo como datos rondando en la cabeza. Si quieres que este libro te sea de verdadera ayuda, presta atención a esto.

Atender sin hacer caso

En un monasterio en los Himalayas se encontraba un alumno con su maestro. El aprendiz preguntó:

—¿Cuál es el significado de la vida, maestro?

—La vida tendrá el sentido que tú elijas darle, siempre y cuando aceptes el sentido que la vida te ha otorgado —contestó el maestro, en su eterna serenidad.

El alumno, perplejo, lo miró e inquirió:

—Realmente no entiendo lo que me dice.

Este, en medio de una carcajada, le respondió:

—Yo tampoco entiendo la pregunta, pero no estoy buscando el sentido de la vida, simplemente la disfruto.

Los dos se quedaron callados mirando el paisaje montañoso y disfrutando de las incógnitas que tal vez jamás se resolverán.

¿Realmente este libro tiene sentido? Espero que hayas leído la introducción. Si no lo hiciste, entonces regrésate, por favor, para que entiendas por qué lo tiene… Aquí te espero a la vuelta.

¿Listo?

Si ya habías leído la introducción, ¡felicidades!; si no le prestaste atención, regrésate a releerla; si de plano te saltaste todo lo introductorio y solo leíste el penúltimo y último párrafo, te comparto una experiencia que me ocurrió hace unos cuantos años: compré uno de estos paquetes de vacaciones «todo incluido», ya sabes, de esos que venden como una maravilla con la que puedes viajar a donde quieras y tener lo que quieras que el hotel ofrezca, con un costo preferencial. Lo que nunca leí ni me informé fue de que los únicos días o semanas en los que aplicaban estos paquetes era cuando nadie pisa una playa. Lo triste de la historia es que no pude aprovechar esta súper promoción porque mis hijos no podían dejar la escuela solo porque a su papá se le ocurrió la audaz idea de comprar un paquete que únicamente los jubilados podrían disfrutar. Lo que más me molestó fue que, cuando hablé amablemente para saber si se podía hacer algún tipo de cambio, la señorita que me atendió (que seguro recibe estas llamadas unas 400 veces al día) me dijo que en el contrato, en la cláusula «XYZ», venía toda la información y que, al haberlo firmado, aceptaba dichas obligaciones. La señorita tenía razón. Yo había firmado eso, pero como sabrás o espero lo intuyas, no lo leí.

Esto es lo que te quiero trasmitir: si vas a leer algo, hazlo desde la conciencia, no vaya a ser que termines con unas vacaciones que no puedas tomar o, peor aún, con una deuda impagable. A veces no estarás de acuerdo con todo lo que aquí encuentres, otras sí; la clave es que sigas informándote hasta encontrar, como yo, tu propia filosofía de vida. Al final, no hay nada nuevo bajo el sol y todos los pensamientos ya fueron pensados, pero **cómo los apliques a tu vida, te lo aseguro, jamás lo hará alguien más**.

Tener una visión única

Para que le demos sentido a algo, este tiene que ser percibido, reconocido. Debe pasar por los sistemas de obtención de información: la vista, el olfato, el oído, el gusto y el tacto; son nuestros más grandes aliados en la búsqueda del significado real de las cosas.

Los seres humanos no tenemos los sentidos tan desarrollados como otros animales (lo compensamos con herramientas y tecnología), pero asumimos que lo que vemos, oímos, tocamos, olemos y gustamos es absoluto para todos los demás. Pero no es así, es relativo. ¿Cómo explicas, por ejemplo, las ilusiones ópticas? En algún momento seguro te encontraste con una fotografía que parecía moverse cuando, en realidad, siempre estuvo estática.

La existencia también puede ser distinta dependiendo de la forma en que la percibimos, es decir, nuestras emociones pueden cambiar por completo las experiencias. Cualquier emoción negativa que estemos experimentando puede nublar nuestra percepción, hacernos ver un día o la vida entera como algo triste, sin sentido, peligrosa... mientras que las emociones positivas nos pueden llevar a ver oportunidades, tener esperanza o considerar una situación menos hostil. Alguien pesimista puede concebir un día de lluvia como lo peor, como un día desperdiciado en el que no podrá concretar sus tareas, mientras que una persona optimista podría disfrutar y aprovechar la situación, es más, hasta podría salir a bailar bajo la lluvia.

Es muy extraño que notemos estas actitudes en nosotros mismos, la única manera de hacerlo es mediante el contraste. Así podemos empezar a darnos cuenta de que tal vez no todos nuestros sentidos están funcionando al cien por ciento o de la misma manera que los demás, pero la necesidad de comparación nos suele perjudicar y cometemos otro error: creer que las demás personas perciben igual y por completo. Puede ser que te estés comparando desde una parte y no desde la totalidad ¿No te parece lógico?

Las personas somos creadoras de significados, es prácticamente lo que nos define como raza. Creamos palabras para definir todo y, por lo tanto, lo hacemos parte de nuestra vida a través del vocabulario. Analicemos lo que hace un bebé cuando empieza a entender el poder de sus palabras: primero señala y emite sonidos, conforme va incrementando su capacidad de lenguaje le da un significado a lo que señala, siendo que al inicio todo tiene la misma palabra, aunque su atención y deseo de poseer o tocar sea a diferentes objetos. Yo recuerdo perfecto el sonido que uno de mis hijos hacía con respecto a lo que quería: «Ta». Esa era la expresión de «quiero eso». Un «ta, ta» por aquí y otros más por allá. Señalando todo y apuntando con el dedo lo que su atención y curiosidad necesitara en ese momento. Podemos adentrarnos en su mente y entender que su sonido era el significado de las cosas que deseaba. Con el tiempo, la guía y la evolución natural que los seres humanos poseemos le permitió ir entendiendo que cada objeto que señalaba poseía un nombre. Eso fue reduciendo su omnipotencia narcisista[2] al ayudarlo a entender que el mundo no es como él deseaba, sino que alguien más ya le había ganado el nombre de las cosas. Lo mismo sucede a nivel macro, como la vida en todo su significado.

Me encantaría poder decir que las personas hemos aceptado vivir con las reglas de esta sociedad, pero la realidad es que nos fue impuesta. No tenemos muchas opciones de tomar decisiones sobre con quién vivir cuando estamos en pleno desarrollo. Los símbolos ya están establecidos, las palabras creadas y el círculo social se nos impuso. Esto cuando somos pequeños no nos molesta (y muchas veces ni de adultos lo cuestionamos), sin embargo, en ciertas personas sí hay incomodidades que no siempre podemos detectar con tanta claridad. Entonces el mundo seguramente no será como lo deseas, pero puedes perfeccionar la forma en que lo percibes para mejorar tú realidad, adaptarla.

Jorge, durante mucho tiempo, la pasó mal en la escuela. Era un niño de 7 años que por más que sus padres le ponían atención y lo apoyaban en las actividades escolares, no obtenía buenas notas, sus calificaciones no parecían mejorar. Fue hasta que una maestra, en la clase de arte, se dio cuenta de que Jorge no distinguía correctamente los colores, en específico, el rojo y el verde. Cuando su familia lo llevó con el oculista pediátrico, este confirmó la hipótesis que tuvo la maestra de arte: Jorge era daltónico. Una enfermedad en los ojos que provoca confusión en los colores, no se perciben como, tal vez, tú o yo lo hacemos.

Jorge empezó su rehabilitación para poder enfrentar mejor su condición y, con el tiempo, comenzó a regularizarse en la escuela, hasta llegar al mismo nivel que sus compañeros.

---

2. Término psicoanalítico que se usa para entender la absoluta tiranía que un bebé tiene al nacer.

En este relato se observa cómo es que una disminución en la capacidad de los ojos puede afectar por completo la realidad de una persona. Ojalá esta fuera una historia inventada, pero todos los años miles de niños sacan malas calificaciones en las escuelas no por sus capacidades, sino porque alguno de sus sentidos no está entonado o desarrollado en su totalidad. Esto trae como consecuencia que se creen ideas limitantes que también afectan la manera de estas personas para relacionarse con otras y mina la confianza personal. Si de por sí es complicado vivir en sociedad y explotar el potencial que cada ser humano tiene, lo es aún más con una condición que te limita.

El sentido de las cosas (incluso de la vida) lo entenderemos gracias a la percepción que tenemos del mundo, cómo lo vemos. La percepción crea nuestra realidad. Por ende, si algo no está bien reflejado por nuestros sentidos, entonces se distorsiona toda nuestra realidad.[3] Lo ideal es que procuremos que todo esté lo mejor reflejado posible en nuestros sentidos. La realidad que creamos no es la misma que crean los otros millones de personas. Todo el tiempo estos mundos colapsan unos contra otros porque falta crear puentes que los comuniquen entre sí.

La gente con la que convivimos puede tener (casi siempre es así) una realidad parecida a la nuestra, pero solo si todos creemos que nuestras realidades se parecen. Justo esto es lo que hace que se complique la convivencia. Tu realidad no es la misma que la mía y, por lo tanto, tu forma de vivir puede chocar con la mía. Por eso es necesaria la comunidad o tribu, es el grupo de personas que nos ayudan a encajar en la sociedad.

Lo que he notado es que, en vez de buscar enaltecer o reconocer las diferencias, nos han querido hacer a todos de la misma manera, nos han querido inculcar, además, que todos somos iguales siendo que no es verdad. El ejemplo de la educación pública lo demuestra una y otra vez. A los que sobresalen los quieren limitar y a los que

---

3. Para indagar más sobre cómo creamos la realidad a partir de nuestros sentidos, te recomiendo leer el capítulo 5 de mi libro *Dios solo quiere...*, lo puedes adquirir por Amazon.

están fallando en la educación los quieren correr. En otras palabras, si no eres un borrego más, no te queremos. Esta es una de las razones por las cuales la sociedad se ha estancado en la mediocridad y son pocos los individuos que han logrado sobresalir en este pantano podrido de fracasos educativos.

Cada cabeza es un mundo y cuando esos mundos están llenos de miedo y dolor, la creación que se generará en ellos (aunque puede no siempre ser visualizada como importante) podría ser la de alguien enfermo de poder que use su influencia para destruir a los otros. Observa a un líder como Hitler o Mussolini, la percepción que ellos tenían del mundo estaba distorsionada por miedos y odios que los llevaron a la matanza de millones de personas. No solo a la gente que ellos odiaban, sino también a su propio pueblo que, con sus palabras y su poder de convencimiento, llevaron a la destrucción.

Es con ejemplos como estos con los que te quiero mostrar que cada persona va construyendo su realidad, así que no podemos juzgar tan rápido las razones por las que alguien hace lo que hace.

El autor Paul Watzlawick en su libro *¿Es real la realidad?* hace hincapié en la forma en cómo los seres humanos podemos distorsionar la percepción que tenemos del entorno. Watzlawick pone varios ejemplos maravillosos en los que demuestra que con solo unos panfletos de propaganda y otras fuentes de comunicación se puede alterar nuestra percepción del mundo. Graba con fuego esto en tu memoria: tu realidad puede ser distinta a la mía, la realidad de alguien no tiene que ser igual que la tuya. **No todos percibimos de la misma forma la realidad.** Amplía tu percepción para poder conducirte a la verdadera libertad. Es la mejor recomendación que te puedo dar.

Alucinógenos que alteran todo

¿Te interesa aumentar tu percepción? Las plantas o drogas alucinógenas pueden ayudarte a abrir más tu consciencia o cerrarla por completo. La realidad es que en ningún momento recomendaría que alguien usara drogas para alcanzar un nuevo estado mental, pues no creo en las rutas rápidas. Mejor es viajar y conocer diferentes puntos de vista.

Conocer más lugares que tu colonia o ciudad es lo que hará que tu percepción aumente. Viajar fuera de tu país te abrirá los ojos a nuevas y diferentes maneras de relacionarte. Nada te hace más humilde que no tener idea de cómo se pide algo en un idioma que parece ser hablado a base de golpes lingüísticos (mi experiencia en Alemania).

Sin afán de molestar a nadie o a alguna cultura, de las mejores inversiones que puedes hacer es la de conocer otros países que no tengan nada que ver con lo que has vivido, con tu realidad. Esto aumenta el nivel de empatía y conocimiento que uno tiene.

Conocer el mundo te ayuda a darte cuenta de que no eres el único ser humano que existe sobre la faz de la Tierra. Claro que es algo obvio, pero no siempre somos conscientes de todo cuánto nos distingue de los demás y, por otra parte, a veces nos crían de forma tal que pensamos que el mundo gira a nuestro alrededor cuando no es así. Al leer lo que otras personas escriben y aceptar o no su forma de pensar también te abrirá los ojos a mayores opciones cuando te encuentres en un intercambio de ideas.

Cuando lees, aprendes de la historia que hay detrás de la humanidad y puedes observar las capacidades creativas que poseemos los seres humanos. **Tú eres un ser lleno de herramientas de las que no siempre eres consciente,** justo la inconsciencia genera en ti incertidumbre y te lleva a una búsqueda angustiosa de querer siempre más, sin saber de dónde obtenerlo.

En los años sesenta en Estados Unidos, comenzaron a usarse mucho las drogas alucinógenas. Les llamaban las puertas a otra realidad o medicinas para alcanzar otros niveles de consciencia (¡ay!, esos gringos y sus cosas). Para desgracia de muchos, estas drogas, a pesar de generar en la mente de sus usuarios sensaciones de empatía y exaltaciones espirituales, no dieron el ancho que se esperaba. Hoy se llaman drogas recreativas porque sirven para eso, para pasar el rato y ya está.

Después de varios años de trabajar con personas que sufren de la enfermedad de la adicción te puedo decir que estas drogas, por más que algunos de los pacientes den fe de ellas, no dejan de ser un estado alterado de la consciencia del cual los resultados no han sido comprobados como positivos o que ayuden en el desarrollo de la conciencia.

Es mucho mejor dejar de buscar los caminos fáciles y enfocarse en encontrar la manera más eficiente de explotar ese potencial con el que ya naciste. En él radica el verdadero éxito, el que está en descubrir de lo que eres capaz, sin necesidad de extras o estimulantes que solo te harán creer que fuiste tú, cuando en realidad usaste un atajo del que siempre saldrás teniendo más problemas.

Perder el valor de valorarnos ~✴

Concentrados en darle valor a cosas ajenas a nosotros y empequeñeciendo nuestro propio valor, nos volvemos incapaces de concebirnos como realmente somos ni de aprovechar nuestro verdadero potencial. Vivimos tan bombardeados de información que se ha convertido en un problema poder distinguir qué es importante respecto a lo que no. Es tal el remolino que no dudo en que varias personas se hayan perdido en la confusión.

Amarnos es la primera materia que deberíamos de llevar en las escuelas. Es tan pero tan importante aprender a amarse a sí mismo, que no concibo por qué no se le da la relevancia necesaria en la educación. Amarte es clave para que todo lo demás esté bien y equilibrado en tu vida, es la base del bienestar mental. No hay persona optimista que no se ame, los que luchan por sus metas y por la vida que merecen indudablemente se aman, por ende, los que llegan a cumplir sus sueños están conscientes de lo mucho que merecen, dejaron atrás la necesidad de compararse con otros solo para notar sus carencias y fueron por lo que querían, lejos del dolor y el sufrimiento que el contraste suele traer consigo.

En la educación (en general) pareciera que es mayor la necesidad de ocuparnos con actividades que instruirnos para una vida de autorrealización. ¡Qué absurdo! Pero como no pienso cambiar el sistema con un libro, prefiero apoyarte a que lo hagas tú, a que cambies, con tus herramientas y con lo que puedas absorber de esta lectura. Entiende lo importante que es aprender a valorarte (en caso de que no lo hagas). Si no lo haces siempre estarás persiguiendo las virtudes, la personalidad, los logros de alguien más; mientras estarás a ciegas con los tuyos, menguando tus logros, tus cualidades, tu potencial, tu capacidad... Nunca podrás concebirte como alguien maravilloso si no te valoras, siempre te faltará aquello que crees que otro posee y tú no.

Valorarte es, a partir de ahora, lo que busco que hagas; será el camino para liberarte de la necesidad de encajar o ser igual a los otros y así puedas vivir tu vida en plenitud. Vamos a empezar con el siguiente ejercicio:

✓ Consigue un cuaderno nuevo de mínimo unas cincuenta hojas. No importa si es cuadriculado, rayado, formato francés, alemán o como se llamen. El punto es que sea tuyo y que solo tú tengas acceso a él.

✓ Todos los días en las mañanas vas a escribir ejemplos de cualquiera de estas frases (elige una o todas):
Mi día hoy estará bendecido porque...
Estoy agradecido(a) por este día por...
Hoy el universo/Dios/Tláloc/ quien tú decidas/ me regalará...

✓ Al final del día, antes de dormir vas a escribir ejemplos de cualquiera de estas frases (una o todas, tú eliges):
Mi día fue bendecido(a) por...
Hoy aprendí...

Estoy agradecido(a) con...
El universo/ Dios/ Tláloc/ quien tú decidas/ me regaló...

Conforme pasen los días y vayas avanzando en tu escritura, notarás que tu atención va cambiando hacia los eventos positivos de tu día y eso, con el tiempo, se irá internalizando en ti para vivir una vida con más valor. Entender que la persona más importante en tu realidad eres tú, es la base de una vida abundante y llena de amor. Cuando tú te pones en primera necesidad y aprendes a ser egoísta desde lo positivo, entonces serás capaz de dar amor a otras personas.

Sé constante con este ejercicio propuesto, consigue tu cuaderno y comienza cuanto antes tu viaje hacia una vida maravillosa, hacia tu autovaloración y autoaceptación. Puedes alejar la negatividad de tu vida y aprender a estimarte empezando con este ejercicio, no te costará nada y, en su lugar, ganarás mucho convirtiendo esto en una rutina diaria.

Engrandecer lo banal

Uno de los efectos más interesantes de no valorarnos es que en consecuencia le damos más importancia a objetos o eventos que en realidad no la tienen. Esto ocurre porque al sentir que no merecemos amor, afecto, atención, etc., nuestra mente desplaza esas consideraciones hacia un objeto neutral. Al desviar así nuestra atención, dejamos de sentir dolor y podemos seguir con nuestra vida sin afectarnos tanto en el camino, es decir, es un método de supervivencia de nuestro cerebro ante la falta de amor propio, una forma de evitar el dolor.

El nuevo teléfono celular, la ropa de marca, el bolso, los zapatos, el perfume, la joyería, el viaje exótico o lo que quieras pensar que usemos para presumir a otros «yo puedo, yo viajo, yo tengo, etc.», solo termina por hundirnos más en la frustración de no poder jamás llenar el vacío que queda al no amarnos. **Lo verdaderamente importante es valorarnos y amarnos.**

Pero aclaremos algo: no es lo mismo lastimarnos que ignorarnos. Nos lastimamos cuando ponemos más atención en todo lo que creemos que hacemos mal o se nos señaló que hacíamos incorrectamente. Este medio neurótico nos mantiene en un ciclo de frustración que terminará por enfermarnos. Al contrario, cuando nos ignoramos, ponemos toda la atención fuera de nosotros y así evitamos hacer caso de nuestras debilidades y fortalezas.

¿Consideras que te lastimas o te ignoras? El camino hacia el amor propio es el que necesitas recorrer. Solo cuando aprendes a darte importancia a ti puedes darle un valor real a los eventos que suceden a tu alrededor y a las personas con las que te juntas. **Primero estas tú.**

Al final con este libro aprenderás a distinguir entre lo que sí es importante y lo que merece que mandes al demonio. Tú sigue leyendo.

El mínimo esfuerzo

Estaba sentado en mi sala con mi esposa y se nos antojó un refresco. Por lo regular no tenemos este tipo de bebidas, porque no son saludables o, al menos, eso han demostrado destruyendo dientes, limpiando drenajes y otras maravillas que se pueden lograr con ellas.

Abrimos una aplicación y pedimos una botella de seiscientos mililitros. Para mí es ridículo que te puedan enviar solo una botella, pero así fue, sí es posible. El costo del envío ya con propina (¿cómo no le iba a dar propina a alguien que sabe que soy el huevón número uno de la cuadra?) fue el mismo que el de la bebida y lo que mi mente formuló fue: *Literal, acabo de pagar dos bebidas para comprar una.* Mi flojera y mis gustos por alimentos dañinos me van a salir caros en un futuro, lo presiento.

Con el avance tecnológico que estamos viviendo y la velocidad con la que cada mes se supera la tecnología, pronto estaremos como en la película *Wall-e* de Disney Pixar: gordos en sillas que vuelan a todas partes, siendo asistidos por robots. O al menos yo sigo sin caminar a la esquina de mi casa para comprar algo que además daña mi salud.[4]

Estamos abusando de la facilidad de conseguirlo todo y sin darnos cuenta, estamos minando nuestra salud, tanto física como emocional. Físicamente estamos dañando nuestra vida al no movernos para ir por nuestros productos y no preparar nuestros propios alimentos. Caminar es esencial para la salud del ser humano. Necesitamos hacerlo con al menos diez mil pasos por día para mantenernos en un nivel saludable. Si todo lo pedimos para que llegue a la casa, no hay forma de obligarnos a seguir moviéndonos. Y, aunque entiendo que hay momentos en donde sí son útiles estas opciones, también sé que hay personas que abusan al usarlas.

De la mano con este problema, se encuentra el consumo de comida en restaurantes. Me explico: como tal, comer en restaurantes no es un conflicto, sino el hecho de que muchas personas dejaron ya de cocinar por la facilidad que existe en que te lleven comida a la casa, si podemos llamarlo así.

Cocinar tiene un montón de beneficios para tu salud, entre ellos están:

- ✓ La unión y convivencia familiar, si la tienes.
- ✓ Demostrarte amor propio y elevar tu autoestima al cuidarte y hacer cosas para ti.
- ✓ Conocer los ingredientes reales de lo que comes.
- ✓ Te mantiene en el aquí y ahora y se convierte en una especie de meditación o estado de *mindfulness*.
- ✓ Incrementa tu creatividad y tu talento.
- ✓ Procuras tanto tu salud tanto física como mental.

---

4. Ahora pienso que si hubiera bajado e ido por la bebida, al menos el ejercicio habría contrarrestado un poco la mala elección alimenticia.

A nivel emocional, la convivencia con personas afines a nosotros despierta nuestra naturaleza gregaria y empática. Un repartidor de cualquier plataforma o restaurante tiene una interacción mínima contigo y, más que empatizar con ellas o ellos, lo que estamos haciendo es cosificarlos. Cuando salimos y nos vemos obligados a interactuar, despertamos neuronas espejo, habilidades creativas, emocionales y empáticas. Todo esto libera una hormona llamada oxitocina que aumenta el neurotransmisor conocido como dopamina, que está en nuestra mente, lo que al final hace que nuestro estado de ánimo mejore.[5] Te pierdes de todo esto con el hábito de esperar que te lleven la comida a casa.

Leí un post en Facebook que me llamó mucho la atención: «¿Cómo es posible que sigan aumentando los desórdenes mentales cuando ya podemos tener todo enviado a nuestro hogar?».

La salud mental no la podemos pedir a domicilio. No es una pastilla o un alimento que se pueda facilitar, porque las personas no se enferman emocional o mentalmente de manera espontánea. Es importante procurarla y podrías empezar a hacerlo dejando de adherirte a tanta facilidad y cuidando tu salud mental y emocional: cocina, sal a caminar, comparte tiempo con tus seres queridos, socializa. **Mantente en movimiento**.

Pensamiento sobre la acción

Regresando al principio de este capítulo en el que puse en duda si este libro tiene o no sentido, me remonto a la idea existencialista heideggeriana sobre «Dasain»: el ser siendo. Yo sé, suena a que me inventé todo esto solo para justificarme o justificar todas las horas sentado escribiendo este libro. Me explico: el ser siendo de Heidegger[6] menciona que el

---

5. Es importante que sí tengas interés en salir, porque si estas de ultra mal humor resultará muy mal.

6. Visión resumida del autor sobre el Dasein.

ser humano no puede ser definido como un objeto neutral que carece de movimiento, sino que somos lo que estamos haciendo todo el tiempo. Somos lo que hacemos en el aquí y en el ahora. Por ejemplo, en este momento, eres un lector ya que me estás leyendo y yo soy un escritor, puesto que eso estaba haciendo cuando creé el libro.

Aquí es donde todo se vuelve más complicado o confuso: yo en este momento en que me lees seguramente no estaré escribiendo, pero tú al leerme si me evocas a estar escribiendo. Esto es lo poderoso del aquí y ahora porque hacemos y entonces somos eso. En esa línea de ideas esto también es lo que tanto aterra a los físicos cuánticos, la paradoja del observador:[7] el fenómeno observado se ve alterado o influenciado por la presencia del observador o investigador. Lo apunto para dejar en la mesa un gran tema, aunque ahora no lo abordaremos a detalle.

Si tú no eres lo que piensas o lo que los demás piensan y sí eres lo que tú haces, entonces es momento de empezar a hacer lo que tú deseas, ¿no te parece? Avancemos, demos pasos a un camino que nos lleve a ser mejores personas con nosotros mismos.

Mantener relaciones tóxicas

Para poder usar este libro de la mejor manera, lo primero que tienes que crear alrededor de ti es un círculo de poder. Esto significa que debes deshacerte (no literalmente por favor, hago la anotación) de toda la gente tóxica que te rodea o que sigues en redes sociales. Tal vez al inicio no será sencillo eliminar (de verdad, no lo tomes literal) todas las personas tóxicas, pero te prometo que, con la práctica, te convertirás en una experta o experto agente de viajes (mandarás a volar o a la chingada a este tipo de personas al pueblo mágico que decidas).

---

7. Es un experimento de la física cuántica en donde se demuestra que los fotones actuarán de la manera que se espera si se les mira, pero cambiarán su conducta cuando no hay nadie que los observe.

La herramienta que más me ha funcionado a mí es saber primero quién en tu vida se queda o se va, para eso necesitas poner a cada persona real o virtual en una columna como la que ves continuación:

Suma en mi vida	Resta en mi vida	Me da igual en mi vida
Joaquina (hermana menor)	Federico (hermano mayor)	Zorepalle (amiga de red social)
Pepe	Chivis	Anivdelareb...

Piensa en lo que aporta cada persona en tu vida y ubícala en el lugar al que corresponde. Conforme vayas pensando en cada persona real o virtual que te rodee, se consciente de tus emociones: ¿te sientes mal cuando pasas tiempo con esa persona?, ¿esa persona te hace sentir bien?, ¿te incomoda?, ¿estos o aquellos personajes te hacen sentir de la chingada o chingón(a)?[8]

Una vez que llenes las columnas con cuanta persona puedas recordar, entonces podrás decidir quién debe quedarse y a quién alejarás por salud. Se va a convertir en un método utilitarista,[9] pero si no empiezas de esta manera, no podrás avanzar. Para poder sacar todo el provecho de este libro, lo primero que tienes que hacer es liberarte de la culpa y la vergüenza que te provoca ser tú y para ello es importante que alejes a la gente que nada suma en tu vida y que, por el contrario, contribuye a que te sientas mal contigo mismo, a que te ames menos, a que tu vida se llene de negatividad.

La gente que te rodea influye en ti, en cómo te sientes; por eso no puedes permitirles que se queden para que te compartan su negatividad o que te compliquen alcanzar una autoestima sana. Y para responder a la duda si este libro tiene propósito, mi respuesta es sí. Si con él yo puedo apoyarte a ser más tú y a que aprendas a reunir un

---

8. La ironía de la palabra chingar es que puede ser usada para todo.

9. Usar a la gente como si fuesen objetos.

grupo de gente nutritiva a tu alrededor y deshacerte de los tóxicos, entonces habrá valido la pena las horas invertidas.

Nota muy importante (al menos para mí). En este libro hablaré de pacientes, pero, para mantener el secreto profesional, sus identidades fueron cambiadas por completo. No hay forma de relacionar a alguien por nombre o situación y de poder intuirlo, piensa que tal vez hasta lo estoy inventando.

Cambiar quién eres

En un experimento en un laboratorio en Tokio se buscaba conocer cómo las personas creaban sus rituales o hábitos, por lo que se preparó una habitación controlada tres luces instaladas que prenderían al azar. Los científicos no tenían control alguno sobre la frecuencia con la que activarían estos focos. Consiguieron a un grupo de diez personas y cada una entraría por separado al cubículo con las tres luces. A las personas que estaban en el experimento se les dijo que, dependiendo de cómo se movieran, las luces harían una secuencia y que, quien lograra que las luces prendieran al mismo tiempo, ganaría un punto. Estas personas no sabían que las luces estaban programadas para trabajar al azar y, sin importar lo que hicieran, las luces no podrían ser programadas.

Cada persona creó rituales y conductas diversas, creyendo y jurando que habían entendido y controlado el encendido de los tres focos. Unas saltaban de cierta forma, otras creaban complejos movimientos que repetían de manera perfecta, cantaban con ciertos tonos agudos, se paraban de manos. En fin. Al salir del salón, las personas les dijeron a los científicos que habían encontrado la forma de hacer que las luces se coordinaran. Cada una de estas personas creía que había encontrado «cómo» controlar el ambiente, a pesar de que era imposible hacerlo.

Este experimento me fascina porque habla sobre nuestra necesidad de tener certeza[10] y las locuras que estamos dispuestos a realizar para alcanzar el control ¿Cuántas veces hemos creado rituales que hoy ya no son eficientes o útiles pero no los dejamos? ¿Qué tantos rituales sin sentido estarán siguiendo muchos en este momento?

Las creencias que tenemos sobre nosotros son solo eso: historias que nos contamos una y otra vez y que decidimos hacer reales (dentro del sentido común). Así como consideramos que podemos controlar ciertas cosas con hábitos y rituales (y termina por no ser cierto), de igual forma sucede con creencias entorno a nuestro propio ser. Tenemos creencias sobre cómo debemos de actuar, cuándo debemos de hablar, cuándo debemos callar, cómo debemos de comportarnos y hasta con quién debemos reunirnos o no.[11]

Aunado a las «certezas» y el «deber ser», por todas partes escuchamos mensajes fomentando que seas original, que seas tú mismo, que seas auténtico y luego el mundo esquizofrénico te dice que todos compran esto y que tú también deberías de hacerlo. Te bombardean de información sobre qué comer, qué tomar, qué vestir o qué usar, pero eso sí, «sé original, no como los demás». ¡Qué absurdo!

En un día cualquiera en cualquier ciudad, tú recibes más de cien millones de estímulos que tu mente debe organizar y desechar. Algunos son necesarios para la supervivencia y otros son ignorados porque no son requeridos en ese momento. Lo que más preocupa a la comunidad científica e interesada en la salud mental es que estos estímulos no sabemos en qué parte del inconsciente se almacenan. Esto da como resultado que puedan manipularnos y afectar nuestra conducta. Un ejemplo es el siguiente: en un experimento en la Universidad de Ámsterdam se puso la palabra «muerte» intercalada entre unas imágenes y las personas que la vieron se hicieron más agresivas, más territoriales,

---

10. Abordaré más sobre la certeza en el capítulo 6.

11. Los seres humanos tenemos introyectadas unas 10 mil reglas a la edad de 6 o 7 años. Una de esas reglas extrañas de convivencia es que no puedes hablar en un elevador.

menos preocupadas por el ambiente y más racistas. Lo interesante de este experimento es que las imágenes eran de bosques y jardines de ciudades. La palabra muerte fue insertada entre las fotos en un lapso de 0.28 milisegundos, lo que hizo que los participantes no la vieran de forma consciente, pero sí fueron afectados por ella.

¿Cómo sabemos que no estamos siendo programados todo el día con mensajes subliminales? Si tú quieres ser auténtico, pero a la vez no salirte del corral, entonces este capítulo será una patada en las ideas esquizofrenizantes. **Tendrás que salir del corral si quieres lograr lo que buscas.**

¿Por qué empeñarte en cambiar quién eres? ¿Para qué? ¿Crees que tienes algo de malo? Tú no tienes nada malo, no es posible estar funcionando en una sociedad y al mismo tiempo estar echado a perder. Si buscas tu sobrevivencia, siendo una persona útil en la sociedad, cumpliendo con las leyes, sin afectar a terceros, entonces estás del otro lado. No digo que dejes de desarrollarte, pero la única forma de hacer una transformación es desde el conocimiento primario de indagar en la persona que eres tú y, al conocerte, podrás hacer los cambios pertinentes para seguir desarrollando tu mejor versión (la que tú consideres, no la que le parezca a alguien más).

No se trata de cambiar quién eres, sino de conocerte y, desde ahí, mejorar, no para convertirte en alguien más perdiendo tu propia esencia y autenticidad, ¿quién se beneficia de eso? Sin lugar a dudas, tú no. Nunca podrás llegar a valorarte y a amarte si te ocultas detrás de una máscara de falsedad. ¿A quién valorar? ¿A tu yo falso? Quien merece tu amor es tu yo de verdad: tú.

Regalar nuestro poder

Ari es una paciente que tuve hace ya algunos años, parte de su trabajo en terapia fue abordar temas de culpa por no cumplir con la persona que ella «debería» de ser. Ari realmente la pasaba mal cuando su mente le jugaba esa terrible trampa de mandarle memorias de su pasado en donde ella no actuó de la manera en que una mujer con su condición social y educación «debería» de hacerlo.

Cuando estábamos en sesión, Ari se avergonzaba tanto que hasta asumía una posición fetal y su rostro se sonrojaba. En otras ocasiones se le cortaba la voz y lloraba o se paralizaba. Esta no es vida para nadie y, sin embargo, la vergüenza es algo que atormenta a muchas personas. Es el día a día de muchas personas.

La vida no puede ser vivida plenamente si se experimentan este tipo de emociones con tanta frecuencia. No se vale vivir con la sensación de que una espada amenaza, a cada momento, con acabar nuestra existencia si no nos comportamos de cierta manera. **Tenemos que respetar y hacernos respetar para poder vivir en sociedad.** Si nada más nos dedicamos a ofrecer respeto a otros y nos olvidamos de dárnoslo a nosotros mismos, entonces el valor hacia los demás se convierte en una hipocresía, porque al final, no se puede dar lo que no se tiene. Solo si te respetas a ti mismo podrás brindar genuino respeto a los demás.

En sus sesiones, Ari aprendió que los demás no tendrían poder sobre ella si no se lo permitía. Generó un mantra muy poderoso que la hizo vivir libre de prejuicios, un mantra que yo también uso para mantenerme en mi objetivo de ayudar a otros a encontrar su mejor versión y usarla para el bien propio y el social.

En mi experiencia no existe ningún ser humano que nazca con la idea de odiarse o incluso de lastimarse para poder agradarle a los demás. Lo que sí es una realidad es que los seres humanos buscamos desde muy pequeños pertenecer. Somos seres sociales, necesitamos de los demás para poder sobrevivir.

En la sociedad en la que vivimos existen muchas reglas tanto de tradición como legales y sirven para mantenernos unidos y en función del bien común. Sin embargo, estas reglas no fueron diseñadas para que tú como individuo te desarrolles emocionalmente, sino más o menos, para que no jodas, te jodan ni te jodas (por decirlo sencillo).

Lo que debes tener muy presente es que vivir al pendiente, en todo momento, de comportarte como se supone que deberías no te llevará a nada. Es necesario respetar a los demás, sin embargo, muchas veces no sucede así. Si no estás cometiendo un ilícito o una falta grave al respeto de los demás, ¿por qué limitarte? De pocas cosas deseadas deberíamos privarnos, porque al final de cuentas la vida es corta. Si hiciste algo que, según tú, no deberías hacer solo porque se supone que no está bien para una persona de tu edad, status, educación, etc., ¿para qué arrepentirte?, ¿lo disfrutaste? Solo piensa en eso. Hagas o no hagas los demás opinarán, no les des el poder de hacer de tu vida algo miserable o, sin duda, lo será el tiempo para siempre.

Validar opiniones sin valor

Las opiniones tienen maneras interesantes de impactar en nuestra vida. Las podemos tomar como algo positivo, neutral o negativo e, incluso, violento. Hay opiniones que pesan mucho más dependiendo quién las emite pero, ¿te has puesto a pensar sobre el poder que le das tú a estas opiniones?, ¿cómo es que dicha persona adquirió esa autoridad, ese poder o simplemente ese control sobre ti? Tú le has dado poder.

Las opiniones que emite alguien solo pueden ser el resultado de su propia percepción. En otras palabras: si la otra persona tiene un mal día, entonces sus opiniones serán entintadas con rasgos negativos. Pero no solo emitimos opiniones negativas si vivimos un mal momento, también lo hacemos desde nuestros prejuicios, humor, sensación física, etc. Por lo tanto, por más que una persona trate de emitir una opinión neutral, esta siempre se prestará a cierta subjetividad pero, grábatelo muy bien: **la opinión del otro solo tendrá poder si tú se lo otorgas.** Repítelo todas las veces que sea necesario.

Un ejercicio que hago con mis pacientes para demostrarles lo absurdo del poder que otorgan a otros es el siguiente: si mi paciente es mujer le digo que es un hermoso hombre, si mi paciente es hombre le digo que es una hermosa mujer. Obviamente se ríen porque saben a la perfección que no es verdad lo que digo, que mi opinión no tiene nada que ver con la realidad, por lo tanto, se toma como algo gracioso e incongruente: no le dan valor.

Si se entiende este ejemplo, entonces explícame ¿por qué si alguien en la calle te grita imbécil o idiota, inmediatamente volteas como asumiendo que va dirigido a ti, o peor aún, te ofendes? Estamos tan acostumbrados a ser agredidos que en cuanto alguien emite una opinión sobre tus acciones, moralidad o persona, entonces crees que es cierto y regalas el poder de tus emociones a la otra persona, le entregas tu control. Solo tú tienes el poder de guiar tu vida, ¿por qué permites que otros marquen tu destino? Es como tener un barco, un mapa y una brújula para recorrer cierto camino, y aun así validar la información contraria que te da otra persona para avanzar. Es absurdo, **pero le crees porque estás acostumbrado a no confiar en ti.** Ese es el punto clave, no confías en ti, no te valoras lo suficiente, entonces, entregas el control al otro. Una opinión solo tendrá poder si nosotros se lo damos y punto. Es tan irónico esto que, si ahora te digo que eres la persona más hermosa e inteligente de este mundo (lo cual es cierto debido a tu singularidad), ¡no lo vas a creer!

Esta opinión, a diferencia de los insultos, no la tomas en cuenta. Y lo peor es que ni siquiera importa la veracidad, lo relevante es que no lo vas a creer o no le vas a dar la importancia suficiente para que genere alegría en tu vida. Al no ser un insulto, es mucho más complicado que lo tomes como algo cierto. En otras palabras, estamos acostumbrados a ser maltratados.[12] Analízate, pues con seguridad este es tu caso porque, si estás leyendo esto es debido a que aún no has aprendido a valorarte lo suficiente como para vivir una vida auténticamente libre, ¿cierto? No lo harás si le sigues dando más peso a lo que opinen otros que a tu potencial, a tu capacidad, a ti.

---

12. Por otros y por nosotros mismos.

¿Por qué sí nos creemos lo malo? Me encantaría decirte que es porque todos somos humildes y preferimos no alimentar nuestro ego, pero no sería cierto.

Vivimos en una sociedad en la que incrementar la autoestima no es parte del currículo académico. Bueno, sí lo fue por un tiempo, pero solo alimentaban el exterior de la autoestima y eso generó mayor depresión.[13] O al menos eso se reportó con los estudios en donde se eliminó por completo la competencia y todos empezaron a recibir premios por su participar.[14]

Es más fácil aceptar lo negativo porque confirma nuestras creencias limitantes y nos permite ser víctimas. El *no yo* (tu villano o villana interior) se alimenta de las mentiras, las agresiones y los desprecios, y los usa en tu contra para tener más energía psíquica.[15] De esta manera el *no yo* ama ser la víctima, además de que es más cómodo no ser responsable.

Creemos opiniones negativas porque dentro de nosotros el diálogo es igual. Es un diálogo horrendo, de insultos, agresiones y miseria. Es tan fuerte el ruido que no permite que escuchemos la música que llevamos dentro. Al reconocer lo bueno y maravilloso que poseemos, nos empuja inmediatamente a la responsabilidad. Más adelante sabrás lo complicado y bello que es ser responsable. Vale completamente el esfuerzo.

---

13. Es la historia que te conté sobre los niños.

14. Fueron unos estudios americanos en donde se empezó a revisar cuáles serían las consecuencias si se les daban premios a todos solo por el hecho de participar. Estos estudios se realizaron bajo la premisa del incremento de que la autoestima era una cuestión externa y no intrínseca. Se ha descubierto que mientras más logre una persona la resiliencia (sobrepasar los problemas exteriores con las herramientas interiores), mejor será su salud emocional (una de las bases de la logoterapia). No competir y sí cooperar se da de forma espontánea en los menores de 5 años, en dónde cualquier premio es considerado bueno, pero no como un resultado de la competencia. Conforme vamos desarrollando nuestra mente y por lo tanto las emociones, competir se vuelve parte de nuestra vida. Es importante que jamás olvidemos que somos animales con capacidades racionales y, por lo mismo, nuestra biología también tiene un rol importante dentro de nuestro comportamiento.

15. El alimento de la consciencia.

Buscar la perfección

Un paciente me contaba las dificultades que vivía en su trabajo. Era un ir y venir de decepciones con sus jefes y los resultados que sus subordinados le traían. Todo el tiempo vivía en estrés y enojo, era su comida diaria. Esto lo llevó a sufrir un accidente, que probablemente el mismo provocó.

Trabajando en terapia con él, le pregunté cuál era la necesidad de ser tan detallista. Su más grande problema no era que sus subordinados no trabajaran bien, sino que no trabajaban como él lo haría, eso descubrí. Esto no solo afectaba su vida profesional, sino que además comenzó a alterar su vida en pareja. Cada vez que llegaba a la casa, estaba cansado y alterado por tanto estrés, se peleaba con su esposa por cualquier detalle y buscaba tener el control también de las discusiones. Su necesidad de tener perfección se estaba saliendo de control porque ya afectaba toda su vida.

Después de un tiempo me contestó que su problema era que él tenía la certeza de que, si las personas actuaban como él decía, los proyectos se concretarían más rápido. Le pregunté si eso lo feliz, pero no pudo responderme. La realidad es que no estaba haciendo las cosas para ser feliz, sino para tener razón o para que se dieran las situaciones como las quería y ya está.

Esta búsqueda de la perfección, del control absoluto no trae como consecuencia la alegría o la felicidad, solo acarrea más estrés por seguir ejerciendo control e ir perfeccionándolo. De cualquier manera, la perfección no es algo que el ser humano pueda alcanzar, somos seres maravillosamente imperfectos, cometemos errores, fallamos y de eso aprendemos y crecemos. Si fuésemos ideales estaríamos estancados, ya no habría nada que aprender. Qué aburrida sería la vida entonces.

Cuando se abraza la necesidad de perfección, soltarla resulta muy complicado, pero buscarla a toda costa no lleva a ninguna parte. No es alcanzable el nivel de perfección que raya en lo inhumano. Si te embarcas en su búsqueda jamás terminarás y solo te dañará cada vez más.

Hoy te hago la pregunta: ¿quieres ser feliz o perfecto? Porque, para desgracia de todos nosotros, es imposible que ambas coexistan a la par. Sí, lo siento por ti si quieres seguir aferrado a tu necesidad de perfección, pero de ser ese el caso, ten en cuenta que no podrás ser feliz ni disfrutar a plenitud ningún aspecto de tu vida. ¿Vale la pena el precio a pagar solo porque las cosas salgan como tú quieres?

Además, los estándares de perfección que persigas serán tales porque los has concebido así, **no tiene nada que ver con la realidad, si no con tu opinión.** Insisto, ¿vale la pena pagar el precio de tu infelicidad por perseguir estándares de perfección autoimpuestos? La felicidad es un estado que podemos ir alcanzando conforme vamos viviendo nuestra realidad y existen muchos mitos sobre ella, pero para mí, es ser consciente de nuestro desarrollo o progreso.

En el budismo se maneja un tema muy interesante llamado *la paradoja del cambio*: si buscas la felicidad es porque, obviamente, no eres feliz. Y si la estás buscando desde la carencia, no te será posible encontrarla. Las soluciones no viven en el mismo plano de los problemas. Te comparto otro ejemplo para explicarme mejor: si yo quisiera no estar feo, todo el tiempo buscaría métodos y medios para arreglarme mejor y verme más bonito. Pero sin importar lo que hiciera, estaría tratando de llenar un vacío que nada tiene que ver con mi físico y que, tratado desde ahí, no puede ser llenado. Todo mi esfuerzo sería inútil porque solo me sentiría bien unos días y después me acostumbraría a eso nuevo que hice y me volvería a sentir feo.

Todo esto que te estoy diciendo tiene que ver más con el sentimiento que con las experiencias que estés viviendo. Para nuestra desgracia, los sentimientos crearán el clima o ambiente en el que viviremos las experiencias. Por ejemplo, si en la mañana mi taza favorita se rompe, el sentimiento de frustración marcará mi estado de ánimo y las experiencias estarán más enfocadas hacia la frustración que hacia lo maravilloso de vivir. ¿Elegirás ser feliz en lugar de buscar y buscar la felicidad?

Te recomiendo, en primer lugar, deshacerte de la necesidad de perfección, como he comentado antes. En serio, **suelta esa necesidad de perfección y control.** A propósito, haz algo mal. Sí, hazlo, aunque te parezca absurdo. Te ayudará a darte cuenta de que ser imperfecto no es tan terrible. Mucho mejor es ser feliz. Decídete a serlo, eso es lo que te mereces.

Siempre pensar lo peor

¿Qué puedes esperar de tu día si esperas que te vaya pésimo? Será un mal día, sin duda, no necesariamente por las situaciones que deberás afrontar, sino por la angustia y el mar de emociones negativas que experimentarás a la espera de tu día fatal. Alentarás a tu mente a darle la vuelta a la situación negativa que estás esperando, porque querrás evitarla o confrontarla. Desearás influir de alguna forma en que tu día no sea pésimo, pero lo convertirás en algo terrible al no poder disfrutarlo como debieras porque tu cerebro estará concentrado en tus miedos.

Cuando te tomas la vida más gestálticamente[16] y aceptas que, pase lo que pase, tú tienes las herramientas para poder soportar y sobresalir, entonces las experiencias perderán su sentido polar. **Conviene no esperar lo mejor ni lo peor, solo disfrutar el presente.** Cuando no espero nada de una situación, cuando me permito vivir sin expectativas extremas, en ese momento no habrá malas o buenas experiencias, sino solo experiencias. Nuestros sentimientos son los que van marcando las pautas de cómo las calificamos. Te comparto una gran frase gestáltica de Mark Manson:

---

16. Proviene de la psicoterapia Gestalt y vivir la vida así es vivir en el aquí y el ahora, siendo consciente de que pase lo que pase, lo podrás superar.

«El deseo de una experiencia más positivas es, en sí misma, una experiencia negativa. Y la aceptación de la experiencia negativa es, en sí misma, una experiencia positiva.»

Si cada mañana, desde hoy, te preparas para vivir tu vida basado en la neutralidad de las experiencias, te prometo que las podrás ir guiando y calificando para tu mejor bienestar y continuo desarrollo. Esto lo puedes crear con diferentes hábitos. Obviamente tengo que decirte que, si hoy tu vida te satisface, no hagas muchos cambios que puedan alterar tus rutinas, ya que las que tienes son las correctas para ti. Si algo de lo que te escribo puede sumar a tu vida, entonces sí, hazlo. Si para ti las rutinas no te han traído mejores experiencias, entonces te recomiendo evitar lo siguiente: **revisar tu celular como la primera experiencia de tu día.**

Lo primero que hacen muchas personas por la mañana es revisar si tienen notificaciones, correos o recompensas de sus redes sociales.[17] ¿Eres una de ellas? Debes saber que esto te programa para iniciar tu día con estrés de trabajo y estrés de comparaciones con las demás personas. No te favorece en nada, con este mal hábito estás programando tus sentimientos para iniciar desde la carencia y eso hará que tu mente trabaje y trabaje en buscar en dónde hay más errores y fallas en ti. No podrás disfrutar de tu día. Tú eres quien propicia que tu mente funcione de esta forma con un hábito que parece tan inofensivo como iniciar tu día revisando tus redes sociales o notificaciones. Tendrás tiempo para ello después, solo no te permitas comenzar tu día así. Prioriza rutinas más beneficiosas como:

Recurrir a la música

La música es una de las mejores herramientas que tenemos para cambiar nuestro estado de ánimo e influir sobre los sentimientos

---

17. Likes, corazones, comentarios, etc.

que queremos experimentar. Acude a la música para iniciar tu día con la mejor de las actitudes, contento. Prepárate con antelación, crea una lista de reproducción de música que te levante y te ponga muy animado. Así, al poner a reproducir la lista de música justo al levantarte, estarás iniciando tu día con la actitud que quieres y programando a tu mente a que haga una búsqueda constante de más cosas positivas que agreguen a tu estado de ánimo.

Tiende tu cama

Sé que suena a reclamo de mamá o abuela. No hacer la cama parece enfurecer muchísimo a estas figuras familiares, ¿verdad? Pero el hecho es que, lo creas o no, se trata de un hábito importantísimo relacionado con la salud mental. Suena algo raro, lo sé, pero si desde el inicio al levantarte, antes de continuar con cualquier actividad, tiendes tu cama, le estarás dictando a tu mente que ese día se van a estar cerrando asuntos pendientes. Tu mente en ese sentido va a estar poniendo atención a lo que hay que terminar de hacer y, ante cada acción que sea de cierre, generará dopamina, que es un neurotransmisor que nos hace sentir muy bien.

Selecciona la ropa que usarás desde un día antes

Parece manía o control absoluto pero, si desde el inicio de tu día tienes resuelta la opción de ropa que usarás, tendrás más energía para tomar otras decisiones y, por lo mismo, podrán ser aún más certeras. Otro de los beneficios que veo al tener elegida la ropa un día antes es que puedes decidir cómo te quieres sentir al siguiente día. Esto hará un ancla en tu mente que te ayudará a recordar que en ese día te querías sentir de tal o cuál manera. Ya teniendo una mañana bien preparada, tus sentimientos estarán más en control o dispuestos para las experiencias que vayan llegando. No estarás buscando ser feliz, porque como ya lo eres (te programaste), no será necesario poner atención a las faltas.

Esto mismo funciona con el amor. Cuando tú no te amas y estás buscando desesperadamente que alguien lo haga por ti, te das cuenta de que casi nadie puede llenar ese vacío en tu corazón. Por más que conozcas personas maravillosas, jamás nadie podrá darte lo que tú no te has podido otorgar. Esta es la razón por la que muchas personas empiezan primero un proceso terapéutico antes de seguir con relaciones de pareja. Cuando, al contrario, estás lleno de amor para ofrecer desde tu salud mental trabajada, en ese momento empiezas a buscar a personas que tengan las mismas ganas que tú. Podrás encontrar a alguien que también quiera brindarte todo su amor y se encontrarán para compartir y compartirse.

Puede resultar extraño, pero así funciona nuestra mente. Cuando hay una falta o una necesidad, pondrá atención a todo lo que se requiere para satisfacerla. Es como cuando tienes muchas ganas de comer y solo puedes pensar en comida. Si la necesidad no es cubierta, habrá estrés y se activarán los centros de supervivencia de nuestra mente. Entonces nos hacemos más sensibles al ambiente, lo que trae reacciones agresivas hasta encontrar la satisfacción. Ahora, imagina que, si esto sucede con necesidades básicas, ¿qué ocurre con necesidades superiores (ser creativos, amados o temas como la justicia, la bondad, etc.)?

Cuando estas necesidades no son satisfechas, de inmediato comenzaremos a entrar en un estado de incomodidad. Si son pocas necesidades superiores insatisfechas, solo tendremos altos niveles de frustración, pero no lo suficiente como para sentir que nuestra vida corre peligro. Cuando ya son desatendidas varias necesidades superiores, empezamos a tener desórdenes emocionales y el cuerpo, en su sabiduría, busca sobrevivir y pone en acción herramientas emocionales que nos harán más propensos a escapar, nos pone en alerta, intenta ayudarnos a sobrevivir, pero solo despierta nuestra angustia, malestar y hasta violencia.

Cumplir expectativas ajenas

Vivimos en una sociedad en la que cumplir con las expectativas que se esperan de nosotros parece una tarea imposible de realizar. Entre ella se encuentran: ser perfecto, más rico, más rápido, más flaco, más vegano, más de todo y menos lo que eres en la actualidad. ¿Cómo aceptarse mientras se intenta ser lo que la sociedad quiere?

La sociedad está basada en todo lo que hoy no tienes y no necesitas, pero te hacen creer que sí. Nos llevan a pensar que necesitamos más dinero y más belleza porque no tenemos suficiente. Si observas detenidamente, es como si viviéramos en una especie de dicotomía, buscamos el dinero y la liberación, sin darnos cuenta de que no la podremos alcanzar por nuestra manera de aferrarnos a lo material. Queremos encontrar o crear la mejor versión de nosotros mismos, pero sin aceptarnos del todo. ¿Cómo podemos convertirnos en nuestra mejor versión si no es desde la aceptación? Sin esta nunca lo lograremos, solo es una falsedad, punto.

Hay reglas que no están escritas, pero que todos conocemos: cómo debemos de actuar, cómo debemos de comportarnos, qué debemos de vestir y comer, cómo deberíamos de oler; y así sucesivamente. Actuamos pensando que entre más nos importe ser como debemos de ser, más fácil obtendremos la felicidad, pero es al revés. Esta es la locura del Universo. Cuando menos te importe, cuando menos busques cumplir con lo esperado, entonces encontrarás la verdadera felicidad, una libertad plena que te traerá bienestar.

Líbrate de los «deberías ser X cosa». Además, seamos honestos, a nadie le importa. No te permitas encadenarte en la búsqueda infructuosa de ser la persona perfecta. ¿«Deberías» ser según quién? Es chistoso, porque muchas personas trabajan toda su vida siguiendo patrones, para terminar en su lecho de muerte pensando en todo lo que les hubiera gustado hacer. **Vivimos sin vivir y morimos deseando haber vivido.** Que no te pase a ti, estás tan a tiempo de disfrutar tu vida de forma tal que al final no tengas nada de qué arrepentirte.

Alimentar ilusiones compartidas

Perseguir ideales sociales solo te llevará al dolor del que tanto estamos intentando escapar. Ya antes he hecho énfasis en lo importante que eres tú, deja de poner lo que piense la sociedad por encima de ti.

Una ilusión puede significar algo que deseamos o algo que es inalcanzable. Sea como sea, nos provoca deseo y buscamos los medios y formas para llegar a obtenerla, pero ¿qué pasa si decidimos dejar de perseguirla? El primer miedo que me viene a la mente es el rechazo social que puede traer no querer ser parte del sistema social. Sin embargo, nadie tiene que saber que nos estamos bajando del sistema. El tema es que, si las personas se enteran, es porque nosotros lo decimos, de otro modo no tendrán ningún medio para enterarse. Y en la misma comunicación de lo que estamos haciendo, estará escondido el grito desesperado para que eviten que nos bajemos. Buda decía que, para dejar de sufrir, había que dejar de desear. El problema dentro de esta forma de pensamiento es que dejar de desear es un deseo en sí. Es por eso que, dentro del budismo, no existe una doctrina como tal perfecta, sino que todo trata de enseñanzas que se han platicado y dialogado a lo largo de la historia. Para poder alejarte de la ilusión social, primero tienes que dejar de estar inmerso en lo que «deberías de hacer» y adentrarte en tu aquí y ahora, viviendo en el presente.

Esto traerá consigo una actitud o forma de vida que he apodado ALV. Estas maravillosas siglas encierran una frase que se acuñó en la época de los marineros españoles en donde la palabra «verga» se refería a un palo redondo de madera o metal utilizado en un velero. Cuando era necesario que se atara algo al velero, mandaban a uno de los marineros ahí. Con el paso del tiempo, de manera popular (y grotesca) se ha convertido en el nombre que se le da al miembro masculino conocido anatómicamente como pene, pero que usado como frase sirve para invitar a alguien a irse a algún lugar lejano, donde nuestro enojo no pueda alcanzarlos, y de una manera totalmente grosera. Pero en sentido estricto para este libro, será solo para referirme a vivir de manera libre y sin remordimientos. Ahora bien, vivir con esta nueva filosofía trae consigo muchas ventajas. Estas son algunas que se me han ocurrido.

Nota. Antes de continuar me gustaría que se entendiera algo: mandar todo y a todos ALV no te hace indiferente, **te permite tener confianza a ser diferente** y, para mí, esa es la aceptación auténtica.

Mejoras tu actitud

Si eres alguien que vive en la filosofía de ALV, no significa que no te importe nada, sino que perdiste el miedo a hacer las cosas a pesar de la adversidad y del qué dirán. Es más, hasta podría decir que te vuelves aún más comprensivo. Cuando vives de esta manera, la adversidad sigue existiendo, al igual que el fracaso. No es que te liberas de manera inmediata, sino que no te quejas cuando sucede y aprendes a seguir desarrollando tu potencial.

Priorizas tu propósito

Un propósito de vida no es único, atemporal y tampoco naces con él (dejemos ya de romantizar el sacrificio y la lucha de los grandes mitos). Se puede tener un solo propósito y mantenerlo hasta la muerte, se puede tener un propósito que con el tiempo se irá modificando hasta terminar en algo completamente distinto a lo que se tenía al inicio, se pueden tener varios propósitos. Y no pasa nada. El único y mayor riesgo en este campo es no tener un propósito. Cuando no cuentas con uno propio asumirás el de otros como relevantes (y que además nada valen). Esto es peligroso y lo vivimos a diario. Seguro conoces gente que invierte (o pierde) todo su dinero en ser copias fieles de una marca de ropa o representar la belleza deseada. Así es más fácil caer en las ilusiones sociales y estas están diseñados para que seas autómata (lo que no es lo mismo que autónomo). Ser un robot social no es sano. Si estás leyendo este libro es porque quieres dejar de serlo o jamás lo has sido.

¿Cuántas personas conoces que viven de ser metiches, hablar de otros o crear rumores? Los grandes sabios dicen que **las personas estúpidas hablan de los otros y las inteligentes hablan de ideas.** Para mí no hay mayor realidad que esa. ¿De qué sirve criticar a la otra persona? ¿Qué ganas? O aún mejor; ¿cómo le sirve a la otra persona que hables a sus espaldas? Enfocarte en lo trivial es un perfecto resultado de no tener nada en la vida que valga la pena. Cuando tienes un sueño por cumplir, cuando te amas y te procuras, las trivialidades de la vida son solo pasajeras.

No hay nada más satisfactorio que tener un propósito claro. Te aleja de cualquier distractor que no sume a la actividad que te llevará a tener éxito. Para mí encontrar tu propósito es una de las más importantes inversiones que puedes hacer. Aunque es verdad que muchísimas personas viven totalmente dominadas por aquello que la sociedad exige de ellas, tú no eres una de estas personas y lo sé porque te has atrevido a vivir desde esta filosofía de vida.

No voy a mentirte: dejarte llevar por la corriente es mucho más fácil que tener un propósito y trabajar por él. Sin embargo, hasta la fecha yo no conozco ninguna persona que en su lecho de muerte se haya congratulado por haber vivido una vida dejada a la merced de la sociedad.

Muchas de las actitudes que irás aprendiendo en este libro parecerá que te llevan a la completa indiferencia de los demás, pero como te lo he dicho antes, son solo actitudes que te acercarán más a tu verdadero yo y te alejarán de un ideal que tú creaste, conocido como el «deber ser».

Recatarse para no incomodar

El señor Ramiro es un hombre de 80 años al que últimamente parece que nada le importa. Su familia desde hace tiempo no sabe qué hacer con él, porque dice lo que piensa, no le importa lo que sus palabras lleguen a afectar a otras e incluso su esposa está pensando en meterlo en un asilo.

Lo que más le llama la atención a la familia es que el señor Ramiro no era así. En sus años mozos era un hombre que respetaba y era respetado, siempre políticamente adecuado y jamás buscó la confrontación si se podía encontrar la solución de alguna otra manera, el señor Ramiro así lo prefería. En la última comida familiar, los hijos e hijas del señor Ramiro estaban discutiendo sobre dinero y, en sobresalto, el señor Ramiro dio un bastonazo en la mesa y gritó: «¿De qué tanto se preocupan, si ya todos ustedes están en la herencia? Tal vez si dejaran de ser unos flojos esperando mi muerte no estarían tan angustiados por el dinero». Absolutamente todos se quedaron sin palabras ante tan airada reacción. El señor Ramiro se levantó luego y fue a la sala de tele a perderse un rato en los más de doscientos canales que su dinero podía pagar. Todos los demás se quedaron atónitos en la mesa.

¿Es acaso el señor Ramiro un renegado? ¿Habrá perdido la cabeza?

Si prestas un poco de atención a eso, notarás que siempre pensamos que las personas están enfermas cuando empiezan a decir todo lo que pasa por sus mentes. Es como si ser honestos fuera algo prohibido, la sociedad nos pide que mantengamos cierta apariencia entre nosotros para que así fluya la comunicación y todos se sientan tranquilos. Nos pide que siempre pensemos antes de hablar, decir todo lo que pensamos cuando lo pensamos es una de esas reglas prohibidas que no están escritas, pero que se saben.

¿Está mal decir lo que pensamos realmente? ¿Es incorrecto hablar de nuestras emociones si eso afecta a otras personas?

Mientras más viejos nos volvemos, le energía mental se tiene que conservar aún más: ¡liberas! Esto provoca que ciertas personas dejen de ser tan políticamente correctas y comiencen a decir exactamente lo que opinan sin filtros y sin pensar lo que puede provocar en las demás personas. Tal vez sí hay que pensar un poco más antes de hablar, pero eso no significa que debas ser correcto de manera política todo el tiempo, bien lo he dicho antes: **no hay un estándar de perfección a alcanzar,** ninguna persona ha sido jamás perfecta ni lo será.

Fritz Perls, quien fue de los principales creadores de la psicoterapia Gestalt, siempre se lució por ser directo y no intentar ser como las demás personas querían que fuera. Tal vez esa fue una de las razones por las cuales tuvo tanto éxito al presentar su psicoterapia en la época de los sesenta.[18] Está bien dejar de intentar ser lo que los demás quieren de nosotros.

Aparentar otra vida

La gente que es cruel, los *haters*, los trolls, los que odian sin razón y un largo etcétera, se hacen pasar por desentendidos cuando en realidad se enfocan demasiado en lo malo o en lo que ellos consideran malo, así que para mí no forman parte de la filosofía ALV. La realidad es que, si todo el tiempo estás enfocado en dónde están los errores o en lo que se está haciendo mal, entonces te importa demasiado y eso jamás te permitirá ser indiferente.

Además, estos simuladores tienen miedo (de ahí tanta obsesión por fastidiar) y se hacen pasar como personas imposibles de resolver. En otras palabras: se sienten los incomprendidos. Son estas personas que a todo le encuentran un error, hablan como si nadie los pudiera

---

18. Una época caracterizada por la liberación sexualidad y de pensamiento.

entender y buscan atacar por medio de pseudo intelectualismo para que parezca que ellos son mucho más cultos que los demás. Estas personas que quieren ser indiferentes en realidad son grises y egoístas, buscan con tanta dedicación ser distintas al «deber ser» que llegan a lo opuesto, así que regresan a la vida del «deber ser». Al final las polaridades se encuentran y no puedes escapar, a menos que dejes de llevar al límite las situaciones.

Ok, todos los días te levantas y tienes que tomar decisiones y saber a qué mandar o no al demonio. Pero veamos, piensa cuando estabas más pequeño, donde todo parecía importante. Nuestra atención era la misma que la de un pez dorado. Queríamos conocerlo todo y, una vez que medio entendíamos algo, nos pasábamos a la siguiente etapa de conocimiento. Así somos todos los seres humanos en nuestro proceso de crecimiento.

Conforme crecemos mostramos más interés por algunas cosas y otras las mandamos al demonio, inconscientemente.[19] Muchas de las cosas que decidiste que sí tenían importancia en el pasado (como aquel novio o novia que todos te decían que era terrible para ti, pero lo defendiste hasta que te dejó por alguien más) **con el tiempo te diste cuenta de que no importaban mucho** o de que tal cosa no te impactó como esperabas que lo hiciera.

Cuando piensas en todos esos proyectos o cosas que no conseguiste y sentiste que tu vida se acababa, ahora en tu presente puedes darte cuenta de que al final todo se resolvió para una vida aún mejor. Ese amor que no pudiste obtener o que no te correspondió pudo empujarte a conocer al verdadero amor de tu vida. Ese trabajo del que te despidieron seguramente te abrió las puertas hacia uno mejor.

Una de las ideas que más me han impactado es saber que muchas cosas o proyectos que no he conseguido funcionaron así para mi mejor futuro. Todos esos sueños que no se me cumplieron, todas esas razones perfectas que tenía para que tuviera éxito y no logré, al final,

---

19. Sobre todo las reglas de nuestros padres y madres. Esas no nos gustaban nada.

me dejaron mejores enseñanzas que cualquier maestría en una de las universidades más caras del mundo.

La gente llama madurar a esta capacidad que tenemos los seres humanos de ser cada vez más responsables de nuestras acciones. Para mí, madurar es saber qué mandar o no al demonio. Si eres honesto u honesta contigo es probable que me des la razón de que todo el tiempo estamos decidiendo qué sí o qué no botar de la vida, ya sea a ese amigo o amiga que es tóxico, esa relación que ya te tiene cansado o cansada, ese jefe que te provoca solo dolores de cabeza o, simplemente, decidir si pides o no Uber Eats.

La vida es todo el tiempo saber qué decisión tomar y esperar que sea la mejor en ese momento, porque no importa lo que tú hagas, seas u ordenes, siempre tienes que estar decidiendo algo. Y ahora que estás leyendo esto te pregunto: ¿no estás cansado o cansada? Para mí, darme cuenta que todo el tiempo tengo que estar tomando decisiones y que muchas veces tienen que ver con qué camisa combina con qué pantalón se convierte en un infierno de pérdidas y ganancias. Pase lo que pase, ocurra lo que ocurra, la vida va a seguir tomes las decisiones que tomes, lo importante es que no pares en tu camino y que, a pesar de los errores o las malas decisiones, sigas caminando en dirección a tu meta, o que sigas decidiendo por tu bien, en pro de lo que quieres lograr. No necesitas tener una meta solamente, pero sí es importante que tengas una clara, al menos.

Cuando tienes una meta clara o lo más cercano a ello, hay algo en tu interior que te empujará a seguir trabajando en conseguir lo que deseas. Muchas veces las personas caen en el error de querer ser motivadas por algo externo. Esta es una de las razones por las que se venden tantos libros de autoayuda y se atienden a tantos seminarios. Sin embargo, la mala noticia sobre este tipo de estímulos es que nos energetizan solo por unos días y luego tenemos una recaída como cuando te aceleras con azúcar y luego te estrellas.

Hagas lo que hagas la vida va a continuar con o sin ti. Esto, más que deprimirte, me gustaría que lo entendieras como un despertar interno. Si hoy decides empezar tu proyecto, iniciar con tu búsqueda de propósito, la vida que te espera será mucho mejor que si decides rendirte y esperar a que expire. Prefiero sentir que hice todo lo que tenía que hacer, a estar esperando sin un propósito. Es más, esta última idea podría ser el perfecto infierno para mí.

Desde que terminé mis estudios de psicoterapia Gestalt, me di cuenta de que la unión de la psicología con el Budismo Zen creaba una complicada simplificación. Entiendo que puede sonar completamente distorsionado, pero cuando termines de leer el libro entenderás perfectamente a lo que me refiero.

Mandar todo ALV es la mejor manera de vivir. El mismo Fritz Perls (como ya mencioné, creador de la psicoterapia Gestalt) explicaba siempre a sus alumnos que uno de los problemas más grandes era que todo lo queríamos sobreanalizar y nos olvidábamos de sentir. Aunque muchos de los mamíferos pueden sentir las mismas emociones que nosotros, los seres humanos hemos creado complicaciones en la manera en cómo las interpretamos y las sobrecomplicamos. Enredamos lo que sentimos, por lo que no solo nos fastidia para sentir, sino que incrementamos el dolor al darle tantas vueltas a una idea.

Estamos tan preocupados por tonterías que no estamos viviendo. Es como si estuviéramos educados para siempre estar pensando en todo lo que podría salir mal y se nos olvida disfrutar la vida diseñada para cada uno de nosotros. Entiendo que nuestra mente está configurada para sobrevivir, para responder ante cualquier situación amenazante o negativa que pueda dañarnos, sin embargo, también necesitamos entrenar la mente para que deje de buscar peligros en donde no existen y puedas vivir en abundancia y prosperidad. También entiendo que el cerebro requiere certeza, que esa es la razón por la que siempre estamos buscando seguridad y comodidad, sin embargo, no conozco a nadie que haya hecho una vida magnífica sin haber pasado por momentos de dificultad y miedo. Hay que programar la mente para que deje de estancarnos en esa necesidad de certeza que solo nos limita.

Cuando lees las biografías de personas maravillosas, luchadores, de aquellos que lo lograron, te das cuenta de que no se preocuparon tanto por lo que estaba sucediendo en sus vidas, sino que estaban más preocupados en alcanzar esa meta que se habían propuesto y que, una vez que lo lograron, ya estaban pensando en la siguiente. Lo que tienen estos seres humanos, lo que los caracteriza, lo que los condujo a hacerlo posible es que, **a pesar del miedo, actuaron.** Tomaron la decisión de hacerlo. Cada uno de ellos o ellas tuvieron que decidir entre prestar atención a tonterías o simplemente mandar todo al demonio, para cumplir con ese sueño que tenían en la mente. Lo mismo te recomiendo a ti, manda al demonio incluso tus miedos, aprende a actuar a pesar de tenerlos, que lo más importante sea convertirte en esa versión de ti mismo que quieres alcanzar, cumplir ese sueño. Lo que te reste, pues ALV; lo que te limite, ALV.

Mandar todo al demonio es la única solución confiable que existe hoy para dejar de sobrepensar y sobresentir. Yo entiendo que no es sencillo y te tomará años poder empezar a vivir esta filosofía (he de advertirte), pero te prometo que al final del camino estará la vida que deseaste y hará que valga la pena el viaje.

Ser deshonesto con uno mismo

La vergüenza no es una emoción básica, no nacemos experimentándola, la aprendemos en sociedad; sin embargo, es un miedo inherente al ser humano. La gente que no se ha liberado de la negatividad en su vida, que no se ha aceptado, que no vive en auténtica libertar, está presa de la vergüenza. Evita hacer muchas cosas por temor a quedar en ridículo y permite que el miedo al «qué dirán después» la carcoma.

Hace muchos años sonaba la canción «El capitán», del grupo Caló, yo era una de esas personas que la amaban al grado de saberme la letra y, debo admitir, que hoy todavía me acuerdo de casi 90 por ciento de ella. Cuando en mi escuela hubo un concurso de canto y baile, yo elegí subir al escenario con esa canción bailando como si estuviera viviendo un ataque de epilepsia, mientras las personas me miraban y reían. Al principio pensé que era porque les estaba dando uno de los mejores shows que habían visto en su vida, sin darme cuenta de que me había convertido en el mejor payaso que jamás habían visto. Durante algunos meses la gente todavía me señalaba y se reía de mí, sin embargo, antes de pensar en abandonar mi lucha por ser uno de los mejores cantantes, decidí entrar a la academia de teatro que la escuela ofrecía para seguir mi sueño de conquistar los escenarios. ¿A qué voy con esto?

Te quería compartir esta historia para mostrarte que la vergüenza y el miedo son parte natural de cada uno de nosotros. Estoy seguro de que en algún momento has pasado situaciones que te hicieron sentir avergonzado, conoces cómo se siente. No es fácil lidiar con ella, lo sé, pero si no te atreves, no podrás vivir de manera auténtica y no serás verdaderamente feliz. En hacer el ridículo muchas veces se esconde la autenticidad y es en ella donde se encuentra la posibilidad de una vida feliz.

¿Tan necesario es hacer el ridículo para ser feliz?

¡Lo es! En primer lugar porque difícilmente irás tras tus metas y sueños si siempre temes eso. Tal vez no termines haciendo ninguno en tu camino hacia el éxito personal, pero el miedo a pasar por esa situación puede intimidarte y, para lograr cualquier cosa, debes atreverte, actuar, ir por ello, no dejarte limitar. También en el caso de tu felicidad. ¿O es que acaso esperas poder ser feliz no atreviéndote a hacer aquello que quieres por miedo al ridículo y a la vergüenza? De lo que nos privamos nos arrepentimos después y vivir de forma que al final tengamos mucho de qué arrepentirnos no es ser feliz. Por eso también hay que aprender a hacer el ridículo sin miedo al qué dirán. Imagina que por vergüenza te prives de bailar porque lo haces como si tuvieras dos pies izquierdos ¿No es eso triste? Te haría más feliz mover el esqueleto sin importar cómo te salga. En este tipo de cosas se halla la autenticidad y no deberías de privarte de ella por nada.

Entiendo que la vergüenza es algo que a todos nos aterra porque destruye nuestra propia identidad desde lo más profundo y se convierte en un cáncer que no es fácil de eliminar. La única manera de destruirlo es enfrentándolo directamente, mirarlo a los ojos para decirle: «Aquí el único que puede hacer cosas ridículas soy yo», y después reírte de ti mismo para vivir a tu manera más auténtica.

Quien no aprende a reírse de sí mismo está condenado. Cada persona es un mundo y, además, cada uno de nosotros es único en este Universo. Por lo que la primera parte para poder ser honesto contigo mismo es atreverte a vivir sin miedo a hacer el ridículo. Si algo te hace feliz y a otro le parece risible, ¿qué importa? Es más importante tu felicidad que su opinión.

Sé que es muy difícil, pero la realidad es que cuando tienes una meta clara, se te olvida lo que opinan los demás y los mandas al demonio, actúas sin importar qué, a pesar del temor a cómo te verán. ¿Tus metas son claras? ¿Sabes lo que quieres lograr? Descubre qué quieres de verdad, algo que te motive, que le dé sentido a tu vida y ve por ello. Si es real nada te detendrá, estoy seguro. Gente que te odie, te critique, busque tus defectos y fallas o simplemente quiera fastidiar existirá siempre en la vida de alguien que emita luz., por lo que estar enfocados en estas personas lo único que hará será quitarnos tiempo y energía. No desperdicies ninguno.

¿Crees que ese gran actor o cantante al que admiras no tuvo miedo a las críticas en su debut o primeras presentaciones? Lo experimentó pero, de no actuar o cantar delante de otras personas, no habría logrado nada. Cada persona exitosa que conoces dudó, pero mandó todo al demonio y se atrevió. Si las cosas no salieron según lo esperado, siguieron intentándolo, de lo contrario no habrían logrado nada.

No es fácil madurar y tomar el control de nuestra propia vida. Ser responsables de lo que hacemos y dejamos de hacer. Esa es la gran diferencia entre la culpa y la vergüenza. Como lo explica Brene

Brown en su libro *El poder de ser vulnerable,* en donde dice: «Culpa = he hecho algo malo. Vergüenza = soy malo».[20]

Con la culpa podemos hacer un cambio, es positiva, es algo que nos lleva a responsabilizarnos. La diferencia con la vergüenza es que nos crea una identidad y, por lo tanto, no podemos cambiarla porque tendríamos que cambiar todo nuestro ser. Si por miedo a lo que otras personas podrían decir sobre nosotros dejamos de hacer algo, es porque seguramente ese objetivo o meta que teníamos no era tan importante: priorizaste lo que otras personas podrían decir por encima de tus intereses. Aquí es donde es muy útil saber mandar al demonio la cosas, porque es en ese momento en donde puedes liberarte de posibles críticas y comenzar a vivir tus sueños. Son importantes, ve por ellos sin importar nada.

Alimentar la envidia y a los envidiosos

En el caso de la envidia hay que tener en cuenta que esta es solo la proyección de la impotencia en otra persona, es querer hacer lo mismo que alguien más hace, sin darte cuenta de que tú también tienes la capacidad de lograrlo. Mi padre bien dice que: «Es la afirmación de la impotencia».[21]

Cuando tú envidias, automáticamente te colocas en una posición de víctima. Estas afirmando la impotencia en tu identidad y eso te hará sentir aún más vergüenza, lo que te debilitará más y por lo mismo seguirá evitando que cumplas con tus metas. Son demasiadas cargas para una sola persona. Libérate de toda envidia aceptando que lo más importante eres tú, que no estás compitiendo con nadie en esta vida salvo contigo mismo, que solo debes aspirar a ser la mejor versión de ti mismo, no alguien más. Deja de darle protagonismo a

20. Brene Brown, El poder de ser vulnerable, Amazon Kindle Locación 1084

21. Héctor Salama, Soy potente».

otros en tu vida, de compararte. Para de envidiar. Concéntrate en ti. Y a los envidiosos, aléjalos, envíalos al demonio a penas los identifiques o detectes que quieren hacerte desistir de tus empeños. Les corresponde a ellos sanarse, no a ti.

Aplazar la felicidad

«Seré feliz cuándo me mude a otra ciudad… cuando me asciendan en el trabajo… cuando me gradúe… cuando me case… cuando tenga hijos… cuando mis hijos crezcan… cuando alcance mi sueño…». ¿Cuándo? La vida seguirá y seguirá pasando. ¿Cuánto más vas a esperar por tu felicidad? ¿Ella esperará por ti?

De las más grandes mentiras que el ser humano se dice así mismo se encuentra esta: «Cuando alcance (cualquier meta) seré feliz y tendré la actitud que siempre he buscado». No hay nada más lejos de la realidad que este pensamiento. Así nos enfocamos en el resultado y no en el camino, no disfrutaremos nada del proceso y, por lo mismo, tampoco podremos gozar del éxito que conlleva. Es simple matemática, no puedes conocer el valor real de «x» si no tienes el problema completo $(N+n=x)$. Es imposible llegar a x sin información. Es cómo querer alcanzar la meta sin saber cuál es y sin tener claro el camino. En cambio, si hacemos lo siguiente: $n+n=20$, ya tenemos datos; el problema es que cualquier suma que llegue a 20 podría ser la correcta y no hay un desafío ni dirección. Pero si le agregas lo siguiente: $11+n=20$, se vuelve más claro el problema y se reduce el nivel de posibilidades, lo que hará más divertido el camino hacia la meta.

Lo que busco de todo esto no es saber si eres o no bueno en matemáticas o si te gustan los problemas, sino que observes que no hay por qué esperar a llegar a una meta para ser quien tú quieres y tener la felicidad que buscas. Si desde ahora comienzas a ser feliz con lo que tienes y actúas como quieres llegar a ser, no hay necesidad de tanta faramalla en el proceso. Pasamos años intentando llegar a metas que ni siquiera son nuestras, buscando ser felices cuando la felicidad ha estado a nuestro alcance. Pero nos dejamos engañar por la mentalidad de manada.

Esta es la mejor solución que he encontrado a lo largo de mi vida: **empezar a apreciar lo que soy hoy, ser feliz hoy.** Es verdad que alcanzar metas es hermoso, pero también fugaz. Cuando pones más empeño en disfrutar tu presente y disfrutar el camino que conlleva esa meta, el objetivo comienza a transformarse para hacerse parte de un proceso continuo de desarrollo personal. Es importante que seas consciente de tu misión de vida, es como una estrella, te puede guiar en tu andar. Sin embargo, las estrellas no se ven en el día: aprende a observar por las noches de vez en cuando tu misión de vida. De nada sirve que te enfoques por completo en tu misión si no actúas sobre la misma.

Con todos los años que llevo con musicoterapia te puedo decir que no conozco una sola persona auténtica que necesite mirarse al espejo para reafirmar lo bella o bello que es. Simplemente lo saben y se viven como tal. Vive feliz a pesar de cualquier cosa que quieras y no hayas logrado aún. Vive feliz tus procesos. No esperes alcanzarlos para serlo.

Complicar la solución simple

Como te decía en líneas anteriores, existe una solución bastante simple a todo este conflicto que hoy llamamos vida y se puede resumir en dos palabras: aceptación máxima. ¿Y qué es esto de la aceptación máxima? Para mí, es la completa y total fe sobre nosotros mismos. Es saber que encontraré respuestas que llegan a mi vida, que voy a poder trabajar con las herramientas que me fueron dadas y, sobre todo, que tengo la capacidad creativa de resolver cualquier problema que se interponga en mi camino. Y parte de la aceptación es ser responsables y reconocer que los demás no tienen la culpa sobre nuestras acciones.

En verdad es sumamente cómodo echarle la culpa los demás. Es fácil, sencillo y casi cinco de cinco veces funciona, pero en el aspecto moral nos desgarra el alma hasta el punto de convertirnos en mentirosos compulsivos. Nuestra vida se transforma en un estado de falacias y creencias erróneas que nos imposibilita para ser felices porque, para serlo, necesitamos pureza en el corazón y una persona que no acepta su responsabilidad tampoco acepta su propia humildad.

La culpa es una carga pesada, por eso quien la lleva siente la gran necesidad de compartir el peso con otras personas. Así se creó un mecanismo neurótico y contagioso que llamamos mentir. Las mentiras están tan integradas a nuestra mente que desde los dos años de cualquier persona puedes observarla haciendo su debut.

Suri tiene dos peques. Una nena de ocho años y un nene de dos con unos cuantos meses. Un día el nene estaba jugando en el cuarto de la niña y tomó unas joyas de fantasía. La niña al darse cuenta se las quiso quitar y el pequeño no se dejó. Ambos empezaron a gritar y forcejear hasta que la nena, por su tamaño y habilidad, le arrebató las joyas de fantasía. El nene se enojó tanto que comenzó a llorar y cuando Suri fue a ver qué ocurría, el niño dijo que su hermana le había pegado. El rostro de la hermana empalideció y comenzó a llorar de inmediato: «Yo no le hice nada, papá —gritaba la niña con miedo a un castigo corporal—, de verdad no le pegué». El niño miraba a Suri y le decía: «Sí, papá, me pegó». Para suerte de la niña, Suri (que había tomado varios cursos de criminología por Youtube y era fan de CSI),[22] le pidió a su hijo que le mostrara en dónde le había pegado. Este, que obviamente estaba estrenando su poder de mentir, le mostró su brazo. Al no haber ninguna muestra de violencia física (y en caso de haber sido testigo ocular), Suri preguntó con más ahínco:

---

22. Es un programa de historias ficticias de televisión norteamericana.

«¿De verdad te pegó tu hermana?». El pequeño no pudo sostener la mentira y, cabizbajo, decidió en ese momento ser responsable y respondió que no.

Los seres humanos somos muy malos contando mentiras de pequeños, pero vamos perfeccionando el arte de engañar a los demás y a nosotros mismos conforme nos desarrollamos. Esto hace que las culpas sean más pesadas con el paso de los años y despierta nuestra necesidad de repartirlas a diestra y siniestra. Que asumir tu responsabilidad cuando te equivoques sea un hábito de hoy en adelante en tu vida recuperará y abrazará tu humildad. Analiza las situaciones que te ocurren y asume la responsabilidad sin cargar la culpa en los demás cuando notes que en realidad te corresponde. Toda decisión que tomamos en la vida es nuestra responsabilidad, sin importar lo que otro dijo o hizo.

¿Vas a seguir culpando de todo a los demás? Eso en nada te va a beneficiar. Cuando alguien no persigue sus sueños, ¿lo hace por culpa de la gente que no creyó en su persona y que no lo apoyó?, ¿o es su responsabilidad por no seguirlo intentando a pesar de las críticas y la falta de apoyo? Una persona que se encamine al éxito a perseguir una meta siempre encontrará resistencia en el camino, críticos negativos, incrédulos... Todos pasamos por eso. Si alcanzar el éxito no dependiera de esos factores y fuera culpa de terceros, nadie tendría éxito. Renunciar a las metas es responsabilidad de quien permitió que lo desanimaran y no apeló a su fuerza de voluntad para luchar hasta vencer «a pesar de». Al final tú eres el que decide, sin importar lo que haga un tercero, así que aquello que decidas siempre será tu responsabilidad. Esto no significa que debas asumir la culpa, abrazarla, dejar que te carcoma, eso tampoco es positivo. Lo que debes hacer es darte cuenta de que eres responsable por ti, por tu vida, por las emociones que experimentas... Asumido lo anterior, debes dejar de ir por la vida creyendo que otros tienen la culpa de que no puedas hacer esto y esto otro o de que te sientas de tal y cual forma. Toma la responsabilidad por ti: realiza eso que quieres porque así lo decidiste, porque quieres hacerlo, sin prestar atención a las críticas u opiniones de terceros. Manda ALV a todo el que te haga sentir mal. Decide cómo te quieres sentir y toma el control de ti mismo, de tus acciones, de tu destino.

A veces algunos tendrán culpa de algo, pero ¿y qué? Buscar culpables te distraerá de lo importante, de tus metas, de tu desarrollo personal. No pierdas el tiempo ni permitas que alguien tome las riendas o el control de tu vida cuando en realidad son tu responsabilidad.

Fomentar las comparaciones

La comparación es terrible, sobre todo cuando creemos que, al ser comparados, automáticamente estamos siendo descalificados. La realidad es que sí, muchas veces las personas que lo hacen ven nuestros defectos y tratan (veámoslo de forma optimista) de ayudarnos a ser mejores.

Cuando éramos pequeños y nos comparaban, en automático creíamos que nuestra vida corría riesgo. Esto es un factor biológico que todos los seres humanos vivimos y por desgracia, sufrimos. Las primeras situaciones de este tipo las vivimos con nuestros padres o figuras de autoridad, que son los que nos miden con hermanos, primos o personas que a veces ni siquiera son de nuestra propia edad. Al no comportarnos como aquellas personas que nos ponen como modelos, sentimos que nos dejarán de amar y de cuidarnos. Aquí es donde entramos en una terrible polaridad: renunciamos a ser nosotros mismos para conservar la vida o nos arriesgamos a ser auténticos. En lo único que podríamos decir que compararse tiene una función útil es en generar mejores prácticas, o sea, para discernir entre lo que sí funciona y lo que no. Por eso es importante entender que dentro de cada comparación hay una especie de búsqueda de una mejor versión de nosotros mismos. Sin embargo, tengamos presente que hay una gran diferencia entre comparar y el juicio de otra persona.

Existen dos tipos de comparación: la que viene por parte de nosotros mismos y la que nos hacen otras personas. Para mí, son casi lo mismo, lo único que cambia es el punto de percepción. Todos los seres humanos somos perfectos tal cual fuimos diseñados, la única razón por la cual nos estamos comparando es porque creemos que hay algo dentro de nosotros que debe cambiar. Debemos ser conscientes de que alguien fuera de nuestra vida fue quien nos hizo observar que algo en nosotros no es correcto o desentona. Aquí es donde empiezan los problemas graves del ser humano; si fuimos propensos a creer que algo dentro de nosotros no estaba bien es porque aprendimos a ser como los demás quieren que seamos. La comparación también funge como una gran herramienta de crecimiento personal, siempre que sea enfocada hacia nuestra mejora continua y no hacia la destrucción de nuestra identidad.

Me gustaría que hicieras una lista de todas las creencias que hoy no te funcionan, no importa si las escuchaste de alguien más o si es algo que piensas que viene de tu interior. Lo que importa en esta lista es que hagas visual lo que sientes que tal vez no funciona en ti o crees que está equivocado en tu ser.

¿En qué te ayudará esto? Siendo consciente de lo que crees, puedes hacer algo para mejorar. No le des espacio a sentirte descalificado por una comparación, no escuches críticas destructivas que solo fueron emitidas para hacerte lastimar. Solo usa la comparación para desarrollarte, para crecer, para notar qué te aleja de tu mejor versión con miras a mejorar. Compárate con tu propia persona del pasado para ver cuánto has crecido. Observa si hay algo que en la actualidad no está bien o no te gusta en ti (para tu desarrollo personal). Busca tu mejor versión sin renunciar a tu autenticidad, sin importar lo que otros opinen en negativo sobre lo que irradias.

Aunque a veces usemos la comparación para medir progresos, esto no significa que la comunidad siempre tenga la razón. Que todos crean algo no significa que sea verdad, así como el que todos lo hagan no significa que esté bien. Por ejemplo, durante muchos años los seres humanos creyeron que la Tierra era plana y cualquier persona con evidencia científica que pudiera demostrar que esto tal vez no era correcto era arrojada a un calabozo o simplemente alejada de la comunidad. La colectividad estaba equivocada, quienes descubrían lo contrario estaban en lo correcto, pero la sociedad los juzgaba de locos.

Hago la salvedad de que no debemos de caer en los absolutismos científicos, en donde corremos el riesgo de robotizar y perder la identidad que nos hace individuos. La libertad de desarrollo y la forma única que cada uno de nosotros tenemos debe de ser respetada, siempre y cuando, no nos ponga en desventaja con otras personas a nuestro alrededor.

Mejoría crónica como enfermedad

Hay mentiras que nos contamos constantemente y una de ellas es que tenemos que ser mejores personas. Tengo la duda, ¿qué es ser mejor persona? Lo entendemos como alguien que socialmente tiene las capacidades de entregarse a la comunidad o es visto como un gran individuo. Si analizas ambas situaciones encontrarás la pregunta relevante: ¿para la sociedad somos mejores como individuos o como una parte del grupo? Si es desde el individuo entonces nos podemos ver egoístas e individualistas (reduciendo la colaboración), si es para el grupo entonces nos podemos ver colectivizados o parte de un gran propósito (perdemos nuestra libertad).

Le hemos puesto mucha importancia a mirarnos como defectuosos, como si nada de lo que hiciéramos fuera importante y, por lo tanto, siempre estamos mal. ¿Cómo alguien puede realmente ser una mejor versión e incrementar su poder personal si siempre se le ve como una persona defectuosa? Es por eso que esta perspectiva de ser mejor es errónea. No podemos generalizar, debemos partir de un lugar en común. Como seres humanos, ya somos la mejor versión que podemos alcanzar. Nuestro cuerpo y mente ya están en el pico de la evolución. Tal vez por eso no ha cambiado mucho nuestra estructura durante los años.

¿Qué sí podemos incrementar? Me encantaría que volvieras a leer esta pregunta. No mencioné *cambiar* ni *mejorar*, sino *incrementar*. La diferencia es que así estás sumando a tu vida y no modificando, quitando, reduciendo. A nuestro cerebro no le gusta perder nada. Un ejemplo interesante es el siguiente: cuando una persona pierde una pierna o brazo, se le pueden conectar electrodos y la persona es capaz de mover brazos o piernas robóticas. Esto no ocurre porque la persona aprende a mover el nuevo brazo, sino que, para la mente, la persona jamás perdió algo (otra razón por la que es tan difícil intentar dejar de fumar).

Entendiendo que a nuestro cerebro no le gusta perder, que intentar cambiar genera un corto circuito en la manera de relacionarnos con nosotros mismos. No somos máquinas para solo intercambiar partes de nosotros. Supongo que lo podremos hacer en algún momento, pero aún falta mucho para eso. ¿Cómo «agregamos» a nuestra vida? La respuesta tiene que ver con paciencia y esfuerzo. Dar pequeños pasos para alcanzar el nivel que deseamos, la mejor versión que queramos ser.

Piensa en lo que puede sumar para seguir mejorando, no en cambiar o transformarte desde alguna falla ni desde lo que piensas que está mal en ti. Digamos que quieres ser más rápido corriendo. Para eso tienes que empezar a correr. Hoy tenemos entrenadores que te pueden apoyar a hacerlo más eficiente y más rápido. Lo interesante no es que te ayuden a correr más rápido, sino que te ayuden a romper con las creencias de que no puedes. Es algo muy curioso, pero antes nadie podía correr cien metros en menos de diez segundos, hasta que el corredor Bob Hayes en 1963 lo logró en un tiempo de 9.9 segundos. A partir de ese momento los seres humanos rompimos la creencia sobre la imposibilidad y se convirtió en algo alcanzable, al grado de que Usain Bolt, en 2009, rompió el record corriendo los cien metros en 9.58 segundos.

Lo mismo sucede con tu forma de ser, no es que dejes de ser tú y cambies, sino que comiences a desarrollar las áreas de tu vida y conductas que sabes que agregarán a tu desarrollo diario. Ahí es donde un terapeuta te puede ayudar a hacerlo mucho más rápido.

¿Qué puede sumar a tu vida? Proponte reflexionar sobre ello para descubrirlo.

Intensear como una constante

Es difícil para los seres humanos abandonar nuestro espíritu de competencia, aunque ya comprendiste la importancia de hacerlo, porque aferrarte a él solo puede alejarte de la vida que te mereces, colmada de libertad plena.

Sí hay solución: **relajarte un chingo.** Tenemos que aprender a relajarnos, a no ser siempre los mejores, hay que equivocarse, está bien, aquí el fracaso es solamente un paso hacia el conocimiento y el aprendizaje. Haz las cosas sin temor a equivocarte. Si fallas, aprende de ello y sigue, pero permítete tropezar, no le tengas temor, no te niegues nada solo por la posibilidad de equivocarte. A eso me refiero cuando digo relajarnos, no me refiero a meditación, no me refiero a hacer yoga, ni siquiera me refiero a tener un final feliz. La idea es aprender no solo desde lo físico, sino también desde lo mental, soltar el temor a equivocarte. No tengo nada en contra de las meditaciones y las posturas de yoga que te hacen un Pretzel humano, sin embargo, esas técnicas serán inútiles si no haces un cambio en tu mentalidad.

Mandar todo al demonio es la manera más sencilla que encontré para aprender a calmarnos. Es enfocar la energía en lo que de verdad importa. Cuando no lo hacemos, en automático empezamos a generar ansiedad. «¿Qué es la ansiedad?», me preguntarás. Desde que comencé a hacer videos para TikTok, Instagram y Youtube, una de las preguntas que más recibo es: «¿Cómo me quito la ansiedad?». Es una verdadera desgracia que un sistema de supervivencia que los seres humanos tenemos terminara por convertirse en un mecanismo que no nos permite vivir. Y vaya que se convirtió en un problema colectivo.

Si bien la ansiedad es la manera de nuestro cuerpo de mantenernos con vida (un mecanismo de defensa ante un peligro o posible peligro que nos alerta y contribuye a que podamos escapar o defendernos), es una realidad que las personas dejan de tener vida por sentir ansiedad. Una explicación reducida sería: nos da ansiedad porque creemos que podemos controlar lo que sucede fuera (y dentro) de nuestra realidad, porque nos engañamos con esa mentira. La ansiedad puede ser positiva ante un peligro real, pero se vuelve parte del día a día por nuestro deseo de controlar todo lo externo. Por eso siempre nos mantenemos en alerta y vemos peligros donde no los hay. La ansiedad no aporta nada en situaciones así, solo sufrimiento.

Todos los seres humanos deseamos tener certeza, orden y control sobre nuestra realidad. El problema está en que ni siquiera tenemos consciencia sobre lo que pasa en alrededor de 90 por ciento dentro de nosotros, mucho menos de lo que ocurre al exterior. Esta es una de las razones por las cuales necesitamos aprender a relajarnos un chingo, porque jamás tendremos el control sobre lo que ocurre fuera de nosotros, apenas podremos llegar a controlar parte de lo interno. Mandar todo al demonio es el inicio del proceso para aprender a tener una mentalidad que no solo reduzca la ansiedad, sino que nos ayude también a tomar mejores decisiones.

¿Cuál es la diferencia entre mandar todo al demonio y ser un bastardo inconsciente? La diferencia existe en que la persona de la segunda opción ni siquiera sabe que tomó la decisión de no darle importancia a su entorno. Por el contrario, cuando aprendes a mandar todo al demonio de forma consciente estás decidiendo en qué enfocarte y en dónde no vale la pena gastar tu atención. Lo que busco con esta nueva mentalidad es que tú y quienes lean estas palabras puedan aprender a ser mucho más responsables con lo que tienen en la vida y cómo van a enfrentarlo.

La cultura del *hack*

Últimamente encuentro un gran auge de libros, podcast y videos que hablan de cómo *hackear* (facilitar) tu vida. Desde cómo trabajar solo cuatro días a la semana hasta cómo hacer ejercicio en solo cinco minutos (y quedar musculoso, claro está).

Saber esperar y tener paciencia es moda del pasado (creo que nunca fue moda) y lo de hoy es hacer todo rápido. No solo queremos comida que se prepare en el microondas en menos de 60 segundos, queremos devorar un libro en menos de 15 minutos, queremos abdominales de acero sin ejercicio o con el menor posible, queremos que los taxis lleguen en menos de tres minutos y conseguir pareja en solo dos clicks. Todo esto aventando la responsabilidad a las empresas encargadas de darnos lo que queremos en el menor tiempo posible, pero eso sí, barato y fácil de obtener.

Esta es la nueva cultura del *hack*, donde siempre se pueden hacer las cosas de manera más rápida y eficiente, pero ¿qué tan real es que podamos acelerar procesos mentales? ¿Qué tanto nuestra mente está equipada con el poder de procesamiento? Ultra seguro estoy de que no somos robots. Estamos tan inmersos en la cultura de la cibernética, que se nos olvida que no somos computadoras y que esos instrumentos sirven para ayudarnos a tener una mejor y más cómoda vida. Los hemos humanizado tanto que ahora queremos parecernos a estos dispositivos, pero somos humanos imperfectos, más vulnerables, menos autómatas. Puede ser que, debido al amor narcisista con el que fueron creadas estas máquinas, ahora pensamos que podemos fundirnos con ellas para ser parecidos. NO.

No vayamos más lejos, hoy tenemos partes robóticas que nos pueden ayudar a suplir aquello que nos falla o que tuvimos que reemplazar por causa de un accidente, enfermedad o condición de nacimiento. Sin embargo, también escuchamos historias mórbidas, en donde personas piden ser amputadas para poder reemplazar sus extremidades con prótesis robóticas y así comenzar su transformación a pseudo máquina. ¿Por qué no preferir sus extremidades naturales? ¿Por qué no preferir ser humano?

Estos son los males de la cultura del *hack*. Perdemos el gusto por la especialización, el esfuerzo y la paciencia, vivimos en un entorno de flojera y para eso queremos ser más como las máquinas. Queremos más tiempo y para eso necesitamos tener todo rápido, pero ¿para qué? ¿De verdad nos preocupa tanto esto que estamos dispuestos a sacrificar nuestro desarrollo psicoemocional? **Queremos más tiempo para estar perdidos en redes sociales**, para compararnos con otras personas, para mirar series que nos adormecen el cerebro, para perdernos en nuestras propias ideas y miedos. ¿De verdad para todo esto queremos más tiempo? Porque es para eso que la gente lo usa cuando se encuentra carente de salud emocional y de autoestima.

Pero como en todo, también hay cosas positivas de esta nueva cultura, no lo voy a negar, en donde puedes aprender a hacer cosas por tu propia mano, a enseñar. Con estos nuevos resúmenes de libros es posible alimentar tu curiosidad y descubrir si te interesa dedicarle cuatro a ocho horas a un autor. Con los nuevos podcasts puedes acceder a la información de otras personas sin tener que viajar a lugares lejanos. Hoy con la cultura del *hack* puedes entrenarte con las personas que admiras, aunque tal vez no tengas la posibilidad de acercarte a ellas en persona. No todo es malo en esta cultura, el problema es que, como con todas las herramientas, pueden ser usadas para construir o destruir.

Las computadoras son herramientas que facilitan nuestras vidas, nos ayudan a conectarnos con otras personas, pero también nos alejan de las ideas que no se parecen a las nuestras, nos alejan de la paciencia que necesitamos para aprender algo que nos haga madurar emocionalmente, nos aleja del contacto humano y de tolerar o entender otras formas de pensamiento que tal vez no son como las nuestras, pero que alimentan nuestra cultura. La culpa no es de las computadoras, porque al final son solo herramientas de trabajo. Un martillo es un instrumento que puede ser usado para construir y destruir. Es cómo usamos los procesadores y cómo nos conectamos con otras personas lo que nos aleja o acerca entre todos. Es la cultura de querer todo rápido y sin esfuerzo la que nos aparta de nuestra propia humanidad.

Cuidado con exagerar la cultura del *hack*, no tomes atajos para tu aprendizaje y crecimiento personal, ten paciencia con los procesos que necesites para incrementar en tu vida, los cuales te ayudan a convertirte en la mejor versión de ti. Ten paciencia cuando persigas tus metas, desarrolla esa cualidad, bríndate empatía. No olvides que eres humano.

Los dolores y la adversidad nos hacen cada día mejores, nos fortalecen. Si no fuera por estos momentos álgidos, seríamos como los animales que no avanzan hasta que adquieren sus habilidades. Un perro que aprende trucos lo hace porque su dueño así lo desea. El ser humano es el único animal que aprende por aprender. Disfrutamos tanto explotar al máximo nuestras capacidades que entramos en un estado de «fluir» (véase *Fluir*, libro de Mihaly Csikszentmihalyi). Es un estado en donde nuestras habilidades y capacidades se juntan en una perfecta unión con el momento y lo que se requiere de nosotros. Es una danza en donde nos perdemos y nuestra identidad se desvanece con la totalidad.

Aprender a tener paciencia y entender que la vida se parece más a un maratón que a una carrera de cien metros es lo que nos da el poder y las capacidades para sobrellevar las adversidades y entender el ambiente en el que vivimos.

En cuanto huimos de la adversidad, huimos también de nuestra propia fortaleza. No debemos de temer a equivocarnos. La vida es un experimento que nadie entiende y solamente a través de la experiencia podemos comprenderla y aceptarla. Cuando pasamos por momentos difíciles o dolorosos, lo que hacemos es aprender a no hacer algo y aquello que necesitamos cambiar para sobrellevar ese momento incómodo. Es por eso que es tan importante aprender a través de la vivencia, porque es la única manera de pulir nuestras fortalezas y herramientas. Hay que experimentar, probar, fallar, seguir en el intento. Es la única manera de lograr lo extraordinario, destacar, alcanzar nuestra vida soñada.

Fuimos bombardeados tantas veces con historias sobre éxitos inéditos, estrellas fugaces y otras clases de personas que tal vez dieron en el blanco y pareciera que fue muy fácil, sin darnos cuenta de que esto es solo una ilusión que se vende para mantener a las personas en el constante estrés y la impaciencia. Pero ¿por qué hacen esto? La razón es porque de esta manera es mucho más fácil venderte productos y servicios que prometen aumentar la velocidad de tu éxito. Sin embargo, si te pones a estudiar a los grandes líderes, te darás cuenta de que todo lleva una historia, un esfuerzo y mucho aprendizaje detrás de esos pequeños momentos de gloria.

Las miles de horas que Bill Gates se dedicó a programar computadoras básicas no se compara con los pocos años que ha tenido de gloria. Dejemos de apantallarnos por las luces y comencemos a observar cómo y dónde nace toda esta energía para generar ese resplandor que tanto nos gusta observar.

Puedes lograr lo que quieras pero, si no lo haces desde la paciencia, la frustración te colmará y lo que suelen hacer los frustrados es renunciar. Si renuncias, no lo lograrás. De nuevo te aconsejo encarecidamente: desarrolla paciencia, ten paciencia.

Yo soy el más importante

Estamos ante una epidemia de sobreimportancia. Los seres humanos siempre hemos sido egoístas, el problema es que ahora con las redes sociales, no solamente le estamos presumiendo a 200 o 500 personas nuestra importancia, sino que somos vistos y juzgados por más de 10 millones de personas. Esto nos afecta, nos guste o no. Jamás en la historia tantos ojos nos juzgaron y admiraron. Esto crea un efecto polarizado; personas que ahora explotan más su personalidad y la exageran, o personas que se sienten tan observadas que se retiran cada vez más a una soledad enfermiza.

¿A qué se debe esta polarización? Pues la razón está en cómo somos usados para vender productos y servicios. Es bien sabido que no hay algo gratuito sin una forma de financiarse. En el caso de las redes sociales, tu atención es la moneda que se usa para generar dinero. Tal vez digas: «¿Y?». El problema radica en que tu atención también puede ser manipulada. Una vez que los algoritmos de las redes sociales saben lo que te gusta, comienzan a explorar los extremos para llamar tu atención. Te pongo un ejemplo que ocurrió con uno de mis pacientes.

Mi paciente empezó a seguir cuentas de gente que hacía comidas bajas en calorías. Pasó poco tiempo para que empezara a tener más noticias y comerciales de dietas, suplementos y hasta sugerencias de cuentas a seguir. Conforme puso más atención a estas cuentas y a observar qué comerciales estaban siendo patrocinados, notó que también recibía sugerencias de amistad de mujeres que parecían tener problemas de alimentación. Él solo las ignoró. Pasaron unos días y comenzó a recibir anuncios de suplementos alimenticios que prometían eliminar por completo el hambre. Mi paciente me dijo que empezaba a sentirse mal con su cuerpo, pensó que tal vez comía demasiado y que su hambre era más emocional que física. Luego recibió sugerencias de redes en donde se hablaba de lo terrible de la carne, la leche y el huevo; de cómo las industrias estaban destruyendo nuestra salud para así vender más medicamentos. Poco a poco empezó a tener más información sobre ideas conspiracionales de Big Pharma y otras industrias que querían gobernar el mundo. No pasó mucho tiempo más y comenzaron a sugerirle cuentas de armas militares, así como eventos en donde se manifestarían en contra de alguna empresa.

Esto parece sacado de una novela de ciencia ficción pero, por suerte, mi paciente que tan solo tenía 17 años se atrevió a confesármelo un día en que estaba a nada de ir a una de estas manifestaciones.

Esta es una historia con un final medio feliz, porque la familia tiene la costumbre de atenderse con psicólogos, pero ¿y los que no? Recordemos que la salud mental pareciera un artículo de lujo en muchos países, cuando es un derecho que no se está otorgando de manera justa.

Nos sentimos el centro del Universo y tal vez lo somos (resalté varias veces que eres muy importante), pero si en verdad nos sentimos el centro del cosmos, podemos ser manipulados con esta idea cada vez que algo o alguien alimente nuestro ego. Está bien que las cosas no sucedan como nosotros queremos, así es la vida y no pasa nada si lo aceptamos. En ese momento tenemos la oportunidad de entender nuestra importancia, porque descubrimos que somos parte de un sistema mayor, un sistema en donde yo contribuyo con mis habilidades y capacidades.

Cuando soy egoísta, pero servicial **es cuando puedo dar lo mejor de mí a los demás** y sentir la satisfacción de haberlo hecho.

Creer que se tiene el control

Cuando queremos controlarlo todo, en realidad perdemos el control. No aceptar esta realidad solo te hace manipulable.

Cuando hablo de control, ¿a qué crees que me refiero? Hay una falsa ilusión que vivimos todos los seres humanos, porque nuestros cuerpos funcionan de manera automática y por tanto creemos que, de cierta manera, somos nosotros los que los estamos conduciendo.

Vamos a darnos un viaje filosófico. De cierta manera sí tenemos el control físico de nuestro cuerpo, pero no consciente. La consciencia es ese pequeño ser que vive dentro de ti y puede observar a voluntad lo que ocurre en tu universo interior. Puede reaccionar, responder e incluso accionar, pero es muy poca su capacidad de atención. Por otra parte, hay un mundo inconsciente, pero inteligente también dentro de ti. En ese mundo tu mente está en control de todo, sabe qué nutriente necesita cada célula, qué parte de tu cuerpo necesita más o menos calor, entre otras funciones fisiológicas. Porque todo esto funciona es que podemos creer que tenemos el control, que nuestro cuerpo es posesión nuestra y podemos observar el enojo que nos genera enfermarnos, porque sentimos que algo hemos hecho mal. Pero, ¿qué pasaría si te dijera que cuando te enfermas es porque apenas estás siendo consciente de algo que lleva tiempo reaccionando? Muchas personas creen que las enfermedades empiezan cuando son conscientes de los síntomas y lo interesante es que no es así. Cuando estos aparecen es porque tu cuerpo lleva tiempo luchando y comienza a manifestar el resultado de esa guerra. Conscientemente **no tienes el control de tu cuerpo**, punto.

Dejar el control no es perderlo. Vamos a empezar por esta afirmación. Cuando tú decides no controlarlo todo, en ese momento estás confiando. Confías en que la naturaleza de tu inconsciente y tu biología son lo bastante sabias como para hacer el trabajo necesario para mantenerte con vida. Con respecto a otras personas, no necesitas controlar nada. También es aprender a confiar en la naturaleza de las relaciones y la biología en sí. De cualquier forma, nunca podrías controlar a otra persona, no del todo ni por siempre. ¿Para qué desgastarte en intentarlo?

Voy a ser sincero. No es verdad que no tenemos control de nada, la realidad es que sí tenemos control de algunas cosas, por ejemplo, de cómo elegimos sentirnos o de lo que ponemos atención y de las personas con las que elegimos juntarnos. De los problemas que más veo en mis pacientes es que no solo no ejercen su control sobre lo que sí podrían, sino que además se enfocan en lo que no pueden conquistar.

Deja de preocuparte por aquello que no puedes controlar y, en su lugar, centra tu atención en lo que sí. En terapia trabajo muchísimo las frustraciones que las personas sienten al no tener control sobre lo que viven, creen que la vida las pasa en lugar de entender que la vida pasa para ellos. Ese pequeño cambio de pensamiento es lo que te da el poder sobre tu vida, ya que con él te haces responsable de cómo reaccionas a los eventos fortuitos y no solo como una víctima.

Cuando somos conscientes de lo que sí podemos controlar una nueva capacidad racional surge dentro de nosotros. No podemos elegir cómo reaccionamos ante los eventos que suceden (ni evitar la mayoría de estos acontecimientos), pero podemos elegir lo que pensamos y la forma en cómo respondemos ante eso. Por ello la educación emocional, así como el desarrollo racional, son armas elementales dentro de cualquier academia que pretenda generar mejores ciudadanos y seres humanos.

Cuando comienzas a conocerte, de pronto un nuevo universo se abre ante tus ojos. Tu autoestima aumenta porque aprendes más sobre tus habilidades y capacidades. Es importante siempre ponerte a prueba. Para mí, uno de las mejores herramientas para aprender a conocerte más es el ejercicio. Cuando comienzas una rutina no logras mucho, pero si te mantienes con disciplina, después de unas semanas te darás cuenta de que ya subes dos pisos sin sentir que el corazón se te sale por la boca. Conforme avanzas, tu cuerpo comienza a modificar sus estructuras y te ves mucho más sano, la piel se te hace más linda y tu postura mejora tanto que las personas a tu alrededor notan el cambio y preguntan qué estás haciendo diferente.

Todo esto te lleva a tener una mejor autoimagen y un mejor autoconcepto. Sin embargo, también se devela que no somos iguales a los demás. Y esto no tiene nada que ver con la igualdad ante la ley, sino con la filosofía detrás de la libertad individual y la razón por la cual somos únicos e irrepetibles. Es justo en este momento que surge la creencia limitante sobre la necesidad de ser parte de un grupo y no diferenciarnos mucho de los demás.

La creencia se lee así: «No está bien ser diferente». Ortega y Gasset habla sobre el hombre masa, este ser unificado que parece no tener fronteras dentro de una sociedad que busca la igualdad y no la individualidad. Cuando creemos que no está bien ser diferente a los demás, negamos nuestras capacidades, habilidades, dones y diferencias que nos hacen únicos y, por lo tanto, útiles para la sociedad en la que nos movemos. Esta idea nos destruye, en vez de buscar desarrollar nuestras capacidades, habilidades y dones, nos sentimos completamente aislados y trágicamente diferenciados, entonces nos percibimos fuera de la comunidad. Esta es una terrible cruz que carga el humano, porque no nos robotizamos y automatizamos para ser lastres de una sociedad que busca el no pensamiento individual ni alterar al grupo con nuestro pensamiento único.

Resumo las ideas anteriores: hazte consciente de lo que sí puedes controlar y toma el rumbo de ti mismo, de tus emociones, del rumbo que lleva tu vida. Elige de qué tipo de personas te vas a rodear y cuáles necesitas enviar al demonio y a esas, envíalas sin más. Aprende a valorar tus diferencias, suelta la necesidad de control, da rienda suelta a tu autenticidad.

Sufrir detrás de la unicidad

Aceptar el dolor (románticamente llamado sufrimiento, de no ser igual a los demás) es una decisión que tenemos que tomar como individuos libres. No nos queda de otra más que aceptar que no somos parte de un colectivo que piensa igual, sino personas diferentes que aceptan esta separación de la masa para poder participar como individuos libres en la sociedad.

Podrías pensar que, al aceptar el sufrimiento, lo que estás haciendo es encadenarte más a tu destino predeterminado. No hay nada más lejos de la verdad que esto. Cuando integras el sufrimiento y asimilas la idea de que las personas no tenemos control sobre absolutamente nada externo a nuestros pensamientos, en ese momento encuentras la clave de la libertad. Al final aceptar nuestro dolor es aceptar que somos libres, nos encamina a serlo.

Piensa en lo siguiente: ¿quién es aquel que acepta y se piensa en libertad? Esta es una de las dudas que más afectan la búsqueda de la conciencia, puesto que no sabemos si nosotros creamos nuestros pensamientos o simplemente aparecen. De ser así, ¿quién es la cosa, persona o ente que penetra nuestra conciencia con esos pensamientos? Claro que no tengo la respuesta, pero algo si te puedo decir: cuando aceptas que la vida no es lo que tú deseas, cuando eres consciente del poder que tenemos con nuestro pensamiento, en ese momento adquieres libertad y el control de tu existencia.

Sin embargo, no cualquiera se encuentra listo para esta libertad, no cualquiera está preparado para afrontar la responsabilidad de todos sus actos y sus omisiones. Es por eso que más que intentar dejar de ser quien eres, te invito a aceptarte tal cual, con errores, aciertos, defectos y atributos. Mientras más rápido seas responsable y el dueño de tu libertad, más rápido podrás ser auténtico y feliz. Justo la mejor versión de ti mismo radica en que puedas ser autentico y feliz.

CAPÍTULO 2
DETONANTES E IMPULSOS

Problemas de la vida

Si de algo podemos estar seguros es que en la vida siempre habrá problemas. No existe una vida sin conflicto. Tanto una persona con mucho dinero tendrá obstáculos dignos de su estatus, como una persona altamente espiritual encontrará problemas acordes con su frecuencia. No hay salida de ellos, son parte de la vida. La pregunta podría ser: ¿por qué existen? En este momento tal vez te encuentres lidiando con algunos de ellos y vengan a tu mente cuando leas estas líneas.

Tal vez, el inconveniente mayor es pensar que eso que llamamos *problemas* solo son una creación social, tal vez ni siquiera existen, tal vez son la manera natural de la vida de proceder antes seres tan complejos como somos los humanos, en un cosmos altamente caótico y ordenado al mismo tiempo. Para no complicarnos demasiado vayamos mejor por el camino en donde creemos que los problemas existen, ¿te parece? Vamos a aceptarlos, por lo menos para estos párrafos. Una vez que aceptamos que existen los problemas, entonces nos preguntamos, ¿por qué los tenemos?

Reflexiona sobre ello seriamente. ¿Qué sería de una vida sin problemas? Una vida monótona, en donde no existan diferencias ni opuestos. Un completo caos monocromático en donde no habría necesidad de existir y la única solución viable sería un suicidio colectivo. Tal vez los problemas no son problemas, sino la solución a una vida sin sentido.

¿Verías una serie de televisión en dónde no exista conflicto alguno? Se te tornaría de lo más aburrida. Lo mismo en la vida real. Además de que en ausencia de problemas solo podrías esperar cero crecimiento. Aprendemos de los conflictos, nos volvemos fuertes mientras lidiamos con nuestros obstáculos, crecemos debido a las dificultades que tenemos que lidiar.

Un día un filósofo mató a Dios, declaró que este ser supremo había muerto y ahora el hombre tenía la necesidad de incrementarse para así poder cocrear con la sociedad una nueva moralidad. Algo así como: ¿para qué seguir dependiendo de algo externo, cuando podemos comenzar a buscar nuestro poder interno? Utópico, arriesgado y sobre todo injusto.

Pensar y opinar es algo sumamente sencillo, pero cuando alguien toma estas ideas y las recrea para manipular el caos en una sociedad, en ese momento debemos tener más criterio. Estas ideas que te he puesto arriba son de Frederich Nietzche después de que su hermana tomara sus escritos, los alterara y compartiera al partido Nazi, después de que este terminara con la vida de más de 10 millones de personas por no cumplir con las ideas de superioridad.

La pregunta sobre este tema que me parece más importante: ¿quién eres tú cuando te enfrentas a un problema? Es necesario que te respondas, porque depende de ello la identidad que has recreado.

¿Te siente víctima o te sientes responsable ante los problemas que la vida pone frente a ti?

Con esta interrogante puedes averiguar si eres una persona que responde a la vida o solo reacciona. No te preocupes mucho sobre ese tema ahora, puesto que, a lo largo de este capítulo podrás decidir entre seguir desde la posición pasiva ante la vida o una activa. En otras palabras, elegir entre ser víctima o ser responsable.

Fracasos de ayer y hoy ✳

«El fracaso como maestro». Tal vez conoces esta frase y puede que también te parezca difícil de conceptualizar. Parece sacada de libros de autoayuda y no tenemos idea de lo que pueden significar para personas como nosotros. Fracasar es fallar en la consecución de algo, ¿no es así? Representa una carencia, pero ¿qué significa el fracaso para ti?

Si no empezamos por esta pregunta, trabajaremos en el limbo de la información. Es muy importante tener claro desde un inicio qué consideramos fracaso, para convertirlo en uno de nuestros mejores aprendizajes. Tómate el tiempo para definir tu respuesta.

Si tu sueño y meta de vida se relaciona con un deporte como el futbol, si siempre deseaste convertirte en un futbolista profesional, ganar la copa mundial, ¿concebirías como un fracaso no entender para nada las matemáticas? Lo dudo. Fracaso probablemente significará para ti la carencia de éxito en aquello que te importa, desde tu visión subjetiva de lo que significa.

Podemos entender el fracaso como la carencia de una vida aceptada socialmente, es decir, a no acomodarse a los patrones de la cultura en la que vivimos. Antes se esperaba que los seres humanos tuviéramos muchos hijos para trabajar todos en el campo o con maquinaria. Sin embargo, conforme avanzamos en generaciones, muchas familias optan por dejar de tener hijos. Ya no se le da tanta importancia en la procreación, sino a la recreación.

En el pasado de la humanidad lo importante era la familia y la conexión con personas de nuestra misma tribu para vivir mejor en comunidad. Ahora las cosas cambiaron. Estamos en una época en donde no solo somos muchas personas, sino que, además, estamos más conectados y comunicados entre todos. Hoy podemos formar grupos de estudio, juego y recreación con personas de cualquier parte del mundo. No tenemos que educar o adiestrar a nuestra comunidad para que le interese lo que mismo que a nosotros. Esto nos lleva a un nuevo nivel de fracaso, similar al que existía antes, pero mucho más visible y exponencial.

Fracaso ahora puede significar que no cumplimos con los estándares mundiales (antes solo culturales a pequeña escala), sobre lo que significa la belleza, conexión y aceptación. Pero entonces volvemos, ¿qué significa realmente fracasar?

En mi opinión, esta palabra está muy cargada de emociones porque las personas que hablan del fracaso lo hacen desde su impotencia y no desde su aprendizaje. Es real que a nadie le gusta equivocarse, como humanos no nos gusta hacerlo, pero los que aprendemos de él no lo vemos ni lo concebimos con las mismas emociones. Incluso te podría decir que yo tengo la mentalidad de fracasar lo más rápido posible para así aprender y lograr mi objetivo con mayor rapidez, algo que quizás no aceptes en este momento.

La clave es quitarle la carga emocional a la palabra fracaso. Cuando lo hacemos, podemos convertirlo en uno de los mejores aliados posibles en nuestro desarrollo personal. Cuando en vez de decir fracaso, lo llamamos tropiezo, le damos una mejor connotación emocional. Si me tropiezo, lo único que tengo que hacer es retomar el rumbo, no pasa nada, no me caí, por lo que no pierdo mi objetivo. Culturalmente no percibimos el fracaso como levantarse y continuar, se le ve como un fallo total.

Para muchas personas, no hacer las cosas perfectas no solo es una terrible carga, sino que se convierte en un defecto de carácter, adquirido no por gusto, sino impuesto por la familia, la cultura y la misma sociedad. Intentar cumplir con las creencias de las demás personas no solo es imposible (muchas veces las personas no tienen ni idea qué esperan en realidad), sino que te priva de encontrar una mejor manera de probar diferentes maneras de llegar al objetivo.

¿Por qué tomamos estas actitudes y miedos ante la posibilidad de tropezarnos? (¿notaste que ya no usé la palabra fracaso?). Una parte de nuestro desarrollo infantil tiene que ver con la omnipotencia narcisista (palabrota para no decir berrinchudo). Cuando éramos bebés, creíamos que todo lo controlábamos por medio del llanto, todas las personas al alrededor trabajaban para nosotros y eso hacía que nos sintiéramos merecedores de todo. Con el paso del tiempo y los golpes de la maestra vida, caemos en cuenta de que no todo gira a nuestro alrededor y aprendemos a manipular para recuperar esa atención. Justo por esta última parte es que comenzamos a intentar ser perfectos. Esto es confundir la falta de atención con la sensación de que aún podemos controlarlo todo si hacemos las cosas bien, esto se fortalece por las calificaciones que las escuelas ponen a nuestra capacidad de memorizar información (una forma obsoleta de educar).

No necesitas ser ni hacer todo perfecto.

Miedos profundos

Sucede que el miedo no es solo a fracasar, sino al propio hecho de equivocarnos. Aunque esto no siempre es tan malo. El miedo es una emoción que podemos usar a nuestro favor. Además de que no es una emoción básicamente negativa, pues su función es ayudarnos a mantenernos con vida.

Cuando menciono que podemos usarlo a nuestro favor, me refiero a que no siempre trata de esa sensación de parálisis o de huir, como la mayoría de la gente lo presenta. El miedo es ese bichito que nos ayuda a poner atención y eleva la ansiedad en nuestro cuerpo para enfocarnos mejor en aquello que puede poner en riesgo nuestra supervivencia. Es imposible decidir no tener miedo, resulta más conveniente aceptarlo y aprender a actuar a pesar de él, a lo que se le llama «ser valiente».

Usamos tanta energía en intentar no tener miedo que nos perdemos porque, **cuando no aceptamos una emoción, nuestra mente se ve forzada a usar recursos para ocultarla y suplirla con otra,** lo que conlleva un gasto innecesario de energía. Cuando reconocemos una emoción y la dejamos salir con libertad, la mente puede despreocuparse de gastar energía en ello y pasar a la siguiente necesidad. Esta es una de las bases de muchas psicoterapias, ayudar a los pacientes a expresar sus emociones y liberar las tensiones que se generan por intentar ocultarlas. Es importante no desestimar el miedo, sino reconocerlo como un gran aliado. Al final, si permitimos a cada función de supervivencia su libre despliegue natural, en ese momento permitiremos que la energía mental se desplace sin estorbos, dando pie a la expresión máxima de la creatividad. Cuando somos capaces de usar nuestra libre creatividad, las respuestas a los problemas que antes nos agobiaban y nos hacían perder la calma dejan de ser tan perturbadoras. Comenzamos a tener una manera más certera de vivir y de afrontar los obstáculos que se presenten con cada paso hacia el progreso. Por eso puedo decirte que el fracaso es un maestro, porque una vez que lo convertimos en el creador de nuevas experiencias y progreso, no solo nos ayuda a desarrollar nuestras capacidades, nos volvemos más valientes.

Maestros de vida

Muchas veces confundimos a los maestros de vida con el amor materno. Un maestro no es una madre ni un padre, es un ser que nos ayudará a sacar el potencial que muchas veces no exploramos por miedo. Esto no significa que mamá o papá no puedan también ser maestros, el problema es que no nos empujarán tan fuerte por el amor que nos tienen (claro, también existen padres y madres que están tan lastimados que no se contienen como lo haría un maestro).

Quiero dejar muy claro este último punto, puesto que a veces en terapia escucho a mis pacientes decir que algunos profesores de alguna disciplina hindú (o alguna otra) les dijeron que las personas que más daño les provocaron podrían ser considerados sus maestros. Es tan ambiguo esto que podemos caer en el error de seguir con una persona que nos hace daño solo porque creemos que aprenderemos de ella. Por esto debemos ser muy cuidadosos de las frases que usamos como merolicos y entender que, si algo no se siente bien, la naturaleza del cuerpo nos lo dirá.

Puede ser que haya maestros que sean muy efectivos en su enseñanza, pero si yo aún no estoy preparado para recibir ese tipo de instrucción, entonces solamente me haré daño al tratar de aprender algo para lo que aún no es mi tiempo. Muchas veces dentro de una relación de pareja, en donde hay violencia emocional o psicológica, quien agrede podría llegar a ser un maestro en mi vida, sin embargo, eso no significa que deba serlo en ese momento. Quizá después de varios años de haberme apartado de esta persona, que en su momento fue sumamente tóxica, termine siendo un gran maestro en mi vida. **Que alguien sea un maestro no significa que eso me haga automáticamente su alumno.**

Redes sociales y opciones infinitas

¿Por qué parece que ahora es más difícil tomar decisiones? Si pudiste experimentar la época antes del internet o lo viviste en sus comienzos, estarás de acuerdo con eso. Retrocedamos a la vida antes de internet, esa vida en donde lo único que conocíamos era lo que encontrábamos en libros, periódicos, revistas o anécdotas de personas que tenían el suficiente poder económico como para viajar a otros países y conocer otro tipo de culturas.

Era una vida muy sencilla, en donde trabajabas, estudiabas o vivías de las herencias que pudieron dejar tus familiares. Sin embargo, todo esto cambió con la globalización y el apoyo de internet. De pronto tuvimos opciones, no solo para trabajar en nuestro país, sino para hacerlo en cualquier parte del mundo. Muchas de estas ni siquiera necesitan de un estudio académico, solo requieren entender el idioma de la programación o el idioma del país al que se quiere acceder. Esto fue lo que nos ocurrió, de pronto tuvimos la posibilidad de acceder a millones de ofertas y oportunidades en todo el mundo.

Hoy la única barrera que tenemos es la del idioma, sin embargo, esto está a nada de cambiar, porque las empresas de tecnología están avanzando velozmente en la traducción simultánea. Esto abriría todavía más el mercado a las personas que buscan trabajo y a quienes buscan apoyo para la creación de sus empresas. Esta es justamente una de las causas de mayor parálisis racional y emocional que enfrentamos los seres humanos. Explico con mayor profundidad a continuación.

Mientras más puedas elegir más te duele dejar las otras opciones de lado. Esto no solo es una realidad, sino que nos afecta a todos por igual. Pensaríamos que lo que más necesitamos son opciones, pero no hay nada más lejos de la realidad que eso. Cuando tenemos demasiadas opciones se nos despierta el miedo a elegir de manera incorrecta. No digo que lo mejor es solo tener un producto o servicio porque el daño es peor, cuando no tienes opción de elegir, se activa dentro de ti la supervivencia por escasez y eso eleva la violencia entre nosotros. En los países donde se vive mucha escasez y desigualdad, la violencia es mucho mayor que la de los países que tienen abundancia y excesos.

Cualquier extremo es nocivo para la salud. Con tantas opciones surge el miedo a no tener lo suficiente o a elegir de manera equivocada, lo que nos hace sentir incapaces. Esto ocurre porque sabemos que siempre habrá una mejor opción o por considerar que no sabemos decidir. Por esto muchas empresas en línea le piden a sus clientes que hagan reseñas sobre sus compras y, además, que lo clientes potenciales califiquen si esa reseña los ayudó o no. Así la mentalidad de rebaño puede ayudar a tomar una mejor decisión. Esto no es extraño en nuestra manera de comprar.

Las personas y las empresas saben perfectamente que la comunicación de boca en boca es muy importante, sin embargo, ¿qué haces cuando tienes a más de mil millones de personas comprando artículos en internet a cada minuto? Necesitas algo con lo que la gente se identifique para una compra en masa. Por eso las empresas de internet tienen tanto éxito cuando usan estas reseñas a su favor, porque logran que los consumidores sientan que son otros los que recomiendan el producto de boca en boca y, además, aquellas que cuentan con estrellas (apoyando la reseña) adquieren mayor valor y cierta autoridad, lo que hace que confíes en su criterio.

¿Y qué tiene que ver el fracaso aquí? Si tú te atreves a fracasar, eso te llevará a tomar decisiones, aunque no seas las mismas que asumió el rebaño. Es por eso que es tan importante que te autoconozcas, de ese modo podrás equivocarte a tu manera y a tu tiempo y ganarás más confianza en ti. Así, cada paso que des, se convertirá en un aprendizaje.

Con cada error que cometes tienes dos opciones de pensamiento: o agradeces cada uno de estos pasos para corregir el camino hacia tu meta o reafirmas lo que otras personas dijeron: «no puedes, eres débil, eres un fracasado» y todos esos tristes mensajes que la gente proyectó sobre ti.

Toma la opción de ser agradecido, no le des cabida en tu mente a pensamientos negativos que te impidan aceptarte para vivir en salud.

¿Las redes sociales pueden afectarte de forma negativa? He escuchado muchas cosas sobre ellas, las más comunes son:

- Creación del demonio
- La nueva adicción
- Un arma
- La mejor manera de dominar
- Pornografía
- Gatitos
- Perder el tiempo
- Lugar para ser guerrero de teclado
- Anonimato
- Están llenas de paparruchas (*fake news*)

¿Son las redes sociales la nueva arma que destruirá a la humanidad?

No podría confirmar esto, lo que sí puedo decir al respecto es que los algoritmos que usan casi nadie los entiende. Me atrevería a decir que incluso ni siquiera las mismas personas que trabajan dentro de la empresa conocen qué es lo que está haciendo el algoritmo matemático que ellos iniciaron. Por otro lado, en estudios psicológicos que se hacen **dentro de la rama de las redes sociales se encuentran muchos problemas de adicción,** que podrían también ser parte de las personalidades adictivas y no a causa de las redes sociales. Sin embargo, es una realidad que por cada me gusta, comentario o seguidor que logras, se activa el sistema de dopamina en tu cerebro que hace que te sientas sumamente bien por unos minutos, lo que podría contribuir a que muchos hayan desarrollado problemas de adicción. Esto, sumado a lo dicho sobre que las redes sociales nos impulsan a compararnos todo el tiempo y con demasiadas personas, deja claro que pueden perjudicarnos, al menos si recurrimos a ellas antes de desarrollar inteligencia emocional, la capacidad de controlar nuestras emociones y una sana autoestima.

Constante daño a tu mente

Uno de los estudios psicológicos que más me llamaron la atención sobre las redes sociales fue uno en donde concluyeron que, **si pasas más de una hora en redes consumiendo su contenido, las posibilidades de desarrollar depresión aumentan en más de 30 por ciento.** Esto no parece mucho, probablemente piensas que consumes menos de ese tiempo, sin embargo, ¿es así? Si analizas cuánto tiempo realmente les dedicas, te sorprendería saber que superas por mucho la hora. Al menos en la mayoría de los casos sucede de ese modo.

Hoy en el mundo las personas están mucho más deprimidas en comparación a otros momentos de la historia; hoy, cuando la gente está más conectada, cuando más se entretiene en las redes sociales. ¿Casualidad? No creo que estas existan.

Es sorprendente que en un momento en el que podemos tener contacto con personas de cualquier país, por alguna razón estamos cada vez más alejados de las personas que viven a nuestro lado. Hay más soledad. El hecho de tener tantas opciones, de poder estar con tantas personas al mismo tiempo, nos hace sentir que en todo momento estamos a punto de perdernos de un evento o de alguna experiencia. Es justo esto lo que hace que no podamos disfrutar del momento, porque siempre estamos pendientes de lo que nos podríamos perder pronto, pero terminamos por perdernos la vida en ese proceso. Esta es la razón por la cual, cuando te estás tomando un café con tu amigo o amiga, lo primero que hace es poner el celular entre ustedes dos. Es la manera de decirle al mundo que no estás en disposición de perderte de ningún evento o experiencia que pueda suceder en esos 30 o 60 minutos que tiene contigo. Esto parece no afectarnos porque lo hemos normalizado, sin embargo, claramente algo está ocurriendo en el mundo, pues los niveles de depresión son altísimos.

Algo similar pasa con las reuniones familiares y sociales de ahora donde la convivencia es poca porque ya no es raro que todos estén sentados unos al lado de los otros, cada quien inmerso en su celular, sin conversar, sin convivir... ¿Hasta dónde dejaremos que nos lleve esto?

Comparación por naturaleza

Retomo el tema de la comparación porque es uno de los factores que más nos impide valorarnos como somos y tener una vida auténticamente libre. Es un gran problema a tratar para alcanzar la autenticidad plena y la felicidad. Nos guste o no, al ser seres gregarios o sociales, todo el tiempo nos estamos comparando con las demás personas. Esto no era tan grave cuando solo éramos unas 150 personas en una tribu, pero ¿qué ocurre cuando comenzamos a vivir en ciudades? ¿Qué ocurre cuando además tenemos noticias visuales de personas de otras partes del mundo? ¿Qué pasa cuando nos comparamos con más de diez millones de personas? La tecnología crece tan rápido que no tenemos tiempo para adaptarnos emocionalmente. No es lo mismo usar la tecnología que entender su mejor uso.

«Si te sientes mal, te bombardean con 300 imágenes de gente que se siente muy bien y te comparas», esto es algo que me comentó un paciente hablando sobre la tristeza y la desconexión que sentía. **Cuando te sientes mal, tu mente no intentará sacarte de la emoción, sino que buscará la forma de mantenerte allí para usar la menor energía posible.** Una vez que has entrado en algún estado emocional, tu mente se quedará ahí hasta que algo externo suceda y puedas hacer un cambio.

Cada uno de nosotros tiene capacidades distintas al resto de su familia, amistades o entorno. Esto es lo que nos hace tan especiales. Yo sé que muchas personas no lo ven así, pero para poder estar en tribu es necesario que cada uno use sus capacidades. La comparación sirve para separarnos de las personas que puedan tener una capacidad parecida a la nuestra y nos acerquemos a las personas que son complementos o suplementos de nuestras capacidades.

Tenemos dos opciones: aprender a compartir cada vez más nuestras habilidades para encontrarnos con más personas que tengan sueños similares a los nuestros o pasar un infierno comparándonos.

Si tomamos la segunda decisión, le daremos la señal a nuestra mente de buscar cada vez más razones para compararnos. Aquí es donde las redes sociales y, en específico, los algoritmos diseñados para mantener nuestra atención se vuelcan en nuestra contra. Quiero aclarar que esto no ocurre porque estén diseñados para el mal, sino que están ahí para responder a nuestras búsquedas. Si inconscientemente le dicto a mi mente que busque más formas de compararme (y con seguridad lo haré por redes), entonces estoy entrenando al algoritmo de determinada red social para que me dé esa información. Es muy fácil echarles la culpa a las redes sociales, pero al final **solo son herramientas que nosotros entrenamos**. Somos nosotros quienes las convertimos en instrumentos que nos perjudican a nivel emocional. Tenlo muy en cuenta.

Sentirte mal contigo mismo

¿Y si te dijera que sentirte mal contigo mismo es importante para tu desarrollo, que puede ser positivo, que puede conducirte a convertirte en quien quieras ser sin perder tu autenticidad? Sonará muy raro, no obstante, los seres humanos tenemos la capacidad de auto evaluarnos a través de la comparación con otras personas y sobre nuestras propias creencias. Es verdad que estamos diseñados a la perfección, sin embargo, no tiene nada que ver con ser perfectos. Cuando consideramos que somos perfectos y se nos demuestra una y otra vez, día a día, que tenemos un montón de faltas y vacíos, vamos a sentirnos mal con el ideal al que queremos llegar. Es este «deber ser» al cual social y culturalmente se nos educa para alcanzar y el que jamás lograremos por la falta de aceptación sobre nuestras deficiencias.

Cuando hablo sobre deficiencias, no me refiero a lo que no puedo ser, sino a los errores comunes y naturales de todos los seres humanos. No somos máquinas, por lo tanto, no somos perfectos de una manera industrial. Cuando se acepta que todos tenemos defectos y virtudes, notamos nuestros errores y faltas a través de la comparación.

Sentirte mal contigo mismo es también una virtud, si aprendes a observarlo desde una manera optimista. Me explico. Cuando yo me doy cuenta de que no cuento con la capacidad de hablar bien en público, tengo dos opciones en ese momento: la primera es dejar de hacerlo y vivir la vida desde la oscuridad, la segunda es aprender a hacerlo mejor, encontrar a un mentor o a un *coach* que me ayude a trabajar mis miedos y así mejorar mi forma de comunicarme en público. Esta es la razón por la cual no es una desventaja sentirte mal contigo, a menos que tú la quieras convertir en eso. La forma en la que fuimos educados nos genera esta sensación de jamás intentar sentirnos mal con nosotros mismos. Lo repito, es importante que suceda porque te lleva a la búsqueda del desarrollo, pero no funciona si solamente nos observamos desde las faltas y creemos que podemos anestesiar esto. En ese caso nos convertimos en personas irresponsables. El objetivo es que sentirte mal contigo mismo se convierta en una ventaja para ti. Tómalo como una oportunidad de crecimiento en lugar de elegir lamentarte.

Hacer de la felicidad una meta

«Ser feliz», la repuesta constante, la respuesta que casi siempre viene después de la pregunta «¿qué deseas?». Por desgracia, cuando indagas «para qué quieres ser feliz», se acaban los argumentos que sostienen dicha premisa en pocas respuestas. ¿Realmente queremos ser felices o solo es lo que hemos aprendido a contestar? No creo que exista una sola persona en el mundo que elija la tristeza por encima de la felicidad. Tal vez la eligen por sus acciones y decisiones, pero nunca porque la prefieran. La vida es demasiado corta como para desgastarla con la tristeza o la infelicidad, cuando hay tanto para disfrutar de ella, tantos amaneceres que contemplar, tantas risas que compartir, tantos abrazos que dar y recibir, tanta satisfacción en el cumplimiento de metas.

Sin embargo, la felicidad es solamente un momento en el tiempo. El problema es que el ser humano suele concebirla como una meta a alcanzar. Tenemos que dejar de verla como eso, porque entenderla de esa forma la hace tan esporádica que puede arrojarnos a la frustración de un sueño concedido sin esfuerzo. Para mí no hay nada peor que la satisfacción inmediata, porque de la misma manera esto se acaba. Es lo mismo cuando te tomas un refresco y sientes la reacción química del azúcar en tu mente, seguida por el bajón físico y emocional. Si te propones ser feliz al cumplir una meta, puede que te decepciones en el sentido de que la felicidad que esperabas al lograr una meta no te durará toda tu vida ¿Y después qué? Cumpliste tu meta ¿Te sobrará felicidad hasta el fin de tus días? No. ¿Ya no habrá nada más que te pueda producir felicidad entonces? ¿Es el fin de tu historia?

Una de las frases que más me gusta de Anthony Robbins es: «Progreso es felicidad». Cuando avanzas en tu vida, cuando sientes que caminas hacia tu sueño, en ese momento es cuando nada parece molestarte. Todas las necesidades y tus habilidades se confabulan para crear ese instante que llamamos felicidad. Mihaly Csikszentmihalyi lo llama fluir, sin embargo, a mí me gusta llamarlo felicidad.

Existe bienestar en saber que te estás encaminando hacia lo que quieres mientras disfrutas de los procesos. No es necesario postergar ser feliz porque ¿y si después de tanto esfuerzo llegas a esa meta y resulta que no te sientes como esperabas? Será un duro golpe, ¿verdad? No puedes postergar la felicidad ni atribuirla a un resultado particular. En algún momento te arrepentirás de no permitirte ser feliz en tu camino. Puede que lamentes no disfrutar de los momentos mientras sucedían en vez de postergar tu disfrute.

Resolver problemas es para lo que nuestra mente se creó (o por lo menos ha evolucionado para este fin en particular). Los seres humanos somos animales sociales y dentro de nuestra sociedad nos especializamos cada vez más con el avance y complejidad que requiere el grupo en el que vivimos. No es lo mismo vivir en una tribu con 50 personas que en las metrópolis con más de 5 millones.

Antes, cuando naciste, tenías ciertas habilidades o dones que otras personas de tu tribu tal vez no. Cada tribu poseía un miembro capaz de complementar las faltas de los demás. Con estos complementos es que se podía generar una convivencia más unificada. Pongamos el ejemplo: tal vez tú naciste con la facilidad para dibujar y, dentro de tu grupo, pocos o nadie más podía hacerlo, lo que te daba cierta ventaja sobre las otras personas, aunque en tus deficiencias quizá no podías correr rápido. Lo que aportabas a la sociedad era tan valioso como la persona que podía recorrer grandes distancias o cazar animales. Lo que te quiero trasmitir es que cada quien tenía una razón para estar en la comunidad y ser considerado un miembro valioso dentro de la tribu. Esto cambió con la creación de las sociedades complejas y se desplomó con la Revolución industrial.

Conforme los seres humanos desarrollamos tecnología, la necesidad de contar con otras personas se redujo, al mismo tiempo que aumentó nuestra necesidad de poseer máquinas con emociones, pero que no se quejan. Ya no era tan importante lo que alguien podía generar, porque se podía reproducir más rápido y más barato con una máquina. Ahora vivimos en una época en la que puedes conseguir cualquier cosa que será hecha por una máquina o por alguien que esté a miles de kilómetros de ti, pero te será entregado en tan solo unos días. Es la nueva cultura en donde cualquiera puede resolver tu problema sin necesidad de estar cerca de ti. ¿Esto nos habrá hecho más flojos y menos creativos? Pienso que sí.

¿El punto de esto? Que busques siempre mejorar, solucionar tus problemas. Disfruta el bienestar que ello te traerá, busca tu progreso siempre y no te olvides de disfrutar el camino. Te traerá satisfacción solucionar tus problemas y buscar tu progreso constante, ya lo verás.

Ciclos sin final

¿Estás de acuerdo con que los problemas parecen o son interminables? Cada vez que resuelves algo, un problema nuevo aparece. Así es la vida de los seres conscientes. Nunca dejamos de resolver cosas nuevas, pues siempre aparece algo distinto en nuestra realidad. Muchas veces la solución que encontraste es el problema de alguien más. Tal vez la solución que hallaste para ti dejará sin empleo a alguien, está destruyendo algo de la naturaleza o es desagradable u ofensivo para otros. Realmente nunca podemos dejar de tener problemas (a veces hasta los buscamos), y esto es porque no existen estos mismos. Lo único que los seres humanos tenemos es una conciencia de aquello a lo que aún no lo hemos encontrado una solución. Por lo tanto, una buena vida se consigue al poder resolver más problemas. Por «buena vida» me refiero al constante uso de nuestras capacidades intelectuales para sortear lo que nos llegue a diario. Esto crea en ti la sensación y, por lo mismo, la realidad de una vida completa.

En los años que llevo de psicoterapeuta, no he conocido a una persona que al contar con capacidades que den solución a los eventos de su vida, tenga el tiempo de quejarse sobre lo que tiene y lo que no. Lo que sí he notado es que las personas que cuentan con demasiado tiempo, lo llenan con fantasías catastróficas que no les permiten vivirse como seres de provecho social, sino como cargas familiares y a veces, cargas personales. Nadie con una vida abundante estará pensando en lo aburrido que es lidiar con los eventos que suceden. Por lo tanto: **resuelve tus problemas y sé feliz.**

No tienen que ser personales los problemas que resuelvas, también puedes dedicarte a resolver conflictos para otras personas y conseguir la felicidad que tanto deseas. Considero que una de las razones por las cuales las personas que tienen suficiente dinero y consiguieron resolver muchos de sus problemas se vuelcan hacia las fundaciones es porque en estas los problemas nunca terminan. Buscan estar en un lugar donde la problemática social les permita usar cada una de las herramientas que aprendieron dentro del marco temporal que podemos llamar vida.

Servir al prójimo es una gran herramienta no solo para alcanzar la felicidad, sino también para combatir esos vacíos existenciales que a muchas personas aquejan y no siempre se resuelven con dinero. No tienes que llegar a ser multimillonario para poder empezar a ayudar a otras personas. Hoy se ofrecen muchas opciones de servicio social, donativos en especie, horas o dinero. Si te atreves a entregarte al servicio social, a auxiliar a alguien que realmente lo necesita, vas a salir mucho más beneficiado tú que la persona que estás ayudando. Este es el verdadero secreto de la felicidad: servir a otra persona sabiendo que te ayuda más a ti que a la persona que estás ofreciendo tu servicio. Es una forma de mantenerte siempre feliz: resolver problemas.

Ignorar los conflictos

Si están golpeando a alguien frente a ti y tú optas por cerrar los ojos y mantenerte en silencio, ¿la persona atacada se salvará por arte de magia? No, ¿verdad? Lo mismo sucede en el caso de los problemas. Muchas personas niegan sus problemas como si esto les ayudara a evadirlos. Esperan que, al dejar de mencionarlos como si no ocurrieran, estos desaparecerán. Esto no solamente es falso, sino que además es contraproducente.

¿Actúas tú de esta manera?

Muchas de las parejas que tengo en sesión, cuando cometen un error en lugar de hablar de él, hacen como si no hubiera pasado nada, esperando que el tiempo sea quien resuelva el dolor que ese problema ocasionó. Lo único que esto provoca es que el problema se pudra dentro de la relación y, cuando por fin sale, trae consigo no solamente el conflicto, sino situaciones similares que se vivieron dentro de la pareja. Esta es una de las razones por las cuales, en la relación de pareja, si no se habla sobre un problema o sobre algo que generó dolor, no desaparecerá, sino que desatará un terremoto de emociones no expresadas en cuanto surja una situación que sea como la gota que derrama el vaso. Entonces surgen reclamos, discusiones, insultos, reproches…

Entiendo perfectamente que es mucho más sencillo no vivir un problema o no hablar de este, como una manera de reducir la tensión que genera. El tema está en que no sabemos si para la otra persona esta negación es más radical o importante que para nosotros. Consecuentemente, tal vez la otra persona considere que nosotros estamos pensando por ellos, creando más conflictos.

Cuando niegas tus problemas, pareciera que niegas la situación, pero eso es solo un espejismo. Lo que haces en realidad es negar tus habilidades y capacidades para resolver. **Crees que no puedes afrontar dicho problema, así que lo evades.**

Afronta tus problemas de manera directa y con valentía, que se convierta en un hábito, no los niegues, no trates de ocultarlos porque, al final, te traerá más dolor y te alejará de la autoaceptación y de tu bienestar. Los problemas no resueltos por ti, con los que no lidies, no desaparecerán, sino que contribuirán a que te sientas mal contigo mismo, que te sientas incapaz de resolver nuevas situaciones.

Negación y victimismo ✳

La ansiedad es la forma natural con que nuestro cuerpo nos mantiene alerta. Ocasiona que nuestro cuerpo y mente se preparen para luchar o escapar ante un peligro y sobrevivir. Para muchas personas es una terrible sensación de desesperación y ganas de salir corriendo. Sin embargo, también es la mejor manera de poner atención a lo que realmente tenemos que observar.

Piensa en los seres humanos hace 10 mil años más o menos, cuando buscábamos comida, cazábamos y procurábamos mantener sana a nuestra tribu, teníamos que estar alertas ante cualquier amenaza que acechara, como el tigre dientes de sable o el gran mamut que podría aplastarnos. La vida era un peligro constante. Para eso sirve la ansiedad, para poder prestar atención al arbusto que se mueve de forma sospechosa o a la rama que no tiene el mismo aspecto que las demás, para reaccionar mejor ante un peligro y evitarlo. Esa es la razón de ser de la ansiedad en nuestra anatomía. Nuestra especie no habría sobrevivido su época primitiva sin ayuda de la ansiedad. Con el tiempo mejoramos nuestra sociedad, creamos pueblos y ciudades que nos dieron protección y la cooperación se dio de otra forma. Ya no había tanta necesidad de estar pendientes de los depredadores animales, fue con la ganadería y la agricultura que reforzamos la seguridad de nuestras sociedades y ya no debíamos estar tan pendientes de amenazas externas. Esto nos redujo la ansiedad y las tensiones que genera estar siempre en búsqueda de comida y protección.

Por el incremento de la seguridad y la cooperación social, además de los avances en tecnología y justicia, empezamos a dejar para después las tareas que ya no parecían tan urgentes y que se podían delegar. Nuestras necesidades fueron poco a poco solventadas por los demás, ya no era tan necesario que cada parte de la sociedad hiciera su trabajo correspondiente, entonces la justicia, la culpa y la vergüenza se volvieron parte esencial de nuestra cultura como mecanismo de defensa: empezamos a negar.

La negación no solo es una manera de evitar la responsabilidad del momento, sino que se parece a una bola de nieve que termina por convertirse en avalancha. Es una pequeña bola de nieve incómoda, pero soportable en un principio, por eso nos negamos a aceptar que tal vez deberíamos de hacer algo, que tal vez sería una buena idea responsabilizarnos y que, en una de esas podríamos parar toda la avalancha que se avecina. **Pero lo que hacemos en realidad es anestesiar la ansiedad con algo más: comida, juegos, drogas, sustancias, compras, sexo, problemas, relaciones, etc.** Justo cuando ya no podemos más y la avalancha se desarrolla con todo su potencial usamos la última carta (tóxica), que es hacernos las víctimas: hacer pensar a los demás que no sabíamos en lo que nos estábamos metiendo, que no sabíamos las consecuencias, cuando en realidad sí las conocíamos. Entonces imploramos ayuda de alguien más o de muchas otras personas para poder contrarrestar todo lo que se desarrolló debido a nuestra irresponsabilidad. Sentirte como víctima hará que acumules aún más ansiedad y esa es la última oportunidad para hacer algo antes de caer en el abismo de la autodestrucción.

Melanie contaba todo el tiempo la misma historia dentro de terapia. Era una historia con la que se presentaba cada vez que era atendida por un nuevo terapeuta. Había pasado por varios especialistas y ninguno daba con su caso. Ella fue abandonada por su padre y siempre deseó saber por qué. Su madre, después de unos años, conoció a un hombre que aceptó a Melanie como suya y la crio. Cuando tenía 7 años, nació su hermana Casandra y todo comenzó a ir muy mal. Melanie le tenía celos, siempre la vio como una amenaza. Sentía que su padre adoptivo amaba más a su otra hija que a ella.

Cuando yo la entrevisté, le mandé a hacer una tarea. Le pedí que hablara con su madre y padre adoptivo sobre este tema del trato desigual, que los confrontara, les pidiera una razón por la cual él trataba mejor a Casandra que a ella cuando eran pequeñas. Llegó el día de la sesión y Melanie no venía con buena cara. Me dijo: «Todas son mentiras, mi madre y mi padre se pusieron de acuerdo para mentirme —yo no tenía duda de que justo había escuchado algo que ya suponía—. Mi madre dice que cuando nació Casandra, mi padre por miedo a que se notara la diferencia, comenzó a ponerme más atención y a disciplinar más, que él estaba más al pendiente de mí que ella. No les creo. Creo que todo esto lo dicen para que no me sienta tratada diferente».

Es justo con este tipo de narrativas que es muy complicado apoyar a un paciente. Cuando un paciente se aferra a ser víctima, no hay manera fácil de ayudarlo a salir de este estado. Es una gran excusa para no tener que responder ante las consecuencias de sus actos.

Le dije: «¿Qué es más fácil: creer que tus padres te trataron diferente para justificar tus fracasos o afrontar haber sido abandonada por tu padre biológico y no querer sentir ese dolor?». Melanie rompió en llanto y comenzó a hablar de las posibles razones por las que fue abandonada por su padre biológico. Todas ellas, aunque válidas, no la dejarían salir de su actitud de víctima.

Pasaron varias sesiones de trabajo intenso hasta el día en que aceptó que se había portado mal con sus padres al querer castigarlos por el abandono de su padre biológico. Melanie se dio cuenta de que no era responsabilidad de nadie más que de su progenitor y que, hasta el día de hoy, se había prohibido amar y ser amada porque no se sentía merecedora de dicho sentimiento.

Hay que abrir la mente para aceptar. Culpar a otros no ayuda a largo plazo, aunque de momento te sientes mejor. Cuando culpamos a otros alejamos la culpa de nosotros mismos, no nos hacemos responsables, incluso si lo somos, lo que se termina por convertirnos en un obstáculo para nuestro crecimiento y en un impedimento para llegar a valorarnos; nos conduce a hacernos las víctimas y sanar la autoestima es una tarea prácticamente imposible desde esa perspectiva.

¿Te haces responsable de tus actos y decisiones o sueles aventarle la culpa a los demás? ¿Culpas a tus padres que no te permitieron X o Y cosa?, ¿a tu pareja tóxica, esa que te rompió el corazón?, ¿a tu tutor?, ¿al vecino?, ¿al presidente?

Para algunas personas es mejor sentirse bien de momento, aunque después sea peor. Esto se demostró con un experimento muy interesante: a un grupo de personas se les presentó la oportunidad de tomar una pastilla que los haría tener un viaje de alucinaciones placenteras en tan solo 5 minutos después de ingerirla, pero el efecto solo duraría 15 minutos, o tomar otra pastilla que les daría un efecto 10 veces más intenso y con una duración de una hora, pero el efecto lo sentirían después de cuatro horas de haber consumido la tableta. La gran mayoría de las personas eligió la primera opción porque no querían esperar más tiempo. La parte lógica de tu mente seguro piensa que es mejor esperar para tener más placer que obtener un breve disfrute de inmediato, el problema es que tu mente no piensa regularmente con la parte lógica, sino con la parte donde se hallan activos los mecanismos de supervivencia. Esto es como: «Mejor ahora toma lo seguro que después, sin tener la certeza de lo que vaya a ocurrir».

Parece una locura, pero es así como la mayoría de las personas viven día a día. Es la razón por la que existen tantos delitos y malas políticas públicas (así como gobiernos) y la razón por la que muchas personas con grandes sueños no pueden construirlos. Para poder construir un sueño lo primero que necesitamos es la certeza de que no se podrá hacer en menos de cinco años. Yo, personalmente, aplico la idea de 7 años. En los sueños que tengo confío en que si los trabajo por 7 años o más, entonces me darán frutos.

Si analizas lo anterior y lo comparas con el experimento de las pastillas, te darás cuenta de que en el fondo trata de tener un pensamiento distinto. Con esta nueva forma de ver la vida y el cumplimiento de tus sueños, **el camino es lo que se convierte en algo importante y no el destino.** Cuando aprendes a usar cada tropiezo, esperando que la gratificación de tus deseos llegue con el tiempo y no de inmediato, habrás aprendido el significado de lo que en algunos textos sagrados se conoce como *sacrificio*. Esta enseñanza milenaria, además de traer el favor de los dioses, psicológicamente demostró ser la mejor herramienta para tener éxito a largo plazo y una vida mucho más próspera. Sin embargo, si solo buscamos el placer inmediato, entonces necesitamos echar culpas a otras personas para evitar la responsabilidad de nuestros actos. Y cuando haces esto de lo que te estás liberando es del aprendizaje inmediato. Esto no solo no te ayudará a crecer, sino que también evitará que aprendas la lección correcta.

En varios estudios se demostró que la memoria no es de fiar. Cuando tú aprendes algo, puedes hacer uso de ese aprendizaje de inmediato, pero si te esperas y comienzas a hacer otras cosas, tu memoria se verá minada por otra información y esto hará que lo aprendido ya no esté tan consolidado como antes. ¿No te ha pasado que si no practicas o repasas algo que ya sabes se te olvida con el tiempo?

Piensa en lo siguiente. Si acabas de equivocarte en algo y de inmediato das aviso sobre ello, tu mente estará ansiosa y con la capacidad de prestar más atención al aprendizaje que este error genera. Lo contrario es lo que ocurre cuando avientas culpas. No aprendes más rápido, porque la ansiedad la usarás para tapar la culpa y las mentiras. Después de un tiempo tu memoria se verá acechada por más información y en el momento que tengas que enfrentar tu responsabilidad, entonces el aprendizaje primario se verá opacado por la vergüenza y el crecimiento será menor de lo que pudo ser al principio.

¿Vale la pena esa mínima sensación temporal que obtienes por no hacerte responsable?

Tal vez te haces adicto a la adrenalina que esto genera, pero ¿cuánto tiempo necesitarás estar a la defensiva y sintiendo que en cualquier momento pueden darse cuenta de que mentiste? Esto es uno de los problemas que no permite que tu memoria guarde los aprendizajes que hay detrás de aceptar la responsabilidad de un error. Esta sensación temporal de echar la culpa hacia otra persona o una situación no solamente no te saca del problema, sino que además te mete en un segundo problema que es el hecho de no decir la verdad en su momento.

Se requiere de mucho valor para afrontar la responsabilidad de cometer un error o una omisión, cuando aprendes a hacer esto no solo te conviertes en una persona más responsable, sino que además aprendes mucho más sobre cómo hacer las cosas. El valor que representa ser responsable de tus acciones u omisiones también te hace ver como alguien que tiene valores y en quien se puede confiar, lo que te ayuda a confiar más en ti.

Asume la responsabilidad de tus actos y decisiones a partir de ahora, decídete a ser responsable y benefíciate del aprendizaje que eso te generará.

Gurús borrachos y adicciones

En los bares y las fiestas es donde más filosofía borracha escucharás en tu vida. Todo el mundo se convierte en un gurú y filósofo de la existencia cotidiana cuando tiene unas copas encima. Por eso es que no es para nada sano tomar decisiones cuando te encuentras en un estado de embriaguez (menos aún rodeado de personas en ese estado), pero cuando me refiero a un estado alterado de conciencia como la embriaguez, no me refiero solamente a la toma del alcohol en el estricto sentido de la palabra, sino también a las emociones como la total alegría, el total coraje y la total tristeza. Los peores momentos para tomar decisiones son cuando estás embriagado de tus emociones o de algún tipo de sustancia. Sin embargo, los seres humanos somos sumamente raros. **Pareciera que el único momento en donde podemos y queremos tomar ese tipo de decisiones es cuando nos encontramos fuera de nuestra conciencia,** cuando no podemos ser del todo objetivos por encontrarnos sumidos en una emoción intensa o, bien, ebrios.

Entiendo que lo que no queremos es justamente ser responsables de nuestra vida ni darnos cuenta de nuestro vacío existencial. No hay nada más lejos de la realidad. La vida del ser humano es una existencia compleja, no puede ser reducida a una pasión o a un propósito. Esto puede cambiar con el tiempo y debería de hacerlo. Hoy vivimos tantos años que sería ilógico tener siempre los mismos sueños. Así como aceptamos que los niños y las niñas cambien de sueños constantemente, ¿por qué no podemos aceptar que un adulto a la mitad de su existencia decida hacer un cambio completo de vida? ¿Qué tanto miedo nos da enfrentar esta visión? Tal vez nos hace darnos cuenta de que también nosotros queremos hacer lo mismo y por eso tenemos tanto miedo de verlo en otros.

Dicen que las personas borrachas y los niños son los únicos que dicen la verdad. Esto en algún punto puede resultar cierto, pero no es razón para ponerlos a ser jueces o dictar nuestras vidas. No permitamos que personas que parecen «sabias» nos digan cómo es mejor llevar nuestro camino.

La solución a este problema radica en volver a confiar en nuestras decisiones, pero «¿y si confiando en mí es cuando más he fracasado?», podrías preguntar. Fuimos adiestrados y violentados tanto sobre nuestra propia forma de ser que hoy es mucho más complicado escuchar esa voz interna, incluso te podría decir que quizá ni siquiera conoces tu propia voz. ¿Cómo puedes decir con total certeza que tomaste tus propias decisiones, cuando fuiste educado en un sistema académico en donde lo que se apreciaba era tu memoria y no tu creatividad?

En tu vida has tomado decisiones, cada problema que afrontaste, cada fracaso qué viviste y cada omisión voluntaria o involuntaria en la que incurriste agregaron herramientas a tu lista de aprendizajes. Creaste un gran manual de instrucciones. Este que tienes en tus manos es otro, te invito a que aprendas a usarlo, a que ganes la confianza de que aprendiste la lección.

CAPÍTULO 3
BRÚJULAS EN TERRENO MINADO

Emociones básicas

Muchas veces se habla de emociones y sentimientos como si se tratara de lo mismo, lo que crea confusión. Tus emociones no son tus
sentimientos. Solo cuentas con 7 emociones básicas y todo lo demás
se puede clasificar como sentimientos. Las llamo básicas porque nacen de tu cerebro primario y secundario, o sea, de tu reptil y mono.
Por eso me atrevo a decirte que tus emociones no son mapas porque
no existe un territorio real. Si tu vida está basada en las emociones
que sientes, entonces estás a merced de algo que es irreal, algo que tus
dos cerebros crearon para sobrevivir en un ambiente inhóspito y
siempre amenazante.

Es muy difícil explicar lo que son las emociones, lo que sí puedo
hacer es explicarte el consenso que la mayoría de los expertos en salud
mental hemos aprobado con respecto a las 7 emociones básicas que
todos tenemos:

Vergüenza

Esta emoción pareciera que es más un sentimiento, sin embargo, fue
aceptada de esta forma por los estudiosos. Se le considera una emoción

social porque las situaciones que desencadenan la vergüenza las aprendemos en sociedad. Sentimos vergüenza cuando consideramos que hicimos algo moralmente incorrecto o que puede dejarnos en ridículo ante la sociedad.

Brene Brown (aclamada académica y autora) habla sobre la necesidad de sentir vergüenza para mantener cierto orden en la sociedad. Si no existiera la vergüenza, el mundo probablemente sería un lugar colmado de un libertinaje difícil de soportar, donde nadie sentiría la necesidad de respetar reglas sociales y morales. Tal vez sin ella iríamos por todas partes desvestidos, como algo normal, rompiendo reglas sin importar si dañamos a otros, copularíamos en público y situaciones similares. **La vergüenza es necesaria en cierta dosis y nos ayuda a adaptarnos al entorno.** El problema de esta emoción es que muchas veces en vez de usarla para mantenernos en sociedad, ella nos usa para apartarnos, resulta limitante por completo en el proceso de autoaceptación.

No necesitas una explicación tan detallada de lo que es la vergüenza. Es esa emoción desagradable que te sobreviene si acudes por equivocación a una reunión social con un disfraz en lugar de ir vestido de gala o si dando un discurso se soltara tu cinturón y se bajaran tus pantalones, mostrando tu ropa interior de Bob Esponja sin poder evitarlo. Es esa emoción con la que tu cara arde, que a muchos les provoca rubor y genera el deseo de que la tierra se hunda bajo sus pies y se los trague solo para escapar de la situación.

Enojo

Como respuesta a una amenaza, a una injusticia o a una situación que nos produce vergüenza o malestar, podemos reaccionar con un nivel de irritación que varía en intensidad, al que conocemos como enojo, otra de nuestras emociones básicas.

Estas familiarizado con esta emoción, es la que más usamos, la que más conocemos y la que menos queremos tener. Sin embargo, el enojo es una herramienta fundamental para hacer grandes cambios en nuestra vida. Si estamos sumidos en la tristeza, el enojo es un excelente trampolín para salir de aquella emoción. Si queremos hacer una transformación, ya sea personal o de alguien que nos importa, entonces usamos el enojo (muchas veces mal dirigido) para crearlo.

¿Te habías planteado que el enojo puede ser positivo? Sé que muchos ignoran tal hecho.

Tristeza

Es otra emoción básica con la que todo ser humano se siente muy identificado. Ante pérdidas, desilusiones, aflicciones, carencias, etc., podemos experimentar tristeza, lo opuesto a la felicidad: desánimo, decaimiento, duelo…

No necesariamente experimentamos esta emoción después de vivir una experiencia terrible. El nivel de tristeza que puedes sentir va de acuerdo a las expectativas que tenías con respecto a la situación o actitud de alguien. Esta emoción es necesaria para tener empatía, así como para valorar lo que tenemos en nuestras vidas. Por desgracia, la tristeza es una emoción que intentamos evitar, porque se nos vendió la idea de que en este mundo no debemos de sentir tristeza, a menos que suceda algo terrible y, entonces, solo si fue así, tenemos derecho esta emoción por un rato, para después tener que salir de ella con el mensaje: «Échale ganas». Si fuera así, no podríamos experimentar tristeza y vivirla si algo no salió como esperábamos o alguien nos decepcionó.

Alegría

A diferencia de la tristeza, esta emoción es la que «deberíamos» de tener siempre. Como en el libro de Huxley, *Un mundo feliz*, siempre deberíamos de estar contentos y felices. ¿Es así? ¿Te soy honesto? La gente que dice que siempre está feliz es la que debería de estar en el psiquiátrico. La alegría eterna no existe y es la consecuencia de progresar en nuestras metas y objetivos.

Culpa

La culpa es parte de los programas (como la vergüenza), que es importante mantener para tener una sociedad congregada. Sentir culpa no es solo de los seres humanos, si analizas algunos de los videos subidos a internet en donde las mascotas, sobre todo las y los perros, cometen algún tipo de travesura y sus dueños los regañan, puedes observar la conducta no verbal de la culpa mezclada con la vergüenza en ellos. También es importante hacer ver que la culpa es una respuesta al rompimiento de valores intrínsecos y necesarios para que los seres humanos podamos vivir en sociedad.

Amor

Filósofos, poetas, psicólogos y escritores han intentado definir el amor, diría que en vano porque tengo certeza de que todos conocemos cómo se siente el amor y que, por ende, no necesitamos una definición al respecto. A pesar de la creencia de que es una emoción avanzada o un sentimiento, a mí me gustaría mostrar que además de ser un sentimiento, **el amor es también una emoción básica dentro de cada uno de nosotros** que nos ayuda a mantener la cohesión grupal y, de esta manera, la sociedad en pie.

Hay muchas formas de amor. Es muy muy importante que no se confunda el amor romántico con el amor fraternal o el amor a otro ser humano (también existe el amor propio, por supuesto). Es por eso que pongo el amor como una emoción básica, ya que no es necesario enseñar a ningún ser humano recién nacido o en su niñez la capacidad de amar, ya que esta viene dentro de cada uno de nosotros integrada en la programación de nuestro cerebro. Anhelamos amor y nos produce bienestar desde el momento en que nacemos.

Miedo

Si queremos sobrevivir en el mundo que vivimos es necesario que ciertas cosas y situaciones nos den miedo. El miedo es el mecanismo más ancestral que tenemos. Sin esta emoción no sería posible la vida. Es tan importante el miedo dentro de nuestra realidad que incluso genéticamente tenemos instalados programas que se activan cuando una situación se parece (incluso mínimamente) a un evento de más de 100 millones de años, en donde nuestra vida estaba en constante riesgo por el acecho de animales salvajes y otra clase de peligros cuando salíamos a cazar nuestros alimentos. En otras palabras, hoy aún tenemos miedo de los enemigos, de los primeros mamíferos que existieron en la Tierra, de los primeros peligros con los que el ser humano se enfrentó en las épocas primitivas.

Conoces lo negativo que puede ser el miedo en algunas circunstancias, cuando no hay un peligro real, cuando lo engrandecemos por situaciones que están solo en nuestra mente; es allí donde nos limita, donde nos impide hacer lo que queramos hacer, cumplir nuestros sueños, ser nosotros mismos, vivir nuestra vida. Pero en situaciones de peligro real debemos estar agradecidos con esta emoción que despierta todos nuestros instintos de supervivencia y, por ende, nos ayuda o colabora para que podamos salir lo más ilesos posibles. Claro que, cuando es muy intenso, paraliza y es contraproducente.

Ahora que ya hablé rápidamente de las emociones, quiero señalar la importancia de observarlas como brújulas de nuestra vida y no como mapas. **Las emociones sirven para ver si vamos bien en nuestro camino.** Dentro del proceso terapéutico, cuando aparecen las emociones que desbordan al paciente («secuestro emocional» como lo explica Daniel Goleman), lo primero que hay que hacer es reconocer y trabajar con dicha energía. De no hacerlo, el cerebro humano es tan maravilloso que no te permitirá tener capacidades racionales.

Ahondaré mucho más sobre este tema en los siguientes apartados.

Cerebros de distintas razas

A nuestro cerebro lo podríamos dividir en tres: el reptil, el mamífero y el humano. Cada uno tiene una prioridad, lo explico.

El reptil es el que requiere de mayor atención, ya que siempre busca cumplir con sus necesidades básicas. De ser necesario, secuestrará toda la mente para que se cumpla con su cometido. Es la parte de tu cerebro que controla tus acciones involuntarias y, sobre todo, tiene la misión más importante: procurar tu supervivencia. Entre sus funciones están la de evaluar constantemente si los otros seres (humanos o no) se pueden comer, tener relaciones, pelear con ellos o huir. Como te decía, este cerebro todo el tiempo está evaluando, incluso cuando no prestas atención. Está alerta en todo momento y, si no se le entrena, constantemente podrá mal informarte y mal actuar.

Analiza el siguiente ejemplo: piensa en dos hombres, uno de ellos se ha entrenado en diversas artes marciales por más de 10 años y al otro solamente le gusta ver estos deportes en la televisión. ¿A cuál de ellos crees que le sea más fácil responder (físicamente) de manera óptima ante una pelea? Si tu respuesta fue el que lleva años entrenando (lo que es obvio), estás en lo correcto, puesto que es una persona que lleva tiempo preparando su cerebro reptil para prestar atención ante posibles amenazas. Esta persona sabe distinguir si puede o no ganar. De entender que no hay manera de ganar, sus años de entrenamiento le enseñarán como disuadir el conflicto. La otra persona por ser amante de estos deportes solo conoce la parte visible del mismo pero, por esta razón, desconoce si tiene o no la capacidad de enfrentarlo y la mejor manera de hacerlo. Esto puede llevar a que, al desconocer su fuerza y resistencia, se meta en un problema o vea una amenaza en donde tal vez no la hay. Aunque el cerebro reptil es sumamente egoísta, podemos entrenarlo con facilidad para responder como queremos, para no reaccionar inconscientemente ante los eventos exteriores.

En orden de desarrollo y evolución sigue el cerebro mamífero. Esta parte de nuestro cerebro es justo en donde podemos ubicar las emociones y los sentimientos. Sin embargo, los sentimientos se juntarán más con las ideas, mientras que las emociones son reacciones ante el ambiente (y a veces ante nuestros pensamientos que crean un ambiente interno) y no las podemos controlar.

Tras aclarar esto, ahora te puedo hablar de un evento emocional que todos hemos sentido en algún momento, ese lapso incómodo cuando las emociones empiezan a convertirse físicamente intolerables.

Alma[23] es una mujer de 42 años que llegó conmigo a terapia, el motivo de su consulta era un ataque de ansiedad que sufrió en la calle. Esta fue su narrativa:

«Estaba en la calle pensando en todo lo que no había hecho de mi trabajo y mi casa. De la nada llamó mi atención una mujer joven con una carriola y su bebé, lo que me llevó a pensar que tengo 42 años y decidí no tener hijos para tener un excelente trabajo de abogada. Eso me llevó a sentirme muy mal, no sé por qué, pero mi corazón comenzó a latir más fuerte, sentí que mis manos se me dormían y las empecé a mover. Me asusté, lo que solo aceleró mi respiración. No sentía ya las manos, mi corazón parecía salirse de mi pecho y respiraba como si no hubiera oxígeno. Tuve que sentarme en la banqueta, un señor mayor me miró y me preguntó si estaba bien. La verdad de ahí casi no recuerdo nada más. Solo tengo vagas imágenes de muchas personas diciendo que me dieran aire y las sirenas de una ambulancia. Me desmayé y desperté en la Cruz Roja. Me dijeron que había sufrido de un ataque de pánico y que ya me habían administrado un ansiolítico. Un

---

23. A los ejemplos de pacientes se les cambiaron nombres, edades y género para evitar romper con el secreto profesional.

psiquiatra me hizo una evaluación y me dio de alta, no sin antes decirme que tenía que atender mi salud mental».

Atendí a Alma por unos 6 meses y con apoyo de un psiquiatra no volvió a tener esos episodios. Con este ejemplo lo que quiero comunicarte es que nadie está libre de un ataque de ansiedad, es algo que todos los seres humanos podemos sentir en algún momento de nuestra vida y el responsable es nuestro cerebro mamífero.

Dentro de todas las preguntas que me hacen por redes sociales, una de las que más leo es: ¿Cómo hago para controlar mis emociones? Me encantaría dar una receta mágica para lograr ese cometido, sin embargo, algo que debemos entender es que, como nuestro cerebro mamífero es mucho más viejo que nuestro cerebro humano, las emociones no se pueden controlar. **Podemos controlar nuestra respuesta ante la reacción inconsciente e involuntaria que las emociones generan.** Es nuestra única posibilidad.

Cuando nuestras emociones se salen de control porque no dejamos de pensar en lo que más daño nos está haciendo o porque estamos pasando por un evento traumático, es posible que tengamos un secuestro emocional. Esto lo plantea Daniel Goleman en su libro *Inteligencia emocional* y, en pocas palabras, de lo que trata es de un evento en donde la amígdala (parte esencial de las emociones) toma el control completo de nuestra vida y con ayuda de tu cerebro reptil, busca tu supervivencia. Entonces, cuando me preguntan si se pueden controlar las emociones, la respuesta es NO, hago énfasis en ello. Pero sí podemos evitar caer en estos secuestros emocionales. Para eso tengo que presentarles la última parte de nuestro cerebro que es muy joven, pero es la razón por la cual hemos avanzado tanto como humanidad: el cerebro humano.

Lo maravilloso de este último radica en su capacidad para seguir evolucionando y por lo mismo, su capacidad de penetración y gobierno dentro de la jerarquía (ante los otros dos). En otras palabras, este cerebro humano, al ser bastante nuevo evolutivamente sigue modificando su estructura y funciones. Esto es gracias a la conciencia que tenemos los seres humanos. Mientras más usemos la mente, más podemos influir en su desarrollo. Algo que lo hace maravilloso es que también tiene comunicación con las otras dos partes y eso le da poder de decisión y control. Aunque no podemos controlar todo dentro de nuestra vida, sí podemos influir sobre sistemas y funciones que son útiles para nuestro día a día.

Tan impresionante es nuestra mente que, si deseamos parar la respiración (acto automático dentro del cerebro reptil), es tan sencillo como pensar en hacerlo. No podemos ahogarnos con solo pensarlo, pero sí llegar a niveles extremos de control. Hay personas que logran mantener la respiración por más de 20 minutos, existen monjes budistas que logran que sus corazones latan a pulsaciones que parecerían incompatibles con la vida.

Entre las maravillas que se pueden hacer con la respiración se encuentra la que a mí me ha volado la cabeza. Es la técnica TUMO. Esta técnica la conocí hace años por medio de un documental que le hicieron a Wim Hof, un hombre al que se le conoce como *El hombre de hielo* (*Iceman*) por su habilidad para correr a bajas temperaturas y sin ningún tipo de protección del frío.

En las alturas y los fríos gélidos de los Himalayas, unos monjes budistas pueden estar semidesnudos a la intemperie a temperaturas de -10 grados centígrados y calientan su cuerpo hasta el punto de poder secar toallas mojadas. No solo es impresionante para nosotros, sino que además nos demuestran el poder que tenemos escondido dentro de cada inhalación y exhalación que emitimos. Este es el poder de tu mente, aunque el cerebro es esta masa viscosa que se encuentra dentro de tu cráneo, la mente es aquello que se crea dentro por medio de las funciones bioeléctricas. El poder de tu cerebro lo podemos también ver a simple vista con la capacidad que tiene de reaccionar ante los estímulos del ambiente. Cada vez que te enojas, que tienes miedo o que vives cualquier emoción, tu cerebro genera mucha energía que es necesaria para tu supervivencia.

Otra característica que las emociones nos otorgan es que de manera inconsciente **nos van mostrando si vamos bien o no dentro en nuestro camino** y si somos congruentes con los valores y principios con los que hemos crecido y construido nuestro proyecto. Podemos ver las emociones como brújulas marcando el territorio. Si estamos con personas sanas para nuestro desarrollo o estamos viviendo nuestras posibilidades en un ambiente sano, entonces las emociones serán placenteras. Pero si es lo contrario, si estamos en un ambiente tóxico o con personas que nos violentan o agreden, entonces las emociones que sentiremos serán desagradables. Tus emociones incluso son tan importantes que afectarán la manera de percibir el mundo que te rodea.

Las emociones al ser reacciones inconscientes son una gran herramienta para aprender a reconocer qué tan bien vas en tu camino. Guíate de ellas, no las niegues. El poder que hay detrás de esta sabiduría lo puedes usar a tu favor y, cuando lo canalizas correctamente, te da un poder impresionante. Piensa en esa vez que te apasionaste por alguien o con un proyecto. Recuerda que podías pasar horas sin comer y sin sentir cansancio por estar concentrado en esa persona o en ese proyecto particular (es algo que en algún momento nos pasa a todos los humanos). Esto solo es un ejemplo de todo lo que se puede alcanzar usando el poder de tus emociones.

Acción sobre el deseo

Alexis, un hombre de 45 años, estaba en una encrucijada por no poder seguir expandiendo su negocio de comida saludable. Parecía que todo estaba bien, sin embargo, por más que sus planes fueron diseñados de manera correcta, cada vez que los ponía en acción no resultaban. Cuando llegó a terapia conmigo le hice varias preguntas para buscar dónde tenía asuntos inconclusos que pudieran estar robando la energía de su mente productiva. Encontré que había un tema tan poderoso que era prácticamente imposible que pudiera concentrarse de manera correcta, como lo había hecho tantos años atrás.

Alexis había construido todo un imperio económico y no tenía con quién compartirlo. Entiendo que puede parecer absurdo, sin embargo, para una persona que dentro de su plan de vida había construido todo para compartirlo con una familia y esta aún no existía, equivalía a tener 500 millones de dólares en la luna.

Este asunto inconcluso se había convertido en una sanguijuela que se robaba toda la energía de Alexis. Su inconsciente ya había tomado el control de toda su atención mental porque durante mucho tiempo dejó pasar la opción de tener una relación de pareja y formar una familia. En otras palabras, la idea de una familia se había convertido en algo mucho más importante que la proliferación de sus empresas.

Como puedes observar, no importa si Alexis quería llegar a tener aún más empresas de comida saludable, o quería empezar a rentar bodegas. Lo que importaba era a dónde estaba yendo y lo lejos que se encontraba de su sueño real. Cuando Alexis empezó su travesía empresarial, todo estaba siendo diseñado para compartirlo con su familia. Sin embargo, como en muchos casos, su plan dejó de ser tan importante y la ambición se convirtió en su mayor motor. Eso no lo detuvo para construir una casa diseñada específicamente para los tres hijos que soñaba, en una zona hermosa en donde él sabía que podrían jugar sin peligro y así formar una niñez sana.

Diez años después, enfrentándose día a día a ese hogar sin hijas ni hijos, algo en su inconsciente creció como un cáncer sin control. Cuando por fin esta energía tuvo la oportunidad de salir, fue cuando empezó a sabotearlo (hablo como si fuera algo externo con fines ilustrativos, la realidad es que la misma persona sabotea sus circunstancias) y sus planes no se le daban.

Este es uno de cientos de casos en los que me podría enfocar, sin embargo, es uno de los más ilustrativos acerca del poder que el inconsciente tiene sobre nosotros. Es por eso que hago tanto hincapié en que lo importante es a dónde vas y no a dónde quieres ir. Incluso me río cuando alguien me dice que quiere algo, ya que querer nunca es una opción dentro de mi sistema terapéutico. O decretas correctamente diciendo que VAS a hacer algo o simplemente no te llenes de basura la cabeza con todos los «quiero» y deseos.

El lugar hacia el que te diriges, ¿te encamina hacia donde quieres ir, hacia tus metas, sueños o vida soñada? Es importante que dispongas un tiempo para analizarlo.

Es importante entender que nuestra mente es más poderosa de lo que podemos conocer científicamente, sin embargo, en psicología hay varios avances de cómo programarla para que funcione de la mejor manera posible. Cuando le ordenas a tu mente, por ejemplo: «Voy a salir de este problema», esta frase imperativa hace que todas tus herramientas se alineen para que ocurra lo que estás declarando. A diferencia de decir «me gustaría», «quisiera» o «estaría genial salir de este problema», lo que solo rellena una conversación, pero no se traduce en acción. **Decretar con órdenes claras en nuestra mente es lo que mejores resultados ha generado.**

Cuando menciono que lo relevante radica en el camino que andas es porque me interesa que hagas consciencia sobre dónde estás parado. Esta es la única forma que existe para hacerte consciente de tus emociones, así como de tus metas. Es la gran importancia del aquí y el ahora, de ser consciente de lo que hago y de cómo me comporto aquí y ahora, es la mejor manera de medir si a donde voy y cómo lo hago es parte de mi plan o solo me estoy dejando llevar por la corriente.

Imagina que te encuentras a la mitad de un viaje en barco y tú eres el capitán. De pronto algo ocurre y tu GPS y brújula quedan inservibles. Es el inicio del día, por lo que usar las estrellas para guiarte no será posible. Tienes que tomar una decisión:

1. Hacer nada, bajar el ancla y esperar a que alguien capte la señal de SOS.
2. Seguir adelante, esperando que en el camino alguien te vea o capte la señal SOS.

En realidad, no hay decisiones correctas en este ejercicio, pero sí una ventana a tu forma de vivir la vida. En muchos casos hay personas que lo que quieren es analizar la situación, esperar a que algo ocurra en el exterior que acomode las cosas y, entonces, tomar una mejor decisión. Por otro lado existen personas que prefieren avanzar en la vida, tomando decisiones conforme la misma vida se los va exigiendo.

¿Cuál eres tú?

Si vas solucionando o esperas tener más claridad, lo único que estas descubriendo es tu forma de resolver tus problemas. Sin embargo, hacer nada es una paradoja, ya que es hacer algo. Lo que me lleva al siguiente tema.

Tu mente como enemigo

Si dejas que tu mente sea tu peor enemigo, entonces tú también serás el tuyo. Si no tomas el control de tus decisiones, tu mente comenzará a divagar. Esto no solo es algo que hemos aprendido los terapeutas que atendemos casos de traumas y de agotamiento emocional (entre otros), sino que es un tema que tiene miles de años de conocerse.

Sea la cultura que sea, en algún momento los *homo sapiens* se dieron cuenta de que la mente era su mejor herramienta para sobrevivir o su peor enemigo. La mente humana es un regalo del Universo. Es impresionante todo lo que podemos hacer sin darnos cuenta y, sobre todo, increíble lo que podemos alcanzar cuando somos conscientes de nuestras capacidades. Es como el ejemplo de los monjes de los Himalayas, secando toallas con el calor que pueden generar sus cuerpos a pesar de lo helado del ambiente, o las personas que tienen memoria fotográfica y pueden aprenderse una ciudad entera con solo mirarla una vez, o los ultramaratonistas que pueden correr cientos de kilómetros sin morir en el intento.

Podríamos pensar que no solo la mente es impresionante, sino también el cuerpo, y es aquí en donde te puedo decir que tu mente ya está empezando un juego peligroso. Mente y cuerpo son lo mismo, no estamos divididos por nada, uno no puede vivir sin el otro y ese es el juego peligroso al que me refiero. Constantemente hablamos de nosotros como si fuésemos dos entes viviendo dentro de un solo espacio, como si el «yo» que se menciona fuera un «yo» aparte de lo mencionado. Pareciera un tratado filosófico, pero es más bien percepción.

La única manera de saber que sabemos es si logramos extrapolar nuestra mente hacia una consciencia que se observa a sí misma, pero esto no es una parte, sino una mera función de autoevaluación. Vamos a un ejemplo práctico: la computadora que evalúa tu automóvil es tanto tu automóvil como las ruedas, aunque esta sea la que puede conocer el estado de sí misma.

Es justo aquí donde entra la psicología, el estudio de las conductas humanas y sobre todo de la mente que pareciera estar fuera del cuerpo. Es por eso que psicoterapeutas y médicos psiquiatras siempre han tenido uno de los trabajos más complicado que hay, ya que no es lo mismo tratar un cuerpo enfermo que una mente enferma.

La mente enferma se siente fuera del cuerpo y, por lo mismo, podríamos visualizar una enfermedad mental como una percepción dentro de una mente enferma. Esto es justamente lo que complica las enfermedades mentales. Muchas veces ni siquiera la persona sabe o es consciente de su condición y es el entorno quien se lo hace ver. A veces la misma mente puede enfermar el cuerpo sin que este pueda ser consciente de la enfermedad que está generando. Casi todas las enfermedades mentales tienen que ver con las emociones y, más complicado, las emociones dentro de las emociones. **A tu mente no le entregues el control o dejará que la controlen las emociones.** Esto no solo te puede enfermar, sino que se convertirá en un obstáculo para que puedas vivir tu vida en bienestar.

Matrioska de las emociones

Nos enojamos por estar tristes y entristecemos por estar enojados. ¿Por qué sucede esto? Porque la sociedad, bajo el concepto del «deber ser», ha invalidado algunas emociones como la tristeza, haciéndolas ver con un tinte negativo para que la gente se sienta mal por sentir. Seguimos escuchando en esta era moderna que los hombres no lloran. Las madres se lo repiten a sus hijos, los padres se los inculcan a sus niños. ¿Es así? ¿Los hombres tienen menos derecho a llorar y sentir tristeza que una mujer? Absurdo.

¿Eres débil por sentir tristeza? Eso se pregona, en realidad todos los seres humanos somos débiles, todos sentimos tristeza, no podemos desapegarnos de ella como si nada para no experimentarla. Está bien sentir, aunque es cierto que no podemos dejar que nos consuma una emoción en particular, pero no hay nada de malo en sentir X o Y emoción.

Si alguna vez pensaste que estabas abrumado por varias emociones al mismo tiempo o te sentiste en una encrucijada, bienvenido a las emociones detrás de las emociones. Estos son los procesos que comienzan a darse en la complejidad de la mente humana. Cuando empezamos a racionalizar lo que sentimos y cómo deberíamos de sentirnos, es cuando nuestra mente comienza a jugar con las meta emociones.

Hay personas que se enojan por estar tristes, como lo mencioné en un principio. Pensarías que esto es una locura, pero es porque hay un «deber ser» que complica una simple emoción. Un proceso natural de tristeza sería: estoy triste y me expreso, lo vivo y se agota la emoción. Lo que ocurre en realidad es lo siguiente: yo no debería de sentirme triste (pensamiento del «deber ser»), yo no debería de sentir tristeza porque tal vez está mal demostrarlo porque mi familia se puede preocupar y no quiero verme débil, entonces me enojo (emoción más aceptada). Así que por fuera me veo enojado, pero en realidad estoy ocultando la tristeza que siento. Si esto te parece complicado, imagina trabajarlo en terapia. Todas estas personas que creen que vienen a terapia a trabajar un evento que los agotó terminan dándose cuenta de que hay mucho más debajo de esta experiencia incómoda.

No hay que dejarse atrapar por ese «deber ser» que nos impulsa a no mostrar nuestras emociones como son, a no aceptarlas, a mantenerlas ocultas (lo que evita que se agoten y las aviva más). Si estás triste deberías de poder demostrarlo, dejarlo salir, sin culpa, sin miedo a reproches o a ser juzgado. La tristeza es una emoción básica, la experimentan TODAS las personas. Lo mismo con el resto de las emociones, no puedes evitar experimentarlas.

¿Qué es entonces el «deber ser» y por qué nos agota tanto? Es importante entender que se trata de una instancia inculcada por la cultura, que lo único que hace es intentar homogenizar a cada uno de los miembros de una sociedad en un ente o persona masa, que es mucho más fácil de manejar para las fuerzas del poder, ya que se encuentra completamente adiestrada y despojada de su autenticidad. Pareciera que la capacidad de poder controlar las emociones y no demostrarlas es un valor o fuerza moral, sin embargo, resulta totalmente contraproducente. Las personas que no demuestran sus emociones terminan por enfermarse y por medio de ellas dan voz a las emociones silenciadas.

Recuerda algo que es sumamente importante, las emociones son simplemente reacciones fisiológicas ante los eventos del exterior. Ya con el tiempo, los mismos pensamientos pueden ir provocando emociones y estados de ánimo dentro de cada uno de nosotros. Pero en su principio y biología, estos no tienen forma de ser controlados. Incluso psicoterapias como la cognitivo conductual, enseñan que podemos responder de una manera mucho más sana ante las sensaciones de las emociones sin reprimirlas para creer que las controlamos.

Es justamente el «deber ser» lo que tiene que ser analizado. No es cambiar a la persona, sino lo que se espera de dicha persona, lo que hace que este ser termine tan lastimado. Y aunque pareciera que nada más estamos lastimando a las personas débiles, lo que no vemos es que estas personas que son lastimadas en algún momento tendrán la necesidad de lastimar a otros para así compartir su miseria en un ciclo sin fin (además de que en algún punto los fuertes se sienten decaídos y se ven afectados también).

Todo el tiempo estamos intentando alejarnos de las personas negativas, sin darnos cuenta de que estas personas no nacieron así, fueron creadas y destruidas lentamente por una sociedad y una cultura que no aprecia la expresión auténtica de las emociones.

El punto clave en todo esto: expresa tus emociones y mantente en paz con ellas, con lo que sientes, con lo que experimentas, sin culpa ni vergüenza por el mero hecho de sentir. Abandona todo pensamiento inculcado por el «deber ser» que te haga concebir lo que sientes como algo negativo. **Escribe con fuego en tu mente que tienes derecho de sentir cualquier emoción.** Claro que no deberás dejarte dominar por tus emociones, pero eso no implica que te sientas mal, o enojado por el mero hecho de sentir. Nada está mal en ti por esto.

Perseverancia no es obsesión

¿Cuál es la diferencia entre ser perseverante y ser obsesivo? Si lo analizas detenidamente son dos conceptos muy parecidos cuya diferencia aparente podría consistir en que se concibe la perseverancia como algo positivo, mientras que la obsesión se ve como lo contrario, aunque esta no tiene que ser negativa cuando se comprende su concepto.

La perseverancia es un estado del ser. Con esto me refiero a que es un valor intrínseco dentro del «yo» y que tiene que ver con nuestra capacidad de mantenernos firmes ante nuestras decisiones y sueños. Es lo que nos conviene porque solo quien se mantiene firme en sus propósitos los logra.

Un ejemplo ilustrativo en este tema es la historia de Edison y la bombilla incandescente. Si bien se conoce que le tomó 999 intentos fallidos inventar una bombilla funcional, lo cierto es que, si no hubiese sido perseverante y se hubiese rendido en el fallo 10, 20 o 988, no lo hubiese logrado.

Convertirse en deportista de alto rendimiento requiere ser perseverante con el entrenamiento, de lo contrario el cuerpo no se adaptará a lo que se necesita para lograr hazañas propias de un deportista excepcional, el éxito de un emprendimiento requiere firmeza. Hoy por hoy, te mencionan los refrescos gaseosos y sabes que están hablando de una empresa exitosa, pero en sus inicios apenas se vendían. Lograron el éxito porque se mantuvieron firmes a pesar de las pocas ventas iniciales. La perseverancia te será indispensable para lograr lo que desees.

La obsesión, por otra parte, es la intrusión de una idea que no te puedes quitar y que no deja de ser algo externo al «yo». Podríamos decir que la perseverancia es una actitud que puede ser educada dentro de nuestra vida, mientras que la obsesión es una idea que podemos impregnar en nuestra mente, pero sin efectos sobre nuestra conducta.

Déjame contarte mi propia historia. Yo he creado contenido de salud mental y emocional desde 2009, pero durante un lapso creí que solamente estaba perdiendo mi tiempo y dejé de dedicarme persistentemente a esta labor. Fue hasta 2017 cuando decidí que me quería dedicar en su mayoría a las redes sociales y al fomento de la salud emocional y mental. Después de tres años de perseverar en esta ideología fue que empecé a tener presencia dentro de las plataformas más fuertes de ese momento. Es con este ejemplo que te puedo demostrar cómo la persistencia tiene frutos cuando se desarrolla constantemente. Yo podría estar obsesionado con querer desarrollar y crear contenido, pero si no lo ponía en acción, de nada iba a servir tanto esfuerzo mental.

Hay personas que están obsesionadas, pero no lo llevan a la acción. Personas que tienen ideas maravillosas que podrían podrían llegar muy lejos si las concretaran. El problema no está en la idea, sino en que, de no llevar estas obsesiones a la realidad, de no impregnar pasión dentro de las ideas que tengo, entonces no se podrá hacer nada con ellas.

¿Te obsesiona lograr algo? Aprovecha lo que estás sintiendo, úsalo como una catapulta para lograr lo que te propones: ACTÚA. Si no lo haces, indudablemente nunca lo lograrás, pero si actúas y eres perseverante (lo suficiente), tendrás la oportunidad de conquistar lo que quieres.

Joderte la existencia

Muy probablemente estás jodiendo tu existencia con constancia y apenas lo notas. ¿Es fácil hacerlo? Por desgracia es la cosa más sencilla del mundo. Con solo no tomar decisiones y dejarte llevar por todo lo que te dicen o con el simple hecho de tomar decisiones que sabes a la perfección que son equivocadas, puede cambiar el rumbo de tu vida. Puedes ejercer ese sutil arte de joderte la existencia y después el maravilloso arte de quejarte para que todo el mundo te vea como una víctima.

Creo que la palabra que más puede representar esta capacidad del ser humano de joderse la existencia es la palabra «hubiera». Es impresionante notar que cada vez que se escucha esta palabra, algo negativo tendrá que ser expresado. Si existieran los hechizos mágicos esta sería la palabra perfecta para demostrar una maldición hacia la persona que más odies o hacia ti mismo.

«Si hubieras hecho caso...», «si yo hubiera comprado ese boleto...», «si ellos hubieran levantado la voz...», «si nosotros hubiéramos ido a ese viaje...», cada uno de estos ejemplos es la perfecta demostración de que esta palabra no solamente es una desgracia o el preludio para destacar alguna, sino que, además, nos da una falsa sensación de que podemos hacer un cambio en el pasado y, de esa manera, volver a sentirnos fuertes en nuestro presente o incluso hacer un cambio para el futuro.

Dentro de la terapia, lo primero que le enseño a mis pacientes es que jamás deben de usar esta palabra. Es como invocar al mismo Satanás y además encontrártelo cara a cara. Esta palabra no solo nos da una sensación de falsa esperanza, sino que además nos evita poder trabajar en nuestro presente. Es por eso que te recomiendo que la vayas eliminando de tu vocabulario. Lo que fue ya fue.

Proponte desde hoy nunca más expresarte o pensar con un «hubiera» o «hubiese». Cuando adviertas que vas a usar esta palabra mejor guarda silencio, busca un reemplazo, ayúdate de tus seres cercanos si hace falta, háblales de tu propósito de no usar más esta palabra y pídeles que te hagan ver si lo haces. **No te permitas seguir jodiendo tu existencia solo con una palabra.**

Por otro lado, en los siguientes apartados también encontrarás recomendaciones para que dejes de ejercer el arte de joder tu existencia de una vez por todas.

Tenemos tan poco tiempo en la vida y solemos desperdiciarlo preocupándonos por algo que ya pasó y que, por ende, no tenemos la capacidad de cambiar. Gracias al funcionamiento de nuestra mente y lo poderosa que es se puede decir que tenemos muchísimos poderes, pero, regresar el tiempo no es uno de ellos.

Lo que ya pasó es ajeno a nosotros, no hay nada que esté en nuestras manos por hacer, es el presente y el futuro donde debemos centrar nuestra atención. Responsabilízate por tu presente y futuro en lugar de atormentarte por algo que está fuera de tu alcance. Deja de torturarte con el pasado cada vez que te paseas por él. Solo te estás llenando de negatividad y activas los mecanismos de alerta de tu mente ante un peligro irreal, inexistente, por algo que quedó atrás. Conviertes tu mente en tu enemiga, desencadenas ansiedad en tu cuerpo.

Si a mí me preguntaras cuál sería la mejor manera de destruir tu vida, mi respuesta es: preocuparte por lo que no puedes cambiar. Mi experiencia dando terapias me ha llevado a esa conclusión. Nuestra mente está creada para poder resolver conflictos y problemas que pongan en riesgo nuestra supervivencia. El problema es que también podemos engañar a nuestra mente y hacerle creer que lo que pasó en el pasado nos puede destruir hoy, cuando es una gran mentira. Tenemos la capacidad de obsesionarnos en encontrar una solución a algo que ya no sucede. Tu mente no sabe que ya ocurrió, cuando te preocupas por el pasado tu mente concibe eso como una amenaza latente y presente, siendo que no es el caso.

¿Por cuánto tiempo llevarás la carga de tu pasado? Debes librarte de ella para poder avanzar, te hace peso y te dificulta avanzar, no se lo permitas. **La mente es como un campo fértil: germinará lo que siembres.** A diferencia de la naturaleza en donde no todas las semillas brotan, en la mente todas lo hacen, lo único que cambia es la velocidad con que crecen. No plantes en tu mente negatividad, no más.

Las semillas del odio son las que más rápido germinan y, por desgracia, se hacen más rígidas y difíciles de eliminar si permitimos que se queden. Son como los robles, pero con el crecimiento de la mala hierba. Una manera sencilla de demostrarlo es la siguiente: entra a cualquier red social y deja comentarios de odio e intolerancia (no recomiendo hacer esto en realidad, pero es la mejor manera de demostrar mi punto). Observa lo rápido que recibes no solo una respuesta, sino que además puedes quedarte horas discutiendo sin sentido. De los comentarios positivos que hagas no tendrán tanto alcance.

Si comienzas ahora a sembrar amor en tu corazón y en la tierra fértil de tu mente, con un poco de paciencia, observarás que comienzas a sentirte muy bien contigo. Mientras más uses esta habilidad o palabras hermosas y de aliento en ti, más sencillo se hará convertirte en una persona auténtica. Lo que pasó, ya pasó, céntrate en cultivar buenas cosas en tu mente para que te encamines hacia el futuro que quieres. No te permitas quedarte estancado.

Cuando aprendes (o aceptas) que el pasado no se puede cambiar, que lo único que puedes hacer es ser responsable de tus acciones en este momento presente, te das cuenta de la sensación de libertad que esto genera en tu vida. No hay necesidad de seguir empujando el pasado y escondiendo tus acciones, es mucho mejor liberarte de aquello que hiciste u omitiste y así realmente cambiar el rumbo de tu futuro.

Decide liberarte del pasado, entiende que no puedes cambiarlo, deja de intentarlo. No le des vueltas en tu mente, ¿para qué? ¿Para seguir convenciéndola de que puedes hacer algo cuando no es así y dañarte con ello? Mejor, cada vez que caigas en la tentación de recordar algo que te atormente o te llene de negatividad, proponte repetir en tu mente afirmaciones positivas sobre tu persona: soy genial, soy especial, soy confiable, soy merecedor... Siembra de esta forma semillas de amor dentro de ti y libérate de las del odio, rencor, vergüenza, dolor. Otra opción es que, cuando tu mente vaya al pasado, con esfuerzo te concentres solo en el hoy, en la actividad que estás haciendo, sin darle más cabida a esos pensamientos. No importa el método que uses, solo que te conduzca a dejar de alentar preocupaciones por tu pasado en tu presente.

Alegría como emoción

Ángela es una paciente que llegó conmigo recomendada por una amistad en común. Lo primero que me comentó por teléfono fue que estaba muy bien en todas las áreas de su vida, pero no lograba ser feliz a pesar de ello. Hacía yoga a diario y se había convertido en su pasión, podríamos decir que en una obsesión. Ya tenía cinco certificaciones y más de mil horas de práctica. Sin embargo, en un viaje a la India, un maestro le comentó que mientras ella siguiera buscando la felicidad, no la encontraría. Fue después de ese viaje que decidió tomar terapia que la ayudara en este camino. Aún recuerdo la primera sesión. Ella entró vestida de blanco con un bello collar tipo hindú y unas alpargatas. Parecía sacada de un Ashram (espacio para meditar y enseñanza hinduista). Su cabello olía a incienso, pero su mirada estaba apagada. Era la imagen de una persona que sabe perfectamente lo que quiere, pero no cómo conseguirlo. Estaba agotada.

Yo: Dime en qué te puedo servir —recuerdo haberle dicho en tono amable.

Ángela: Estoy buscando la felicidad y llegué tan lejos como a la India para que me dijeran que lo que necesito es una terapeuta —me respondió desanimada.

Yo: ¿Y qué es la felicidad? —le pregunté intrigado.

Ángela: Pues estar feliz, dejar de preocuparte por lo que no puedes cambiar y aceptar lo que sí.

Yo: Entonces lo que buscas es la certeza de que todo estará bien y el resultado de eso, para ti, se llama felicidad —aduje.

Ángela: Exacto.

Yo: Pero esa emoción que tú buscas no se llama felicidad, sino que es alegría —continué.

Ángela: ¿Cuál es la diferencia? —me increpó sin entender.

Tanto se habla de la felicidad y de la alegría como sinónimos que con seguridad también tú, en este momento, tienes la misma duda. No quiero retrasar la explicación: la felicidad se puede alcanzar desde cualquier emoción y la alegría es solo un paso a ese estado que deseas. Uno puede ser completamente feliz si acepta las emociones tal como son, si se atreve a vivir de manera auténtica sin vergüenza y sin miedo al ridículo. La felicidad se puede experimentar desde el miedo, el enojo, la tristeza e incluso la alegría.

Yo: Lo que tú estás buscando es la emoción de la alegría, que nos impulsa como la pólvora dentro de una bala. Cuando sentimos alegría, nos sentimos vivos y creativos. Sin embargo, también podemos sentirnos vivos desde las otras emociones y es justamente la felicidad el resultado de esa libertad —concluí, explicando a Ángela.

Con total seguridad te puedo decir que tú, que te has interesado en leer este escrito hasta aquí, buscas tu felicidad y no simples momentos de alegría. Lo conveniente es ir por la felicidad, así sentirás bienestar desde cualquier emoción y en cualquier circunstancia; no solo alegría, que es efímera y dependiente, ya que solo la experimentamos si todo parece estar bien a nuestro alrededor y si nos sentimos en ese momento libres de miedo, enojo y otras emociones.

La felicidad no es un problema matemático. Tanto nos interesa resolver su encrucijada que hay quien la concibe como una ecuación matemática para dar con la respuesta exacta. Si creemos que podemos alcanzar la felicidad con fórmulas aritméticas o incluso recetas mágicas, estamos en un terrible error. La manera de hallar la felicidad es un tema de importancia para todos los seres humanos, así que sobran quienes pregonan que han encontrado fórmulas precisas o un camino fácil y rápido. Y es esa idea la que nos lleva al fracaso y a la frustración.

Aunque podemos guiarnos por las evidencias que dejan otras personas que alcanzan la felicidad y la libertad, la realidad es que tenemos que encontrar caminos que tomen en cuenta nuestras habilidades y oportunidades que se nos presentan día a día.

La felicidad es un estado dentro de un contexto racional y emocional del ser humano. No se puede alcanzar siguiendo lo que otras personas digan, ya que esas personas no están configuradas mental ni emocionalmente como tú. Es justo ahí en donde encuentro la falla de muchos: tratar de alcanzar de manera social algo que es individual. Y aunque los seres humanos somos seres sociales, es importante destacar que las emociones se viven de manera individual. No hay manera de apoyarnos en la sociedad para sentir menos nuestras emociones. Esto es lo que hace que en ocasiones tengas esta sensación de soledad que tanto derrumba a las personas. Podrías estar acompañado de miles de personas y, aun así, si no has trabajado en tus propias emociones y en comprenderte, la soledad terminará por erosionar tu vida y hacerte sentir que no vales nada.

Esta sensación de malestar es la que hace que tantas personas se abriguen y anestesien en sustancias y conductas que no las llevan más que a quitar el malestar por unos minutos u horas. **Sentirse mal no es signo de mala suerte, sino que es tu mente dándote una señal sobre lo que no has resuelto.** Es una señal de alarma. Te decía el inicio de este capítulo que las emociones son brújulas para el mapa que llamamos vida. Cuando nos sentimos mal, cuando nos sentimos sin placer o simplemente no podemos salir del estado emocional en el que nos encontramos, es justamente nuestro cuerpo y nuestro inconsciente ayudándonos a entender que estamos yendo por un rumbo equivocado. No hacer caso a estas emociones o sensaciones nos llevaría a un estado de incomodidad mucho más complicado de salir y, por supuesto, lejos de la felicidad.

Como las emociones son reacciones fisiológicas ante eventos externos, cuando una de ellas aparece, es un mensaje para que te pongas en acción. Nuestra mente racional es la que nos ayuda a saber y entender si se trata de una acción que debemos de hacer ante algo o para alejarse de un posible problema. Las emociones son tan importantes en nuestra vida que sin ellas tomaríamos terribles decisiones. Esto lo demostró el doctor Antonio Damasio en su libro *En busca de Spinoza,* en donde narra cómo una persona tras sufrir un accidente que lo imposibilitó para entender sus emociones, seguía teniendo capacidad racional, pero tomaba las peores decisiones posibles. Explica que la persona no tenía la capacidad de imaginar emocionalmente cómo se sentiría en el futuro después de tomar las decisiones. Esta falta de empatía interior y exterior no solo hacía que esta persona eligiera cosas que afectaban a otros, sino que además lo hacía ver frío frente a los demás. Nuestras emociones no solamente sirven para que reaccionemos al exterior, también nos ayudan a convivir en sociedad.

Por todo esto es muy importante hacerle caso a nuestras emociones, además de entender el mundo exterior, nos dan información de nosotros mismos y posibles escenarios al tomar ciertas decisiones. Al final las emociones nos llevarán a vivir una mejor vida en sociedad y, sobre todo, una vida individualmente auténtica (y feliz).

Convierte en un hábito analizar las emociones que has experimentado en tu día, justo al final de este, antes de acostarte a dormir. Comienza por enterarte o hacerte consciente de qué es lo que sientes. Así podrás analizar de manera racional qué es lo que tus emociones te están comunicando y podrás hacer algo al respecto, elegirás formas más acertadas que te encaminen a una vida auténticamente libre.

Lo que duele sirve

En ocasiones las mejores medicinas son aquellas que parece que duelen más de lo que curan. Y aunque obviamente a ninguno de nosotros nos gusta sufrir sin sentido, creo que la mayoría está dispuesta a afrontar el dolor por la mejora que conllevará (a sabiendas de que traerá un bien). La siguiente historia es una de las que más pena me da contarte, pero decidí que este es el lugar indicado.

Practicaba capoeira, que es un arte marcial proveniente de Brasil que tiene mucho que ver con un baile y con una batalla. Incluye lo mejor de los dos mundos: la danza junto con la música y la violencia controlada. Después de un año pude dar vueltas y dar pasos que antes jamás imaginé, pero a mí no me bastaba solo saber capoeira, también quería ser una persona fuerte, así que hacía mucho ejercicio con pesas. Ambos deportes me encantaban, de verdad que les dediqué muchísimo tiempo de mi vida y me entregaba por completo al desarrollo de cada uno. No sé si decirte que fue por los movimientos de capoeira o porque mi cuerpo estaba muy cansado por las pesas, no estoy del todo seguro de cuál fue el desencadenante, pero un buen día sucedió algo terrible.

Estaba yo en mi clase de capoeira y me tocaba enfrentar a uno de los avanzados, hicimos la rueda, la música comenzó a sonar y, de pronto, en uno de los movimientos de ataque sentí un tirón que iba de mi columna vertebral hasta el talón de mi pie derecho. Luego me vino un calambre que me llegó hasta la punta del cerebro y de ahí no recuerdo más hasta que desperté en la clínica médica que tenía el deportivo.

Una de las enfermeras me miró y dijo: «Qué bueno que ya despertaste. Por favor, no te muevas, viene la ambulancia para llevarte a un hospital». Qué confusión sentía, no entendía qué estaba pasando, pero cuando intenté moverme a pesar de la petición de la enfermera, un dolor terrible me sacudió por completo y me dejó sin aire. La enfermera me miró con compasión y me repitió con condescendencia: «Por favor, no te muevas, creemos que tienes una vértebra completamente dislocada». No me había dado cuenta, pero estaba entablillado (una tabla sujetaba mi cuello). Por un momento pensé que me había quedado completamente paralítico, pero podía mover los dedos de los pies. Según yo, esa era una muestra de que todavía podía salvarme, de que lo peor no había sucedido.

Llegó la ambulancia y me llevaron a urgencias de un hospital, ahí me tomaron radiografías y el radiólogo le comento a mi madre que no había ningún problema con mi columna vertebral, pero se veía una inflamación en uno de los nervios. Le dijo que era necesaria una sesión de inyecciones para desinflamar y evitar un problema mayor. Te comento que esta es una de las historias más vergonzosas de mi vida porque, cuando llegamos a mi casa y mi madre preparó la jeringa para inyectarme, me escondí con todo y dolor para que no lo hiciera. No sabes cómo odio las inyecciones, tal vez sea por el pasado que tengo con respecto a las intervenciones médicas o simplemente tengo una fobia hacia las agujas.

Después de unos minutos de convencimiento y el dolor intenso, mi madre me inyectó. No sé si me dolía más la inyección, el líquido que iba entrando en mi glúteo derecho o la pena que me daba haber intentado correr de mi propia madre con el trasero destapado. No obstante, lo que sí te puedo decir es que esos 5 días donde tuve que ser inyectado para eliminar la inflamación, fueron los más horribles y humillantes de mi existencia.

Hoy puedo caminar y hacer ejercicio sin ningún tipo de efecto secundario gracias a esos momentos horribles y humillantes. De no haber seguido el tratamiento, quién sabe qué habría sido de mi salud. Agradezco a mi madre la paciencia que tuvo de estar persiguiéndome como quien persigue a un caracol para deleitarse con sus suaves movimientos. Es un tema que quise hacer público en el libro para liberarme de él. Así es, **la vida duele, pero es mejor que duela para que crezcas y no te quedes encerrado en la mediocridad.**

Salir de la zona de confort siempre es perturbador. Pero tenemos la capacidad de, voluntariamente, incomodarnos para lograr algo mejor a futuro. (Es como esperar a tener hambre para volver a comer, aunque si esperas a tener muchísima hambre, hasta el sabor de la comida mejora y no te importa pasar por la incomodidad del dolor de panza). Este es uno de los descubrimientos que los seres humanos narramos dentro de los textos religiosos y filosóficos, el hecho de sacrificar placeres inmediatos para conseguir placeres más duraderos a largo plazo. Esto es lo que nos dio la opción de evolucionar. Esta capacidad de leer los cambios del ambiente, de poder predecir el clima y en parte el futuro es la base de los avances que hemos tenido como sociedad.

Tienes que estar dispuesto a enfrentar el dolor o la incomodidad que te producirá tu camino hacia una vida libre, así podrás llegar a ella. Prácticamente cualquier cosa a la que no estés acostumbrado te hará sentir incómodo o fuera de tu zona de confort, pero lo nuevo será necesario para que puedas cambiar tu vida, no podrás hacerlo aferrado a lo mismo de siempre. Valdrá la pena, ya lo comprobarás.

Entender la verdad

No siempre es fácil asumir verdades, especialmente esas que incomodan o que están muy alejadas de nuestra zona de confort, pero casi todo el tiempo es necesario y, sin lugar a dudas, deberás asumir muchas verdades en tu camino hacia una vida auténticamente libre.

Hace unos años estaba en Estados Unidos estudiando mi especialidad en adicciones y trastornos alimenticios, entonces me uní a una comunidad de Chabad, es una rama del judaísmo que lee más libros además de la *Torah* (libro de enseñanzas de la religión judía). Su máximo expositor, el Rebbe, siempre enseñó que la mejor manera de ser buenas personas es siendo buenas personas, no haciendo lo que no quieres para ti. La comunidad no solo es hermosa, sino que además muy incluyente y siempre con ganas de seguir enseñando a quien tiene muchas preguntas. Aquí es donde entro yo en la historia. Soy un turista espiritual (te recomiendo leer mi libro *Dios solo quiere...*) y cuando tuve la oportunidad de preguntarle al rabino sobre varias cuestiones del judaísmo y de la visión humana, me dijo: «Hay verdades que podemos escuchar, algunas que no estamos listos para oír y otras que ni siquiera podemos formular como preguntas».

La verdad, lo primero que pensé es que estaba muy mal de mi parte poner al rabino (que con tanto amor me había abierto su casa) a contestar las preguntas que tenía, pero por otro lado, esta frase sobre la verdad resonó mucho en mí. Tenía razón, me bastó muy poco tiempo de reflexión darme cuenta de que en verdad hay preguntas que nos acercan a la verdad y podemos entender, otras qué quizá podríamos (pero jamás lo haremos si no tenemos un guía que nos ayude) y otras verdades que sentimos, pero no podemos ni expresar en preguntas.

La primera parte de la verdad no requiere de explicaciones, porque todos hemos pasado por ese momento en donde hicimos la pregunta y teníamos la capacidad para entenderla. Sin embargo, piensa en las verdades que todavía no podemos escuchar. El mejor ejemplo es cuando un niño o niña menor a 11 años te pregunta cómo se hacen los bebés. Por más que tú les expliques (sin llegar a la pornografía), ellos no tendrán la capacidad emocional de comprenderlo. Podrán entender a medias el desarrollo, pero no es necesario ni prudente hacerlos entender el para qué y el cómo. Es justo para este tipo de preguntas que lo más importante es llegar a una madurez emocional y capacidad intelectual para absorber la razón detrás del acto. Ahora, ¿qué pasa en los que ya somos adultos?

Creo prudente aclarar que llegar a ser adultos no es justificación para creer que lo sabemos todo o que contamos con la capacidad para conocer verdades más complejas. Es justo este pensamiento mediocre el que genera tanto dolor a lo largo de la humanidad. **El conocimiento se construye y se va desarrollando con trabajo, no con la edad.** Muchos podrán decir que la experiencia ayuda, pero para eso debemos estar dispuestos a vivir experiencias fuera de nuestra zona de confort.

Para llegar a nuevos niveles de conocimiento tenemos que construir la base. Para mí, la mejor manera de explicarlo es con una pirámide invertida, en donde la parte de hasta abajo es el conocimiento que vamos adquiriendo desde pequeños y que al inicio se ve claramente que estamos aprendiendo. Conforme avanzamos en la pirámide, vemos menos el conocimiento y se hace más borroso el avance que desarrollamos. Como en esta pirámide invertida, cuando llegamos a cierto nivel de confort pareciera que no necesitamos avanzar más, pues ya somos medianamente útiles y podemos permanecer en esa área cómoda en la que no necesitamos de nada más que de avanzar. Pero incluso la sociedad nos impulsa a, por lo menos, desempeñar oficios para seguir siendo útiles dentro del grupo humano.

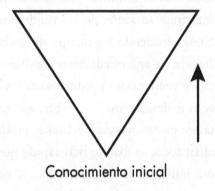

Conocimiento inicial

Conforme hemos avanzando como sociedad y la tecnología ha empezado a hacer el trabajo de otras personas de manera automática, más eficiente y rápida (incluso trabajando 24 horas al día los 365 del año), varios oficios quedaron completamente inservibles y otros nacieron. Esto provocó que como humanidad pudiéramos aprovechar aún más nuestro tiempo. Sin embargo, no se quedó ahí la tecnología, sino que comenzamos a trasmitir información no solo escrita por medio de cartas, también por radio, cine, televisión e internet. Las personas no tenían acceso solo a su cultura, sino que pudimos saber de lugares distantes. Fue en un abrir y cerrar de ojos en que los seres humanos nos hicimos vecinos entre todos y esto no solo rompió con creencias caducas, sino que además nos acercó a más personas que compartían nuestros gustos y pasiones. «La verdad» pasó de ser un lujo de unos pocos a algo accesible a cualquier persona que la buscara (cuando me refiero a «la verdad», no quiero perderme en ideas subjetivas sobre las diferentes percepciones que podemos tener, sino acercarme a la ciencia, en donde los datos recopilados no solo pueden ser verificados y comprobados, sino que además se pueden repetir). Puedes esperar distintas verdades de aquí en adelante.

Reconocer la manipulación

¿Estás familiarizado con el término vendedor de humo? ¿A quién llamamos así? Esta frase se acuña de los vendedores nómadas que iban por los pueblos ofreciendo algún tipo de brebaje mágico para acabar con muchas de las enfermedades o condiciones que la gente padecía. La forma de vender estos productos era muy sencilla: te hacían un descuento si te llevabas más de un brebaje. Eran maravillosos contando historias de cómo en otros pueblos el producto funcionó y, una vez que vendían todo, se iban lo más rápido que podían a la siguiente población, indicándole a la gente que si no funcionaba, el producto tenía garantía, pero se invalidaba si ellos no lo tomaban como se les indicaba o no esperaban el tiempo marcado. Durante años esta manera de vender les funcionó. Tanto así que hoy tenemos vendedores de humo modernos, personas que ofrecen servicios o productos prometiendo la magia y la inmediatez y de no tenerlo, te devuelven tu dinero. Con total sinceridad te pregunto: si adquieres un producto de los que ofrecen estos vendedores de humo y no te funciona, ¿pides la devolución de tu dinero? La mayor parte de las personas no lo hace porque:

- No lo usaron tanto como dijeron que lo harían.
- Nunca leyeron las instrucciones.
- Tuvieron desidia de llamar a la compañía o mandar los datos requeridos para la devolución.
- La vergüenza de que a ellos no les funcionó frente a «casos reales» a los que sí.

- Piensan que era de esperarse que no funcionara y no quieren que las personas sepan que ellos fueron víctimas de estos productos (se avergüenzan de haber sido engañadas).

¿Entonces podemos decir que la gente es tonta? Yo diría que no, para mí en su gran mayoría, las personas nos dejamos llevar por nuestras emociones y la búsqueda de la satisfacción inmediata de nuestras necesidades. Si la búsqueda de placeres nos convierte en zombis, imagina lo que pasa cuando lo que buscamos es no sentir dolor.

Hoy los vendedores de humo nos ofrecen alejarnos del dolor, porque llegamos a ese punto de la sociedad en donde las cosas más insignificantes nos generan incomodidad. Nos quejamos si la temperatura de un cuarto es reducida o un poco más alta de lo que acostumbramos, nos quejamos si el sabor de una fruta no es exactamente como el que recordamos, nos quejamos si le cambian el sabor a un refresco para hacerlo más sano. La verdad es que hay tantos ejemplos que sería muy larga e inservible esta lista. El punto principal es entender que hoy es muy fácil manipularnos con cosas y servicios que no necesitamos, por el simple hecho de que no queremos sentir incomodidad. Tenemos que ser más conscientes sobre el placer que nos venden o los métodos para alejarnos del dolor, pues es debido a estos espejismos que las personas manipuladoras nos atrapan.

Este es un escenario que le ocurrió a una de mis pacientes:

Llegó a mi consultorio con el corazón roto y los ojos hinchados como cuando lloras por horas. Me pidió pasar al baño a lavarse la cara. En sus palabras, no había dejado de llorar por días. Saliendo del baño comenzó a hablar: «Me recomendaron mucho con usted, doctor. Me dijeron que me podría ayudarme a olvidar a un hombre que no puedo despegar de mí». No sería la primera vez que hablo con alguien que tiene como problema la fijación de una ex pareja, así que solo escuché con atención.

«Han sido años de tormento, doctor. Literalmente he terminado con él casi 10 veces para regresar a la misma historia. Ya no somos pareja, pero si me llama ahí estaré. Siento que es el hombre ideal para mí: es soltero, no tiene hijos y solo me lleva 5 años. Él tiene que entender que somos perfectos uno para el otro. Pero siento que solo me usa para tener sexo».

Cuando indagué más sobre cómo era la relación entre ellos dos, entendí que el problema radicaba en la idealización que ella tenía de él. No lo podía ver como el hombre manipulador que era. Este es un problema que observo con constancia en las personas que carecen de autoestima. Es muy común para ellas permanecer en relaciones ancladas al dolor y la seguridad que tienen en creer que una relación sería posible si la otra persona simplemente hiciera lo que ellas o ellos les dicen (o quieren). Es la búsqueda de poder y sed de control.

Las relaciones de pareja a veces se parecen mucho a las ventas, **si no sabes el valor que tienes y lo que buscas, con facilidad alguien con intenciones ventajosas te mirará como un objetivo fácil.** Es así como los vendedores de humo te venden ilusiones de esperanza y amor.

Quiero creer que, advertido sobre ello, no caerás en las garras de los vendedores de humo modernos y que estarás más despierto ante la manipulación en general. Una vida libre requerirá que no seas fácilmente manipulable y que entiendas que no hay atajos mágicos para lograr lo que deseas.

Buscar seguridad

Queremos seguridad, aunque en un mundo colmado de incertidumbre esta solo es un espejismo.

Ya no necesitamos buscar frenéticamente nuestra seguridad como cuando éramos primitivos, cuando había una gran probabilidad de que un animal salvaje llegara en cualquier momento y nos aplastara o devorara. Nuestro cerebro no está muy convencido de ello, sin embargo, si no hacemos algo por cambiar esto, estaremos refugiados toda la vida, escondidos. Jamás mostrarás al mundo lo maravilloso que eres, tu auténtico Yo.

Buscar la seguridad es arriesgarse a dejar de ser extraordinario. ¿Por qué nos arriesgaríamos a ello? Además, no es tan fácil encontrarla porque es prima hermana de la zona de confort. Cuando nos sentimos seguros y cómodos nos apegamos a ello con todas nuestras fuerzas porque la incertidumbre asusta, porque no sabemos esperar y no podríamos movernos con tanta tranquilidad fuera de ella.

Justo buscando seguridad es cuando arriesgamos nuestra creatividad y emprendimiento. Está bien sentirse seguro de vez en cuando, es más, es muy sano crear muros para seguir desarrollando nuestro interior; pero después debemos derrumbarlos para ampliar nuestra zona, arriesgarnos y de esa manera crear nuevos espacios. Es así como la seguridad y ser arriesgado van de la mano. El problema es que muchas veces creamos esos muros para no movernos de ahí, nos atrapamos o encarcelamos nosotros mismos.

Cuando un sistema está completamente cerrado, termina por pudrirse. Este es uno de los problemas que existen dentro de las estructuras sociales que no tienen movimiento hacia fuera, que no permiten nuevas entradas de cultura o de nuevas personas. Se quedan atorados en sus viejas costumbres y no pueden tener avances de ideas o tecnologías. Esto tal vez sea muy sencillo de entender desde el exterior, sin embargo, cuando buscamos pareja, no pensamos en la seguridad que nos dará tener una persona presente en nuestra vida, sino la novedad. No obstante que la certeza o comodidad es una de nuestras necesidades básicas, todos los seres humanos necesitamos de la novedad, sin ella en nuestra vida el hastío termina por embargarnos y hacernos sufrir. Cuando queremos mezclar estas dos (seguridad y novedad) dentro de una sola relación, es cuando suceden las infidelidades o la violencia intrafamiliar.

Pudiendo nosotros crear novedades fuera de la relación de pareja, queremos todo en un solo lugar. Deseamos que una sola persona cumpla con todas nuestras necesidades y si no lo hacen nos sentimos violentados, indignados o no tomados en cuenta. Esta es una de las razones por las cuales siempre recomiendo a mis pacientes que no busquen su desarrollo personal dentro de la relación de pareja, sino con la pareja, para ella, pero nunca usar a la otra persona para desarrollarse. Esto después genera que la otra persona se sienta resentida con el otro, usada, porque la otra persona se desarrolló profesionalmente y no la dejó crecer. Esto ocurre muchas veces dentro de las relaciones patológicas o parasitarias. El parásito dentro de la relación de pareja busca que no crezcas mientras él sigue desarrollándose y, cuando ya no le sirves, te deja y busca un nuevo receptor.

Es por eso que quise mostrarte la historia de mi paciente que no era capaz de notar que su pareja la usaba. Ella vivió este tipo de relación parasitaria, en donde la otra persona la usó para tener relaciones sexuales. Él acabó con casi todos los recursos de ella y ahora solo la visitaba para tener sexo, que es algo que difícilmente se termina. Lo que mi paciente entendió después es que no podía estar siempre esperando a que él cambiara. La que tenía que desarrollar una nueva relación era ella.

Es impresionante la violencia que surge en las personas cuando entienden que fueron usadas. **El problema es que muchas veces esta agresión se contiene y se desarrolla como enfermedad o autolesión.** Es mucho mejor abandonar una relación de pareja y perdonarse por no notar que fuimos agredidos en la relación, que estar buscando venganza y terminar más unido a esa persona que nos hizo tanto daño. Me interesa que este párrafo quede bien entendido: cuando odias a una persona estás unido de manera emocional a ese alguien. Por eso es tan importante el perdón, te permite liberarte de la otra persona y así no tener que saber nada más de aquel ser que tanto daño te hizo. Parece mentira, pero contar con una persona a la cual odiamos se convierte en un ambiente seguro porque nada cambia. Tu

odio se mantiene igual y la otra persona solo es un receptor inconsciente de tu enojo.

Buscar la seguridad emocional, física, profesional o monetaria es
una necesidad básica de los seres humanos. Requerimos la certeza, el
problema es que una vez que alcanzamos tal objetivo, no nos damos
cuenta de que ahora necesitamos empezar a valorar e idear nuevas
formas de acrecentar nuestras zonas de confort. Esto es lo que hace
maravilloso al ser humano, que podemos hacer crecer nuestra zona de
confort tanto como queramos.

Necesitamos novedad como dije en un principio, pero eso no significa que vivamos el día a día de forma tal que no sepamos dónde
vamos a dormir o dónde estaremos más tarde con incertidumbre constante. Lo que es sano, lo que debes procurar, es no negarte ampliar tu
zona de confort. ¿Cómo vas a cumplir tus sueños dentro de tu comodidad cuando, para lograr algo diferente, tenemos que abrirnos a nuevas oportunidades?

No tenemos límite en esto de aumentar nuestra zona de confort
y eso es a lo que a varias personas les da miedo. Conocen el abismo
de la tristeza y el enojo. Al ser conocedoras del punto máximo donde
se puede hundir una persona no se atreven a arriesgarse a cambiar.
Piensan que, si así dolió estando en el suelo, ¿qué tan grande sería el
golpe si se elevan a las alturas del águila?

Lejos de esconderte del miedo y no levantarte para no tener una
dolorosa caída, te tengo una mejor tarea: vive lo extraordinario, vive
tus sueños, vive al máximo, vive…

La vida se nos puede acabar mientras nos ocultamos. Nadie merece eso.

Caja invisible de sugerencias

Una opinión solo vale si nosotros la aceptamos. Esta es una de las
bases de la salud mental. Si de una vez te haces consciente del poder

que tienes sobre las opiniones de los demás, se acabarán tus problemas con respecto a la vergüenza social.

Las personas dejamos de hacer muchas cosas por pena. El precio que pagamos por eso es demasiado alto; dejamos de ser nosotros mismos, de expresarnos, incluso de crear porque tenemos miedo a lo que podrían decir de nuestras creaciones. Y la pregunta que siempre sale de todo esto es: ¿qué importa lo que otros digan? Te hago la pregunta a ti: ¿crees qué importa, en verdad?

La gente puede hablar todo lo que quiera, somos nosotros los que le damos poder a las palabras de los demás. Si te importa lo que digan es porque decidiste que sea de esa forma, elegiste darle poder a opiniones ajenas.

Si mañana una persona que habla un idioma que no entiendes se comunica contigo, ¿te sentirías avergonzado por las cosas incómodas que pudiera decir? La respuesta es obvia, si no entiendes no puedes darles significado a las palabras, estas no tendrán poder sobre ti, no te afectarán en lo absoluto.

Para recuperar el poder que regalamos a los demás, lo primero que debemos hacer es aceptar que cedimos dicho poder. En varios de mis videos las personas me piden que hable del desapego emocional. Quieren tener la capacidad de divorciarse emocionalmente y creen que de esa manera les dejará de importar lo que la otra persona piense, diga o haga. Es importante mentalizarse que el punto no está en si podemos o no desapegarnos, sino en que aprendamos a no dar importancia a lo que las demás personas puedan pensar de nosotros. No se trata de ser antisocial, asocial o dejar de escuchar a quienes nos rodean, sino de fortalecernos tanto que una crítica solo nos ayude a aprender más de nosotros y así corregir una conducta o actitud si es necesario, sin que nos afecte, sin limitaciones a causa de las palabras ajenas, sin más miedo a las críticas.

Las opiniones son tan poderosas como nosotros lo permitamos y estarán relacionadas con el arraigo emocional que tengamos con la persona que emite dicho comentario. Si es alguien que admiramos, entonces seguro le daremos más peso a sus opiniones. Entonces, ¿cómo pasa que los comentarios en redes sociales nos duelan tanto? Para esto debemos entender el peso que le damos a la red social. Si es un lugar en donde nunca entramos y alguien nos insulta, tal vez ni nos importe, puesto que la red social como tal ya nos daba igual, pero si es un lugar en donde dedicamos mucho tiempo para construir nuestra marca o nuestro contenido, entonces tomamos los comentarios negativos como algo importante y no de una persona sin algo por hacer.

Yo aprendí que, si no te dejas influenciar por los comentarios positivos, tampoco te harán daño los negativos. Es quitarles toda la fuerza a ambas opiniones. Aunque los comentarios positivos pueden hacernos sentir bien, son ilusiones y no realidades. Las personas no te conocen de verdad, todo comentario positivo o negativo es una proyección o idealización de la persona que lo emite. Hay una técnica que creo muy importante compartirte y que te puede ayudar a eliminar el peso emocional de un comentario. Para esto lo único que necesitas es tu imaginación.

Cuando alguien te haga un comentario negativo tienes que imaginar que la persona está escribiendo eso en un pedazo de papel y que la pluma en su mano es de esas que sí tienen tinta, pero hay que estar calentándola y abanicándola para que funcione. Tienes que imaginarlo enojado y tratando de hacer que la pluma funcione. Una vez que lo logres, imagina que está depositando su comentario en un buzón en el que su hoja se tritura automáticamente al entrar. Ya destruido su papel, el buzón te da el mensaje importante (si es que hay uno).

Basta de darle peso a opiniones sobre ti, no pueden hacerte daño si tú no lo permites. ¿Por qué seguirías permitiéndolo ahora que sabes esto? Ponte como meta fortalecerte, quitarle peso a las opiniones de los demás; comienza por aceptar que eres tú quien cede ese poder y se te hará más sencillo frenarlo.

Rueda de hámster

La mente se puede comportar como una rueda de hámster. Si tú permites que una idea esté dando vueltas en tu cabeza sin ponerle un alto, esta generará tanta energía que terminará convirtiéndose en una obsesión. Pareciera que no, pero es algo que todos los psicoterapeutas vemos constantemente en los pacientes que tienen ideas que los lastiman. Quieren ponerles un alto tratando de pensar más en estas. Lo que ocurre es contraproducente, mientras más energía le pone a ese pensamiento que quiere eliminar de su cabeza, más tiempo está presente esa idea y más se fortalece. Es así como funcionan las neuronas de nuestro cerebro, mientras más atención le pongamos a una figura, se hace más fuerte por la comunicación que hay entre las neuronas. Y vaya que esto ocasiona bastante sufrimiento porque, mientras más vueltas le demos a un pensamiento negativo, más nos torturaremos, castigaremos y sufriremos por su causa.

Hablo de una rueda de hámster porque entre más corre un hámster en ella, más fuerte se hace y más rápido puede seguir. Así funciona también nuestra mente. Mientras más tiempo le dediques a un pensamiento, obsesión o conducta, más tiempo estará presente dentro de tu cabeza. Con este conocimiento, podemos empezar a hacer un cambio dentro de nuestra mente. No se trata de ignorarlos, sino de ponerle más atención a ese pensamiento que deseamos tener, sustituyendo las ideas que deseamos descartar.

Elige qué pensamientos deseas tener rondando en tu mente y repítelos. Cuando estés rumiando un pensamiento negativo, combátelo con el positivo que deseas instalar en su lugar. Así se puede programar tu enfoque hacia lo positivo y alejarlo de lo negativo.

Uno de mis pacientes estaba obsesionado con su ex pareja. La tenía en redes sociales con un perfil falso para que ella no supiera que era él quien la miraba desde el anonimato. Para muchas personas, esto podría ser sacado de una película de terror o de cine de arte (lo que me preocupa), es que esto ocurre constantemente en las relaciones de pareja que fracasaron. Más bien pareciera que las películas le bajan el tono a las escenas y a los diálogos, porque la realidad es mucho más fuerte y dolorosa de lo que se presenta en las salas de cine.

Dentro de su monólogo terapéutico lo único que él quería era ver que ella sufriera su ausencia. Para él era imposible que su partida no fuera dolorosa. Ella lo engañó y ahora él esperaba que su amante la engañara, por eso debía estar pendiente para ser partícipe del dolor que ella viviera.

Para muchas personas tal vez esto sería algo vengativo, incluso verían correcto que él se burlara de ella mientras sufría el mismo daño que provocó. El problema aquí es que mi paciente no se daba cuenta de todo el daño que se hacía a sí mismo al liberarse de la imagen de esa persona que lo lastimó. Cada día la miraba, seguía sus escritos o veía sus historias en Instagram, lo único que logró fue revivir el dolor y fortalecer el sufrimiento. Así es como una persona jamás sana la herida y perdona. No se trata de que los otros no tengan ningún tipo de responsabilidad sobre lo que hicieron, sino que, aquel que sufrió el daño se libere por completo del dolor en lugar de alimentarlo al estar pendiente de lo que hacen los otros.

Literal, en estas últimas líneas te estoy dando la solución a cualquier problema de obsesión: **tenemos que aprender a soltar, a perdonar y, sobre todo, a perdonarnos a nosotros mismos por no poder soltar a la persona que nos hizo daño y seguir al pendiente de lo que hace.** Debes estar dispuesto a soltar tu dolor, a dejarlo ir sin requerir ningún tipo de venganza, solo así te liberarás.

Reconocer las excusas

Varias personas que están atoradas en juegos de dejar ir o no a la otra persona pronuncian la excusa «No puedo parar». Lo único que no se puede dejar de hacer son las conductas biológicas de las que no somos conscientes y tampoco tenemos control. Es un gran diseño de la naturaleza que no podamos controlar el latido de nuestro corazón, porque si fuera por nosotros, un día se nos olvidaría hacer que siguiera latiendo.

Cuando alguien me dice que no puede parar, lo único que puedo pensar es que esa persona no quiere hacerlo. No querer parar es lo opuesto a no poder. Cuando buscas liberarte de la otra persona, o de la conducta, o del hábito, debes tomar la decisión de forma consciente. Al final nuestra mente es solo nuestra esclava. El problema que veo en varios de mis pacientes es que se les olvida que son ellos quienes la controlan y no al revés. **Lo que tú pones en tu cerebro todos los días, a lo que le pones atención y en lo que te enfocas hace que tengas una buena vida o todo lo contrario.**

Lo que no quieres en tu vida lo puedes descartar, solo debes concretarlo de esa forma y comprometerte a hacerlo. Todas las excusas son válidas, por eso las usamos muy seguido, nos dan cierta sensación de control y certeza. El problema es cuando abusamos de ellas y nos volvemos irresponsables sobre nuestras acciones. Por ello, cuando tomas el control de tu vida, cuando te haces responsable de tus acciones y omisiones, puedes empezar a ser mucho más abundante.

Dejar de poner excusas es dejar de ser parte del río social que se ha creado. La mayoría de las personas ponen excusas para evitar el castigo pero, cuando tomas el poder y prefieres ser responsable de tus acciones, en ese momento eres tú quien dicta su destino y no la sociedad. Todo liderazgo conlleva responsabilidad y son pocas las personas que tienen la virtud, la capacidad y la fortaleza de afrontar una vida sin excusas:

«Hasta que te encuentras totalmente vencido será cuando puedas empezar a aprender». Emerson.

¿Por qué Emerson comentó que para empezar a aprender tenías que estar completamente vencido? Para mí esta frase expresa la necesidad de acabar con la soberbia de creer que lo sabes todo o de creer que lo que sabes en este momento es suficiente para que tu vida sea plena. Considero que Emerson intentaba decir que era necesario acabar con tu ego para poder trabajar tu sabiduría.

¿Cómo crear la muerte del ego? Muchas personas piensan que tienen que destruir su vida para crear una mejor, pero esto no solo te impide tener un desarrollo personal adecuado, sino que además te pone en modo de supervivencia y evita que avances.

Todo por un imperio

Construimos y conquistamos porque estamos diseñados para dejar de querer lo que tenemos y desear lo que aún no es nuestro. Así es como el ser humano se mantiene actualizado. De manera instintiva, procuramos siempre conquistar objetivos. Cuando alcanzamos uno anhelamos ir por otro. Tenemos algo o logramos algo y queremos más. El ser humano no es conformista por naturaleza.

Tal vez no te sientes como un conquistador, pero eso no significa que dentro de ti no exista el gen de cazador que todo animal humano posee. Como tenemos ese instinto, todo el tiempo nuestra mente está buscando una nueva presa, un nuevo objetivo que satisfaga nuestras necesidades. Entre las necesidades primarias están las de comida, techo y seguridad, pero conforme vamos subiendo en la escalera de las necesidades, vamos encontrando que cada vez los objetivos son más ambiguos. Por ejemplo: la justicia, la creatividad, la armonía, entre otras. Es impresionante, pero **para muchas personas satisfacer una necesidad tan alta como la creatividad**

hace que dejen de poner atención a las básicas como la de alimentarse.

Todos hemos escuchado o leído historias sobre grandes personajes que dejaban de comer por días por estar inmersos en sus proyectos. Si tu alguna vez lo viviste, sabes que una necesidad superior en ocasiones puede neutralizar una inferior, incluso lo has hecho cuando estás tan estresado que pierdes por completo el control de tus necesidades para resolver un problema que rompe con los niveles de jerarquía.

Uno de los ejemplos más fuertes y violentos de esto es cuando miras a alguien que sufre de un trastorno de la conducta alimentaria. Son personas que, por no aceptar una parte de su cuerpo, ponen en riesgo su organismo por completo. Literalmente pueden suprimir la necesidad de comer para llegar a una figura que en su mente las haría sentir perfectas. Para muchas personas esto es muy estúpido, pero lo que no entienden es lo que hay detrás de la enfermedad. No es un tema que vaya a abordar en este libro porque es mucho más complejo de lo que podemos tocar en la superficie. Lo uso de ejemplo para que entiendas el poder que poseen ciertas creencias que pueden suprimir por completo necesidades básicas y fisiológicas. Lo mismo has vivido tú cuando por una preocupación dejaste de comer, no era para tener una figura perfecta, sino el resultado de una idea cargada con emociones.

Probablemente te ha ocurrido (pues a todos nos pasa) que alcanzas una meta muy importante, uno de tus sueños, y luego viene un periodo de tristeza o desmotivación. Si alguna vez te preguntaste por qué sucede esto, la explicación tiene que ver con la frase del inicio del apartado anterior: **porque estamos diseñados para dejar de querer lo que tenemos y desear lo que aún no es nuestro.**

Una vez que alcanzamos algo, nuestra mente necesita pasar a la siguiente tarea, es un ciclo sin fin. Es la manera de nuestra mente de mantenernos en acción, en movimiento para que no se pierda el ímpetu y la energía que necesitamos para mantenernos con vida. Por las épocas en las que vivimos, digamos que de manera regular no todos tenemos que estar pensando en nuestra seguridad a cada minuto, aunque tengo claro que existen zonas y hogares en donde la hipervigilancia sí existe, en casas donde se sufre de violencia constante.

La sociedad suele crear espacios seguros en donde podemos pasar un tiempo sin estar pensando si algo nos cazará, si el clima acabará con nosotros o si tenemos que prepararnos para la siguiente hambruna. Y sí entiendo que en el mundo la pobreza sigue siendo un tema, pero, si analizas los datos de los últimos cien años, hemos estado cada vez mejor (aunque las noticias se nieguen a decirlo).

Regresando a esos sueños cumplidos o metas realizadas, la desmotivación puede aparecer siempre que dejemos de crear un nuevo escalón. La vida es como una escalera con descansos. Tú puedes y tienes el derecho de subir todos los escalones que quieras porque, al final, el tamaño, la altura, los descansos y los pisos que llegues a subir son creados por ti y solo por ti. Por eso nunca podrás parecerte a nadie, por eso nunca debes de compararte con nadie, queriendo ser igual; nadie tiene la misma escalera. Pensarás que hay algunas que se parecen mucho, pero al final, algo las hará distintas y es en ese minúsculo punto en donde no te puedes comparar.

Entonces, ¿por qué deseamos lo que no es nuestro?

Todo el tiempo somos bombardeados con propaganda de productos y servicios que no necesitamos, pero nos hacen creer que sí. Muchas de las cosas que nosotros deseamos no tienen nada que ver con los principios básicos de las necesidades fisiológicas. Lo que sí nos vende la sociedad son los sueños de otras personas y, así, nos hacen creer que queremos lo mismo. La pregunta relevante que debes hacerte, tanto si vas a comprar un producto o adquirir un servicio nuevo, como frente a una nueva meta que surja en tu mente, es: ¿realmente necesito esto?

Con la respuesta esclarecedora a esto podrás tomar cualquier decisión sin ser manipulado. Quiero aclarar que no estoy en contra del capitalismo, ni siquiera estoy en contra de que te des los gustos que quieras. Hago la aclaración pues podría malinterpretarse, solo resalto que estamos predispuesto a desear lo que otras personas nos hacen creer que deseamos. Cuando estás en paz contigo mismo, no necesitas comprar cosas para satisfacer una necesidad aparente y así anestesiar la verdadera necesidad de seguir desarrollándote. En la necesidad superior del desarrollo es donde empiezas a admirar a personas que lo han hecho, lo que no te vuelve una persona envidiosa, sino que reconoces y aprendes del camino que otros maestros o maestras abrieron para que puedas subir esos escalones que tú mismo te creas.

No conozco una sola persona que haya invertido en su propia vida y termine quejándose de que fue una pérdida de tiempo. Cuando buscas tu propio desarrollo jamás encontrarás el final, así que nunca te desmotivas porque siempre hay un nuevo escalón frente a ti. Si siempre es así, podrás vivir una vida de satisfacción y bienestar.

La gente suele plantearse metas importantes, como si al alcanzarlas fuera el Game Over de un juego, pero no es así. Alcanzada una meta o sueño la vida sigue y, por ende, hay que aspirar a más. Descansa, pero nunca te detengas.

Dolor no es sufrimiento

No hay ser humano ajeno al dolor. Todos lo conocemos desde sus diversas manifestaciones, pues no hay solo un tipo. Dentro de todo este proceso de llevar una vida auténticamente libre habrá dolor. Lo encontrarás dentro de cualquier proceso de superación, lo experimentarás cuando requieras un cambio en tu vida, tal vez no será físico, pero sí emocional. Hasta en ocasiones cuando decidas alejarte de personas tóxicas por tu propio bienestar lo sentirás.

El dolor sirve porque te mueve, te retroalimenta, te ayuda y enseña. Muchas personas resurgen de procesos dolorosos como un ave fénix mitológica, de sus cenizas, transformadas, cambiadas, mejores. Motivadas para superar esta etapa, alcanzan una mejor versión de sí mismas. También se podría comparar a estas personas como recién salidas de una crisálida, transformadas en una versión de sí mismas más parecida a una mariposa, ya no tan orugas. El problema es que muchas personas odian sentir dolor, lo que menos quieren en la vida es experimentar el sufrimiento que creen que van a llegar a tener. Sin embargo, esto es necesario.

Existen diversos tipos de dolor que te conviene conocer, puede ser físico, emocional o psicológico, cada uno de ellos se dan cuando un límite está a punto de romperse o ya sucedió. Para esto quiero ahondar un poco más en cómo los podemos definir:

Dolor físico

Se produce por inflamaciones, golpes, roturas, lesiones, excesos o enfermedades. Este dolor indica que algo no está bien con el organismo. Cuando nos hacemos daño o algo no está bien en una zona determinada de nuestro cuerpo, los receptores de dicha zona envían una señal al cerebro y este la traduce en dolor.

Por supuesto que es molesto experimentar dolor físico, pero es lo único que evita que dejes tu mano puesta en una estufa encendida hasta que te queme los huesos. Es una señal de alarma en el cuerpo, una que nos ayuda a sobrevivir.

Dolor emocional

Afecta el estado anímico y provoca emociones negativas como la pena, la tristeza, la lástima, etc. Este dolor se genera cuando una creencia no se cumple, cuando algo o alguien nos decepciona, cuando no logramos algo que deseábamos con mucha fuerza. Por lo regular tiene que ver con ideales que no llegaron a cumplirse, con personas que nos abandonaron, dejaron de existir o no cumplieron con su palabra. Estos dolores se dan por las relaciones que tenemos con otras personas o que creemos tener con ellas.

Dolor psicológico

Este dolor es provocado por violencia de una persona hacia otra. Es el daño que se crea cuando se amenaza a alguien o se le hace vivir dentro de un contexto violento y, entonces, la víctima siempre se siente inferior al resto. Cuando la víctima pone límites y estos se traspasan, o crea expectativas y estas se truncan, también aparece este tipo de dolor.

El dolor es la mejor manera de hacernos entender dónde estamos parados y tenemos varias opciones: no volver a poner límites y soportar lo que llega, no tener expectativas y conformarnos o seguir empujando hasta superar ese dolor por lo no logrado y aumentar así nuestra resiliencia.

¿Por qué se empezó a hablar más de resiliencia? Este término define la capacidad que tiene un material de resistir o soportar una presión exterior sin modificar su estructura y, una vez que esto termine, volver a su estado anterior. Psicológicamente la usamos un poco distinto, aquí **la resiliencia es la capacidad del individuo de poder soportar las presiones exteriores sin alterar la personalidad o sin padecer un daño irreversible.**

Para mí se habla cada vez más sobre este tema porque notamos que muchas personas, a pesar de vivir una vida terrible en donde se supondría que no tendrían ningún tipo de futuro exitoso, se convertían en millonarios e innovadores. Esto hizo preguntarnos qué tanto el contexto en donde se vive influye sobre la persona o si estas no son influenciadas para nada por él. Todavía estamos lejos de entender qué es lo que pasa con estas súper mentes que las lleva a ser distintas de las personas que conocemos, pero tienen esta capacidad de observar el mundo de una manera muy distinta a la que lo hacemos los demás.

Son justamente estas personas comunes y corrientes las que terminan haciendo cambios en el mundo y no los superhéroes de las novelas. Es por eso que la resiliencia comenzó a ser un tema muy importante, porque nos empezamos a dar cuenta de que los talentos naturales no tenían nada que ver con el éxito. Tú puedes nacer con capacidades increíbles, pero si no las explotas, no las trabajas y sobre todo no confías en ti, de nada sirve que tengas tanto poder debajo de tu piel. En cambio, cuando miras a quienes quizá no cuentan con estos talentos, pero se esfuerzan por crear y recrear lo que desean, empezarás a ver resultados muy favorables por medio de la constancia, la disciplina y la tolerancia a la frustración, que terminarán siendo herramientas más poderosas que las capacidades innatas.

Que experimentes dolor no tiene que anclarte a vivir una vida llena de sufrimiento, pero eres tú quien cuenta con el poder de decidir si hundirte con él o los usas como catapulta para lograr lo que deseas, para tener perseverancia y una motivación que te conduzca a tus sueños.

Mundo imaginario y deseado

Si te pido que imagines un mundo perfecto, ¿qué viene a tu mente? Sé que, para la mayoría, un mundo ideal se resume en uno sin conflictos o problemas, colmado de paz.

¿Esto realmente significa que se trata de un mundo mejor?

Hace poco una paciente me envió un dibujo que decía: «Prefiero vivir en mi imaginación porque ahí todo sale como quiero». De inmediato le contesté que sería uno de los lugares más aburridos para vivir en la Tierra. Y esto lo digo desde el entendimiento de que: «Vivir una vida sin dolor no es un paraíso, es un infierno de la mediocridad y el camino más rápido al suicidio».

Esta frase la escribí hace más o menos dos años y no sabía cómo ponerla en mis textos, hasta que me encontré con ese dibujo que me envió mi paciente. Para mí, una vida sin dolor no tendría sentido. Este nos ayuda a entender qué es lo que no nos gusta, donde se están rompiendo nuestros límites y, sobre todo, es un mensaje de nuestro cuerpo y emociones para demostrarnos que tal vez es momento de movernos hacia un cambio.

Es interesante que la zona más peligrosa en la que podemos vivir es la del confort. Pensaríamos que es a la que todos queremos llegar pero, una vez que te encuentras ahí, pronto notas que necesitas empezar a moverte porque, de lo contrario, empiezas a tener pensamientos horribles. Nuestra mente es una de las herramientas más poderosas que poseemos los seres humanos y está diseñada para sobrevivir (esto es algo en lo que insisto), lo que significa que necesita resolver problemas constantemente y, sobre todo, observar el ambiente para predecir qué es lo siguiente por hacer y evitar cualquier tipo de riesgo a nuestra vida (en este punto ya te lo aprendiste). Conociendo esto, ¿qué crees que pasaría si le quitamos el único objetivo que tiene nuestra mente y en su lugar le damos una vida sin dolor y cien por ciento confort? Lo que ocurriría es justo lo siguiente: tu mente buscaría la manera de crear sus propios riesgos y de esa manera predecir cómo sortearlos. Es como cuando juegas ajedrez contigo mismo, sabes que vas a perder. Te colmarás de ansiedad por riesgos imaginarios. Por supuesto, esto jamás será preferible a los problemas reales que puedes enfrentar porque, además, la mente agranda los obstáculos de formas aterradoras.

Siempre invito a mis pacientes a que olviden la idea de una vida sin dolor, que mejor busquen una llena de placeres, éxitos y objetivos cumplidos, que cualquier error se convierta en un aprendizaje y de esta manera se convertirá en una vida con sentido a pesar del dolor, las injusticias y el caos. Queremos vivir en paz sin comprender lo peligroso que resultaría. Es una utopía bonita pensar en una tranquilidad absoluta, pero solo en la imaginación es algo bueno.

Escucho que las personas quieren vivir una vida llena de paz, en donde no existan problemas, en donde nadie entra en conflictos y, sobre todo, donde sus ideas sean escuchadas sin la menor objeción. Esto no es una vida en paz, es un infierno porque los seres humanos necesitamos de las emociones para poder vivirnos de manera auténtica. Una existencia en paz sería aburrida, sin emociones y sobre todo estéril.

¿A dónde nos puede llevar una vida sin emociones y estéril? A no querer vivirla.

Así como las emociones nos pueden llegar a abrumar si se encuentran activas siempre, el estado de neutralidad puede hacer lo mismo. Nuestra mente, al estar siempre previendo lo que puede llegar a ocurrir en el futuro, necesita de la novedad, de las emociones fuertes que la mantengan activa y sobre todo en ansiedad. Yo sé que muchas personas le temen a esta reacción corporal, pero la ansiedad nos ayuda a mantenernos con vida. No solo contribuye a evitar depredadores o problemas, también nos ayuda a sobrevivir porque nos impulsa a buscar nuevas emociones y evitar caer en un estado neutral. Si bien es cierto que la relajación es importante, esta sucede en momentos cortos. Sin embargo, todos hemos escuchado la frase: «Necesito vacaciones de mis vacaciones», tal vez porque te sentiste hastiado dentro de un periodo muy largo de relajación. Es normal.

Para que esto no te suceda, lo más recomendable es que aprendas a meditar. Cuando lo haces, educas a tu mente para entrar en momentos de relajación controlados, en donde no necesita estar previendo qué es lo que sigue para poder sobrevivir. Es una manera maravillosa de aprender a disfrutar el aquí y ahora sin estar sufriendo por lo que puede llegar a pasar recordando el pasado. Es por eso que las culturas con más introspección siempre han llevado a las personas a aprender a meditar.

Si tú no aprendes a hacerlo, lo que puede ocurrir es que empieces a sufrir tus vacaciones. Es por eso que las personas no pueden estar en paz, la tranquilidad solo se puede adquirir si te encuentras en un estado meditativo. Si no, usarás cualquier cantidad de moduladores para relajarte, el problema es que estas relajaciones son completamente falsas y químicas. Es por eso que usamos drogas, alcohol, conductas nocivas y relaciones tóxicas para poder anestesiar lo que estamos sintiendo. Si realmente quieres estar en paz contigo mismo y vivir una vida tranquila, prepárate para tener emociones fuertes y problemas, siendo consciente de que siempre puedes acceder a un estado meditativo para encontrar esa relajación necesaria para mantenerte siempre en movimiento.

Hacer de la meditación un hábito es lo mejor. No tienes que formarte para ello ni hacer un curso ni inscribirte en nada, no hay excusas para que no le abras la puerta a esta práctica en tu vida. Basta con que aprendas a controlar tu respiración, inhalando por la nariz lentamente, reteniendo el aire un poco y luego exhalando hasta que tu mente se sienta tranquila. La meditación es poderosa, practícala y lo comprobarás.

Seguridad en uno mismo

Existen tres tipos de personas en general: 1) las víctimas, 2) los que siempre quieren quedar bien y 3) los egoístas. Esto es obviamente una generalización, pero ayudará a abordar la idea central: la importancia de vivirse desde el egoísmo.

Empecemos con las personas que actúan como víctimas. Por desgracia todos hemos padecido este complejo de ser víctimas. Sin embargo, muchas veces termina siendo una necesidad de seguir sufriendo y contar con una razón más para permanecer en un estado mediocre disfrazado y, sobre todo, sin tener la responsabilidad de salir adelante con mis propias herramientas. Pareciera un estado en el que nadie quiere estar, sin embargo, se vuelve un sueño cuando te das cuenta de que no tienes que ser responsable de nada, ya que alguien siempre estará ahí para sacarte de tus problemas y salvarte de tu propia vida. Es tan adictiva esta conducta que muchísimas personas acceden a ella por el simple hecho de no tener que ser responsables ningún día de su vida.

Te hirieron, te decepcionaron, te traicionaron, viviste momentos terribles, se rompió tu corazón, fuiste víctima, bien, pero ¿lo seguirás siendo por siempre? Algunos quieren serlo por siempre y solo se hacen más daño. No te lastimes de esta forma, no más, no tú que has leído estas líneas y llegado hasta aquí porque deseas una vida mejor, de auténtica libertad y felicidad. Una vida a la que solo podrás acceder aceptando la responsabilidad de tus actos y de tu vida, una vida que no podrás alcanzar desde un papel de víctima porque nadie te podrá conducir a ella salvo tú. No hay superhéroes en esto, a menos que decidas convertirte en tu propio héroe.

Por otro lado, están las personas que siempre quieren quedar bien. **Si algo ha dañado al mundo han sido las personas tibias en sus ideas.** Como los que, viviendo cerca de los campos de concentración en Alemania, fingieron no saber lo que estaba ocurriendo ahí o aquellos que se quejan de los gobiernos, pero cuando es momento de salir a votar por un cambio prefieren quedarse en sus casas. Lo que ellas no entienden es que nada cambia porque la mayoría piensa lo mismo, son muchos los que solo se conforman con quedar bien para no crear conflictos.

Si todo el tiempo estas buscando quedar bien con alguien más, perderás tu individualidad. Tienes tanto miedo a ser tú mismo que prefieres ser como un camaleón y cambiar de colores conforme el ambiente o si la sociedad así lo pide. Escondes tu autenticidad. Con la manía de querer quedar bien con todo el mundo te estás perdiendo a ti mismo, mientras te alejas de una vida auténticamente libre, lo que solo te conducirá a la frustración y al sufrimiento de vivir sin aceptarte.

Lo que tú (si tienes esta actitud) o las personas que siempre quieren quedar bien no logran ver es cómo van perdiendo su identidad por estar como espectadores y atendiendo los deseos de los demás. Eso es doloroso, aunque en un principio no se note. (Que no se confunda esto con las personas que cuidan a otros, esto es mucho más lejano a esos seres maravillosos que se encargan de las personas en desventaja). Estos seres no lo hacen por el amor, lo hacen para no ser rechazados, es una manera bastante egotista de vivir sin que parezca egoísmo. Al menos la persona soberbia o la víctima vive con honor, pero la persona que siempre está a la merced del otro, el *patiño*, por llamarlo de alguna manera, es un parásito que le escupe a la gente lo que ha hecho para otros y se lame las heridas del daño que otras personas le provocan al no cumplir con sus expectativas.

Podrías decir que es la mezcla entre la persona víctima y la persona soberbia. Y no estarías equivocado, ya que ambas viven en la mediocridad de sus ideas y acciones inconclusas.

Por último, tenemos a las personas egoístas o soberbias. De este tema sí podríamos abordar varias hojas, pues hay una mala concepción sobre si es positivo o no ser así.

Al leer la palabra *egoísta* muy probablemente viene a tu mente algún regaño de un familiar en tu infancia: «Presta tu juguete, no debes ser egoísta» o un recuerdo de tu maestra fomentando que se presten los útiles escolares entre compañeros de clase porque el egoísmo no va acorde con vivir en comunidad. ¿Hasta qué punto es malo ser egoísta?

Cuando hablamos de una persona egoísta, estamos confundiendo el acto de amarte y pensar en ti para ser una mejor versión con el acto de pasar por encima de los demás sin importar lo que ocurra. Es aquí en donde la palabra *egotista* es mucho más adecuada. Las personas que pasan por encima de otros sin importarles lo que ocurre son egotistas, no egoístas.

Ser egoísta es importante para tu salud mental y tu desarrollo personal (sí, no importa lo que te hayan dicho o hayas leído al respecto). Tú no puedes crecer en esta vida, no puedes ni siquiera dar más de ti a otras personas si no te dedicas primero a cultivarte a ti mismo. Esta es la importancia de ser egoísta, es importante no solamente para tu desarrollo, sino también para tu sociedad.

Cuando una persona es egoísta, está concentrando todas sus energías en ser mejor persona. ¿De verdad no es importante para ti tener las mejores herramientas y así poder hacer más por ti y los demás? Esta es una de las razones por las cuales se recomienda ser egoísta, porque es importante que primero veas por ti, que te llenes, que todas tus necesidades estén satisfechas. De no empezar por ti, no tendrás la capacidad de dar nada a nadie más. Y esta es una de las razones por las cuales se debe de mantener la concentración en uno mismo para poder otorgar lo mejor a los demás. No puedes dar lo que no tienes, punto, primero debes tener, desarrollarte, amarte, valorarte para poder entregar lo positivo a tus relaciones y a los demás. Tienes que hacerte mejor para poder entregar lo mejor a otros.

La pregunta ahora sería: ¿Cómo podríamos empezar a ser más egoístas? Y para esto tengo esta frase que me encantó: «Darte cuenta de que no eres el mejor es sano, porque te mantiene humilde y siguiendo el camino a ser mejor cada día».

Empezaré por la primera parte que dice: «Darte cuenta que no eres el mejor...». Cuando tú te comparas con las demás personas y te crees mejor o inferior a los demás, lo único que estás haciendo es lastimarte. La realidad es que cada uno de nosotros es completamente independiente al resto, somos únicos e irrepetibles, el problema es que tenemos esta necesidad constante de estar comparándonos, porque así la misma sociedad y familia lo ha generado desde hace cientos de años. Al compararnos nunca podremos competir al mismo nivel, porque las otras personas no vivieron ni han estado un solo segundo en nuestros zapatos. De la misma manera nosotros tampoco podemos sentirnos mejor o peor con respecto a ellas, porque tampoco hemos estado un segundo en los suyos

Tal vez ahora podríamos hablar de la empatía y de esta idea de estar en el lugar de otra persona para entenderla. Para mí esto no existe, no hay posibilidad de estar y entender la vida de otra persona que no sea desde una comprensión racional y emocional. La empatía no tiene nada que ver con experimentar la vida de la otra persona, sino en poder asemejar lo que me ocurre a mí con lo que le ocurre a la otra persona. Esto es la capacidad que todos los seres humanos tenemos y es parte de la inteligencia emocional.

Cuando tú te das cuenta de que no te puedes comparar y que siempre estás en completo desarrollo, lo que haces es brindarte las herramientas necesarias para que siempre encuentres la oportunidad de seguir desarrollando tu ser. Esto es algo completamente natural en los seres humanos, pero por desgracia es aplastado por una sociedad que quiere personas mediocres y fáciles de controlar.

Tú ya eres una persona perfecta. Cuando naciste y empezaste a vivir en este mundo, no había necesidad de compararte porque ya estabas completo. Empezaste a dudar de ti cuando te comenzaron a comparar con las demás personas. Sí, es un instinto hacerlo en esta sociedad, pero debemos detenerlo cuando se vuelve más una obsesión y nos impide crecer, lo que ocurre con regularidad. Si bien la comparación puede ser positiva, rara vez la usamos para nuestro bien.

Maggie era una niña muy alegre, siempre cantando y creando melodías en su cabeza. Mientras estuviera en su habitación, no había problemas. Cuando la llevaron a la escuela donde su mamá le dijo que haría nuevas amigas, las cosas comenzaron a cambiar.

De lo primero que se dio cuenta Maggie fue que todas las niñas vestían igual, como si se tratara de una sola persona, y no se podían diferenciar con nada. Todos los colores con los que Maggie quería vivir ya no estaban disponibles, el uniforme se componía de una falda verde con sudadera gris, y era horrible. Al menos a ella le parecía así.

También se dio cuenta de que su nombre ya no era importante, ella ya no era Maggie, sino la señorita Blanchard. Esto le molestaba mucho, ya que el apellido era el de su padre. Es como si ella fuera ahora el objeto de su padre.

La sociedad crea las escuelas que necesita para tener a los integrantes que requiere. La educación no se puede dejar en manos de las personas que quieren que todos sean iguales. Esto es justamente lo que destruye la individualidad, pero lo necesitan para poder hacerlo parte de la masa que llamamos comunidad.

«Darte cuenta de que no eres el mejor es sano, porque te mantiene humilde y siguiendo el camino a ser mejor cada día».

Nosotros estamos siempre en un estado de adaptación, nuestra mente siempre tiene que estar midiendo si el exterior es seguro y, de ser así, cuál sería el siguiente punto de acción para mantenernos a salvo. Es aquí en donde nosotros como individuos arriesgamos nuestra individualidad por la seguridad del grupo y nos masificamos para estar la mayoría de nosotros en la zona de confort. Cuando le entregamos al gobierno el poder de la fuerza pública, en ese momento estamos soltando una parte de nuestra libertad, eso puede estar bien por un tiempo. Mientras tú no seas una persona rebelde y no levantes la voz, los demás sabrán que estás jugando el mismo juego que ellos y así no los incomodarás. Pero cuando te rebelas, cuando decides que sí quieres incrementar tu conocimiento del exterior y de ti mismo, cuando decides que ya quieres retomar tu libertad y por lo mismo tu responsabilidad ante tus actos, ¿qué ocurre ahí? Tendrás dos caminos: te conviertes en una persona soberbia que se cree superior al resto (finges no compararte, aunque siempre lo estarás haciendo para mantenerte al margen de que nadie te gane) o te conviertes en una persona humilde que conoce que está liberándose y que solo tiene que enfocarse en su desarrollo personal. Por lo anterior a las *personas egoístas* se les confunde con *personas egotistas*, se parecen mucho, pero están en áreas completamente diferentes. **Para ser egoísta debes liberarte y enfocarte en tu desarrollo personal. Sé egoísta.**

Atrévete a ser una persona rebelde y retomar tu libertad. No permitas que la sociedad, la religión o el gobierno sean quienes tomen la responsabilidad por ti. Es momento de ser responsables y, a través de la acción, ya no de la queja) alcanzar ese nivel de desarrollo personal que no solo te dará mayor potencia y felicidad, sino que, además, te permitirá aportar más a la sociedad en la que vives, porque dejarás de ser una carga para convertirte en un líder. Sí, ser egoísta está bien. Deja atrás cualquier creencia que te hacía creer que no. Enfócate en ti, en lo que necesitas, en tu desarrollo personal, luego podrás dar a los demás.

Preguntas necesarias

A nadie le gusta que le hagan preguntas incómodas, dolorosas, pero son esas las que nos pueden ayudar a salir de algún abismo en el que estamos atrapados, conllevan un aprendizaje que necesitamos asimilar para nuestro desarrollo personal; son el tipo de preguntas que un terapeuta nos puede hacer para ayudarnos a sanar o superarnos. Si alguna duele, será porque conlleva una respuesta al mismo nivel. Vaya, en realidad, las preguntas no deberían de lastimar porque solo son palabras dichas por alguien que puede, o no, tener una duda genuina. Somos nosotros quienes le ponemos la carga emocional.

¿Hay respuestas con las que te cuesta lidiar y no entiendes por qué?

Lo usual es eso: no entender la incomodidad o el dolor que se crea con ellas, pero ¿lo experimentas al punto de querer evadir las respuestas, escapar...? Necesitarías entender la razón de tu incomodidad para hacer algo al respecto porque si eres ajeno a ello, nunca podrás resolverlo. Para lograr esto le recomiendo a mis pacientes: ante toda pregunta dolorosa o incómoda pregúntate ¿qué sucedió que no me gusta la respuesta que surge en mi inconsciente?, ¿qué pudo ser tan doloroso o qué experiencia no fue como la esperaba que hoy no me permite avanzar?

Cuando nuestra mente asocia un evento traumático como nuestra responsabilidad o culpa, no nos deja avanzar hacia el éxito porque lo asociamos como un fracaso. Pero ¿qué tanto lo es en realidad?, ¿cuál es tu definición de fracaso?, ¿qué métrica estás usando o qué valores estás poniendo para definirlo?

Si tú no sabes medir tus éxitos o fracasos, empezarás a maximizar los errores y a minimizar los aciertos. Suena como si nuestra mente quisiera destruirnos, pero es todo lo contrario, lo que está buscando es que tú sobrevivas. **Cuando minimizas tus aciertos lo que busca tu mente es que no te quedes dormido en tus laureles para que te sigas desarrollando.** En ocasiones las personas no pueden creer en su éxito, sienten que no se merecen lo que les ocurre y se vuelve muy complicado que puedan disfrutarlo. También sucede que, cuando cometemos errores, nuestra mente busca hacer del aprendizaje lo más doloroso posible para que se guarde en tu memoria y no vuelvas a buscar repetir la experiencia. Es como si se pusiera una marca para que nunca más vuelvas a cruzar ese camino.

Entendido el problema te cuento la solución: podemos tomar control de nuestros problemas si empezamos a medirlos por lo que son y no por lo que creemos que son. Esta es la clave del éxito y de la relajación para muchas personas, aprender que el problema radica en cómo medimos cada una de nuestras experiencias. Repito lo que mencioné antes: si son experiencias positivas las medimos como algo mínimo o no merecido y, si son negativas, como algo enorme y necesario para nuestra supervivencia.

Cuando le quitas la máscara que tú mismo le has puesto a un problema y lo develas como lo que es, en ese momento será mucho más fácil para ti encontrar una solución, ya que el problema deja de verse tan grande y tan lejano como para poderlo corregir.

Cuando por fin miramos desde la creatividad y la libertad la manera de resolver y encontrar una solución a esta experiencia que hoy se presenta, en ese momento comenzamos a tener control y nos da la certeza de que podemos utilizar las herramientas a nuestro favor. Busca ser objetivo al evaluar tus aciertos, tus fallos y tus problemas. Mídelos de manera racional, toma el control o tu mente los evaluará de la forma en la que está preparada, que ya vimos no será nada beneficioso para ti.

Afronta las preguntas y respuestas dolorosas siendo racional, desde la verdad, usando métricas, no solo lo que crees o te imaginas.

¿Por qué piensas que fracasaste?

¿Qué pruebas o en qué te basas para eso?

¿Hay alguna base científica que justifique la idea de que fracasaste de forma tal que ya no puedas volver a intentar tu propósito?

¿Otras personas cometieron un error parecido al tuyo y pudieron salir adelante?

¿Desde cuáles valores mides tu fracaso?

Devela la verdad de tus fallos y del mismo modo procede con tus problemas y aciertos para poder ser más asertivo. No los agrandes o disminuyas basándote solo en tus miedos e imaginación.

Problema como oportunidades

No podremos vivir con tranquilidad si no hacemos las paces con el hecho de que siempre habrá problemas por afrontar. Hay que perderles el miedo y comenzar a verlos con un matiz más positivo, pues son parte de la vida.

Un problema suele ser concebido como algo negativo, algo que obstaculiza. Difícilmente se les ve como oportunidades para ser mejores cuando eso es lo que son. Verlos así ofrece aumenta el miedo, pero si lo perdemos y entendemos que estos siempre estarán presentes en nuestra vida, abrimos la posibilidad a llevar una vida productiva y feliz.

Se nos engañó desde pequeños, se nos dijo que las dificultades eran algo malo, que eran dolorosas y debíamos evitarlas, sin darnos cuenta nos estaban castrando con esa perspectiva. Los problemas solamente nos demuestran lo que nos importa la situación y nos dan una oportunidad de poner a prueba nuestras capacidades y herramientas adquiridas a lo largo de la vida.

Si nunca te pones una meta difícil de conseguir, jamás sabrás de lo que estás hecho. Yo sé que parece de esas charlas motivacionales que ves en los videos de YouTube de algún *coach* de fútbol americano. Sin embargo, es real por completo. Tienes que entender que, si no te esfuerzas para llegar hasta el punto en donde crees que ya no vas podrás, jamás sabrás de lo que en verdad eres capaz, lo que puedes lograr que, con seguridad, es mucho más de lo que piensas ahora.

Explora tus límites.

En las fuerzas especiales del ejército se habla de que cuando una persona está cansada, solamente trabaja a 40 por ciento de su capacidad, ya que su mente intentará usar otro 40 por ciento para regresar a donde empezó y el último 30 por ciento para prepararse y descansar. Pero si llevamos nuestro cuerpo al límite, si nos damos ese permiso de llegar a 80 por ciento, entonces tendremos ese último 20 por ciento para regresar y conocer nuestras capacidades. Al final, no necesitas vivir cien por ciento siempre, lo único que debes hacer es esforzarte hasta tu 80.

Es difícil que vivas una vida auténticamente libre y feliz cuando tratas de evadir tus problemas, cuando te ocultas. Mejor descubre tu verdadero potencial, explora tus límites, afronta tus problemas y dirígete a tus metas hasta sobrepasar tus límites si es necesario (esos que crees que lo son), aunque duela. Al final valdrá la pena porque te estarás permitiendo vivir una vida que deje huella, de logros; podrás vivir lo que te propongas, tus sueños, tu satisfacción.

Escondiéndote de los problemas te estancarás y no lograrás nada con ello. No te mereces eso.

CAPÍTULO 4

SER UN SOLDADO ANTIBOMBAS

Ser extraordinario no vale

Internet u otros medios están colmados de información sobre cómo ser extraordinarios o sobre gente extraordinaria. ¿Qué significa ser extraordinario?, ¿para qué sirve?, ¿quién lo determina? De verdad, analiza estas preguntas porque muchas veces se nos engaña para que seamos de cierta manera y no nos damos cuenta de que no entendemos el significado.

El ser humano está acostumbrado a ser esclavo de las creencias limitantes y de lo que debería de ser o hacer. Al nacer somos obligados a ser libres, cuando comenzamos a notar la responsabilidad que la libertad conlleva preferimos ceder nuestra autonomía por la seguridad que ofrece el grupo o la sociedad.

¿Se nace o te haces extraordinario? Si no naces siéndolo, entonces ¿nunca podrías llegar a serlo, aunque te esfuerces? Si leemos a Angela Duckworth en su libro *Grit. El poder de la pasión y la perseverancia*, entenderemos que sí hay seres humanos que nacen con ciertos talentos que les hacen más sencillo desarrollar sus habilidades. Sin embargo, en el mismo estudio, descubrió que la tenacidad y la constancia son factores más importantes que el talento con el que se nace, que lo innato.

Al terminar este capítulo tendrás una idea más clara por qué ser extraordinario no vale. Por el momento, te invito a que continúes leyendo.

Encontrar la motivación

Para lograr metas o sueños la motivación es primordial. Es el impulso, es la fuerza de la determinación. Sin ella es una misión casi imposible terminar algo, cualquier cosa. Quienes consiguen lo que se proponen lo hacen motivados a ello.

Desde que comencé mis programas en vivo y a hacer videos en redes sociales, una de las preguntas que más me llega es: ¿cómo hago para motivarme? Y aunque hay muy buenos videos inspiradores, se quedan cortos en cuanto a la motivación se refiere.

¿Cómo puedo mantenerme motivado? El error es que la gente tiene esta fórmula en su mente: primero necesito la inspiración para estar motivado y así pasar a la acción. Es una creencia errónea. No solo es un terrible método para vivir en la frustración, sino que además es la mejor manera de destruir tus sueños.

Cuando buscas la inspiración fuera de ti, le estás diciendo a tu mente que no eres capaz de encontrarla en tu interior, que nada de lo que haces te mantiene inspirado o te genera un propósito digno de ser seguido, por lo tanto, entras en una paradoja: si lo buscas tal vez lo encuentres, y si lo encuentras no sentirás que lo merezcas. Es así como el simple hecho de estar buscando por fuera la inspiración lo único que hará será mantenerte en un ciclo vicioso de frustración interminable.

Digamos que logras inspirarte, entonces ahora sigue el problema de la motivación. No solamente es tener a la musa cerca de ti, sino que además ahora tienes que generar la suficiente energía para moverte y ponerte en acción, a esto le llamamos *motivarse*. La motivación será entonces esa meta a la que quieres llegar y donde surge nuestro segundo problema: ¿cómo es esa meta?, ¿a dónde quiero llegar?, ¿qué voy a encontrar si llego ahí?, ¿será digno de mí?, ¿lo merezco? Y otras muchas ideas o dudas que terminan por desmotivarnos.

La claridad en tus objetivos será primordial. Si sabes lo que quieres y se trata de algo que en verdad te importa (no una meta manipulada por las expectativas de alguien más), entonces tendrás motivación. En las cosas que nos apasionan encontramos motivación, en lo que realmente queremos. Cuando no la encontramos suele ser la señal de que no sabemos lo que buscamos o de que estamos persiguiendo metas equivocadas, las que alguien nos impuso o nos empujó con sus expectativas. Así, lo único que haremos será movernos en círculos hasta que entonces se nos olvide por completo nuestro sueño y reafirmemos que no somos dignos de estar inspirados y motivados.

Pero vayamos al principio, digamos que logras motivarte y que más o menos tienes la idea de un plan al que quieres llegar, en ese momento viene un tercer problema: la acción, la última etapa de este proceso en donde se tiene que usar toda la energía en pro de una meta (que tal vez no hay certeza de querer y, sobre todo, ni siquiera se sabe si la inspiración es propia o prestada).

Entonces estamos buscando de manera constante la suficiente energía y causa para ponernos en acción y no dejarlo para después. Nos golpea en ese momento la postergación, ese proceso que todos hemos experimentado y que nos mantiene en el mismo lugar sin poder seguir adelante. Esto, te imaginarás, nos quita motivación para cumplir la meta. Nace en nosotros el miedo de que nuestros sueños se vean frustrados (como podemos ver en otras personas) y, entonces, preferimos no actuar. Cabe señalar que las personas frustradas tienen casi como *hobbie* advertir a los demás que dejen de soñar, que solo correrán con la misma suerte. Hablan desde su experiencia y terminan desmotivando a muchos sin permitirles siquiera luchar por lo que querían. Aunque en su mente lo que está haciendo es ayudarte a que no te lastimes igual, no se da cuenta de que sus limitaciones no se pueden comparar con las tuyas (la mayoría de las veces lo hacen desde el amor y la preocupación).

¿Entonces cuál sería la mejor manera de motivarnos o inspirarnos sin usar el exterior para ello (que es lo más recomendable)? La fórmula es la siguiente: nos ponemos en acción para que esa energía nos motive y alcancemos a inspirarnos con los resultados que logremos. El simple hecho de hacer algo nos motiva para terminar inspirados. Mi consejo es que actúes. Si tienes claridad respecto a lo que quieres, ve por ello. Lo más difícil es comenzar. Atrévete a dar el primer paso y verás que tu motivación te conducirá a no detenerte a partir de allí, claro, solo en caso de que vayas por una meta que realmente desees cumplir, por tus verdaderos sueños y propósitos.

El mejor ejemplo de que la acción lleva a la motivación es cuando haces ejercicio, te lleva a seguir. Si no acostumbras a hacer ejercicio, pero te propones hacerlo, primero encontrarás en ti resistencia pero, una vez que comiences, lo más probable es que continúes. Esa misma premisa se aplica para que puedas lograr metas importantes, cualquier cosa que desees.

Puede que algunas personas al leer esto digan: «Esto que escribe no puede ser cierto. No puede ser tan fácil, así no es la vida». No se dan cuenta de que sus limitaciones son las que están hablando y no la realidad. Al negar estas palabras solo reflejas tus creencias limitantes. No dejes que te impidan alcanzar la motivación necesaria para conquistar las metas que te propongas.

Los seres humanos somos seres de movimiento, somos cazadores, necesitamos estar activos para mantenernos motivados, la inspiración llega después de eso. El mismo Pablo Picasso lo decía: «La inspiración existe, pero tiene que encontrarte trabajando».

Es importante que antes de ponerte en acción, ubiques tu objetivo, tu propósito, tu sueño. No necesita ser gigante, puede ser de esos sueños que tenías cuando estabas pequeño o pequeña y que te mantenían activo para seguir investigando. Mucha gente quiere empezar desde un nivel muy alto, no se atreven a primero vivir sus sueños pequeños para después ir por los grandes. Lo mejor es empezar pequeño y luego ir subiendo escalones hasta alcanzar lo más alto.

Te invito a que ahora escribas un sueño, una meta o un propósito pequeño que tengas, algo a lo que estés dispuesto a desarrollar en menos de 24 horas. Prueba este pequeño experimento y dime si la acción no te llegó. Estoy plenamente seguro de que te motivará.

Comprometerte contigo

Cuando te comprometes con algo inmediatamente rechazas las alternativas.

¿De dónde proviene la palabra «compromiso» que parece espantar a las personas? Este término tiene un origen latino y significa «con promesa». Y si lo analizamos, tiene que ver con la capacidad que vamos a crear a través de nuestra responsabilidad, qué tanto vamos a poner en acción nuestras palabras. Por eso que es muy importante y grande esta palabra, porque cuando nos comprometemos con alguien o con nosotros mismos, en ese momento estamos dando una promesa de acción.

Cuando por fin pones acción tus palabras, en ese momento estás rechazando todas las demás alternativas. Literalmente acabas de fijar un objetivo y todo lo que te aleje de esta meta simplemente tendrías que desecharlo. Hay una frase que le doy a mis pacientes y que te puede ayudar: «En la vida pregúntate siempre, ¿esto me acerca a mi objetivo o me aleja?». Sé que esta frase te llevará a ser rígido con tus opciones, pero muchas veces es justo lo que necesitamos. Dejar de buscar más y peores formas de hacer algo y solo comprometernos con una acción.

¿Por qué resulta complicado comprometernos con nosotros mismos? La raíz de este problema está en el miedo a parecer egoístas. Toda la vida se nos dijo que nuestra felicidad irritaba a las demás personas. Si ves a los niños correr y ser felices dentro de los hogares o en lugares públicos, podrás mirar que hay personas a las que les incomoda su felicidad, así como a los mismos padres.

Así es, desde el inicio se nos ha condicionado la felicidad. Se nos deja ser felices mientras no molestemos a las demás personas. Así es como el niño aprende que su felicidad estorba a los otros y entiende que, para vivir en sociedad, debe anularla o esconderla. Si desde el inicio se nos condiciona a ser así, imagínate lo imposible que es comprometerse contigo mismo. ¿Cómo vas a comprometerte contigo, si desde el inicio algo está mal en ti?

El compromiso requiere valor, es responder a tus propias palabras y acciones. Para la gran mayoría, su felicidad tuvo que ser erradicada o movida a un segundo plano. Era primero la familia, los padres, la sociedad, la escuela, los comensales, en fin, siempre era alguien más que tú. Siendo así, ¿qué ganas te quedarían de ser comprometido contigo si nadie más lo hace?

La sociedad actúa de manera paradójica, por una parte, te obligan a ser un miembro útil dentro de ella y por otra te quitan la responsabilidad y la dosifican entre todas las personas. Es difícil encontrar personas comprometidas en este mundo porque creen que alguien más será él o la responsable de lo que tú omitiste. El problema es que si todo mundo piensa así, entonces nadie se hará responsable de nada. Hay una frase de Hilel el Sabio que dice: «Si yo no estoy para mí, ¿quién lo está? Y si solo estoy para mí, ¿qué soy? Y si no es ahora, ¿cuándo?».[24]

Reflexionando sobre esta frase concluyo que:

- ✓ Cuando no pienso en mí, nadie más lo hará.
- ✓ Si solo pienso en mí, entonces ¿qué interacción tendré con las demás personas? (una duda razonable).
- ✓ Si no me pongo en acción ahora, ¿cuándo será el momento?

---

24. Hilel, Pirkei Avot, 1:14.

Dividiendo estas tres ideas y enfocándonos exclusivamente en el compromiso propio, podemos encontrar una de las soluciones a nuestra falta de compromiso.

Si tú no piensas en ti mismo, nadie más lo hará por ti. La gente está tan enfocada en su propia vida, que no tiene tiempo para pensar en lo que tú necesites. Tal vez haya ciertas personas que te entreguen algunos minutos de su día, pero esto no significa que conozcan lo que te ayudará, solo que están siendo bondadosos (sin mencionar que hay personas que lo único que quieren es tener poder sobre alguien más). **Debes aprender a pensar en ti, a ser egoísta y comprometerte con tu destino para ser responsable de tus acciones.**

Ahora bien, deben existir límites porque, si solamente te enfocas en ti y te olvidas de las demás personas que viven dentro de tu grupo, te volverás alguien egotista, que solo piensa en sí mismo y puede pasar por encima de los demás sin importarle el daño que genere. Ese es el peor tipo de gente que existe, son aquellos que usan a los demás y cuando ya no tiene nada más que obtener, los desechan como si fueran basura. Alguien así no podrá tener ningún tipo de relación positiva dentro de la sociedad. Si te vuelves de esa manera no podrás ser feliz tampoco.

¿Cuántas veces en la vida nos hemos encontrado con personas que simplemente nos usaron porque les veníamos en ese momento? ¿Recuerdas el dolor que sentiste al saber que solamente fuiste tratado como un objeto? Este es justo uno de los problemas que se tiene con las personas egotistas, por desgracia, hay demasiadas en el mundo y sobre todo en puestos de poder. Son esos seres detestables que, por conseguir tu ayuda o tu voto, aseguran que harán lo que sea necesario para apoyarte una vez que se encuentren dentro del poder. Estas personas lo único que buscan es su propia satisfacción y no les importa pasar por encima de ti. ¿Por qué debemos tener compasión con este tipo de gente y dejar de enfocarnos en nosotros? Por eso ser egoísta, cuando se trata de ti, es sumamente importante, evitas que te pasen por encima sin que dejes de ser una persona útil en la sociedad.

En pocas palabras, te respetas y, por lo mismo, respetas a otras personas (recuerda la diferencia que mencioné antes entre ser egoísta y egotista).

Saldrá algo bueno de todo eso, ya lo verás, no olvides que, cuando trabajas en ti y en tus necesidades, te estás preparando para convertirte en alguien capaz de dar lo mejor a los demás. Recuerda que no puedes dar lo que no tienes y, por ende, para brindar a los demás, primero debes pensar en ti y atravesar tus procesos de superación, ser feliz, aceptarte, valorarte.

Por último, el compromiso tiene que ver con acción. No existe compromiso sin movimiento. No hay forma de que puedas ser una persona comprometida contigo y con tu palabra, si no te pones en acción y evitas ese abismo entre el pensamiento y el movimiento. Una persona comprometida es alguien que se pone en acción en el momento mismo en que lo dijo, no posterga, no es desidioso, no es un terrible flojo. Para sintetizar. La persona comprometida es:

- ✓ Egoísta
- ✓ Respetuosa
- ✓ Responsable

Consejo para finalizar: piensa en que de no cumplir con el compromiso que hagas contigo, te estarás decepcionando y eso te alejará de la aceptación, mermará tu autoestima, te complicará alcanzar una vida libre y feliz. Sé responsable y respetuoso contigo mismo, cumpliendo las promesas y las metas que te pongas, que esto no quede solo en palabras.

Valora tu tiempo

Hoy en día estamos más ocupados que nunca y haciendo menos que antes. Te encuentras trabajando en la redacción de un informe importante cuando oyes el sonido característico de que llegó una notificación a tu celular. Detienes lo que estás haciendo para verificar y contestar el mensaje, vuelves al informe, trabajas otro rato y luego decides que es aburrido trabajar sin música, usas una plataforma como Youtube para elegir algo que te acompañe en tu labor, en el proceso revisas alguna red social, vuelves a tu trabajo, recuerdas que dejaste X cosa en la estufa, te llaman, atiendes la llamada mientras verificas la estufa...

¿Te recuerda en algo a ti? ¿Eres de las personas que hace varias cosas a la vez o que se distraen con facilidad? Me sorprendí cuando vi un titular en una revista de finanzas porque hablaba sobre cómo en México (el país donde vivo), las personas trabajan muchas horas, pero son poco productivas. De verdad no lo entendía. ¿Cómo es que alguien puede estar trabajando tanto tiempo y producir tan poco? Ahora lo entiendo.

El problema no era que se trabajaran tantas horas, sino que los métodos que empleados son antiguos. Las mejores prácticas de otros países no se consideran y gran parte de lo que se hace en el trabajo es realizar muchas cosas al mismo tiempo. Estamos en la cultura del *multitasking* (hacer varias cosas a la vez). El verdadero conflicto es que para ser productivo se requiere de atención y, para poder hacer las dos cosas, se requiere poner jerarquías.

La atención no puede estar en dos lugares al mismo tiempo y ese es el error que tenemos en México, seguro en toda Latinoamérica. **Los seres humanos necesitamos aprender a hacer una sola cosa bien hecha y después pasar a la siguiente tarea.** Para esto tendríamos que aprender a usar la atención a nuestro favor y dejar de estar distraídos.

Distraernos es muy seductor. Todo parece ser más importante que lo que estamos haciendo en ese momento; las notificaciones, las llamadas, los *likes*, los comentarios, la posibilidad de perderme lo que otra persona está haciendo, etc. Gracias a esto es casi imposible que podamos poner atención a una sola cosa a la vez. Sentimos angustia, ansiedad de poder perdernos de algo por el simple hecho de estar prestando atención a un solo evento de nuestra vida.

Vivimos en la época con mayor conexión de la historia de la humanidad y estamos desconectados por completo de lo que en verdad importa, erróneamente creemos que lo importante no radica en nuestras acciones, sino en aquello que dejamos de hacer. Este es uno de los sueños más esquizofrénicos que he vivido. Los adolescentes presentan más síntomas de ansiedad y depresión que antes de las guerras mundiales. Culpamos a los videojuegos, a las redes sociales, a la educación e incluso a las familias nuevas, cuando el verdadero problema es que hemos avanzado tan rápido tecnológicamente, que no nos hemos dado la oportunidad de desarrollar también nuestra inteligencia emocional.

Estamos viviendo una carrera técnica, a ver quién puede ser la persona que más sabe, que más puede programar, que más puede hacer, etc., pero en ningún momento estamos viendo quién es la más resiliente y que más puede aumentar nuestra inteligencia emocional. Nos hemos enfocado tanto en ser productivos que estamos haciendo lo contrario. Destruimos los sueños de la gente y convertimos a las personas en seres adictos a la ansiedad. Es verdad que se han creado herramientas tecnológicas para encontrar paz, relajación y meditaciones guiadas para dormir de una mejor manera, pero esto simplemente es un paliativo que esconde y anestesia el problema real. No estamos enfocándonos en lo que sí es importante y esto es educar desde la empatía, la bondad y el amor. Las escuelas están mucho más enfocadas en la instrucción, en crear humanos obedientes y limitados creativamente. No es extraño que, dentro de los presupuestos de educación, las primeras clases que se eliminan son las de arte y cultura. Es mucho más importante que aprendan a programar, a crear robots o a resolver problemas matemáticos que educarnos en el arte, la música y las emociones.

Es impresionante que hoy puedes educarte como tú quieras. Ya ni siquiera la escuela es tan importante porque puedes aprender lo que tú desees de manera gratuita en tantos lugares que hasta parece obsoleto. Sin embargo, las escuelas no solamente sirven para instruir, también son un gran lugar para socializar y esto no se nos debe de olvidar. Pero, ¿qué pasa cuando el lugar en donde vas a socializar está completamente lleno de personas frustradas, con padres frustrados dentro de una sociedad, sin sueños? ¿Entonces que nos queda? Es justamente el problema del tiempo, una idea completamente relativa en la que todos nos hemos basado para poder medir nuestros avances, pero ¿quién dice a qué edad se debe de lograr determinada cosa? Entiendo la parte biológica, pero esta no tiene nada que ver con cumplir sueños y crearse a uno mismo. Para muchas personas después de los 25 años estudiar se convierte en un estorbo, incluso se preguntan: si ya estoy tan viejo, ¿para qué lo sigo haciendo? Sin embargo, yo no estoy hablando de la instrucción, sino del estudio por el amor aprender. Nuestra mente nunca deja de crecer, es el cuerpo el que termina acabándose con el tiempo.

Para mí es muy importante que entiendas esto, tu mente se mantendrá joven siempre y cuando tú sigas educándola. Es solo la biología la que termina por acabarse. Sin embargo, la mente no obedece las reglas de la biología, sino que obedece las de la creatividad y el movimiento. Mientras más te muevas y más aprendas, tú serás siempre joven.

No te invito a que trates de cambiar el sistema educativo o que hagas algo contra el avance de la tecnología que está dejando atrás el desarrollo de la inteligencia emocional. Lo importante es que entiendas que al concentrarte en tus actividades serás productivo. **Si trabajas muchísimas horas sin ver resultados, solo te frustrarás y llegará la falta de atención.** Limita los distractores cuando tengas que realizar algo importante, céntrate en tu presente. Cuando empieces a ser más productivo será algo que nunca querrás dejar de hacer, siempre procurarás centrarte en lo que estés haciendo para pasar a la siguiente actividad cuando lo termines.

La gente suele quejarse de que no tiene tiempo, pero ¿cómo hay personas a las que sí les alcanzan las 24 horas del día? Su secreto es precisamente del que estoy hablando. Enfocan su atención en lo que hacen para terminarlo más rápido, priorizan sus actividades de acuerdo a su nivel de importancia, se planifican.

En lo relativo a tus metas generales también te beneficiará concentrarte y darle prioridad a lo que es importante, por ejemplo, tus sueños. El camino hacia ellos se hará largo si te distraes con otras metas, transitando por caminos que no te conduzcan al objetivo.

Por otro lado, encarecidamente te aconsejo que no te prives de perseguir metas por tu edad, no hay reglas sobre límites para alcanzar sueños. Puedes alcanzar lo que te propongas con 20, 40, 60 años o los que tengas mientras respires. Y, como recomendé antes: mantén tu mente en constante actividad, siempre habrá algo nuevo que aprender, que te ayude a mejorar, nunca te rindas.

Recordar que no somos dioses

Soy creyente de que todos y cada uno de nosotros estamos creados con la chispa más divina que existe, pero de ahí a ser dioses no solo es ilusorio, sino que además nos hace daño emocional pensarnos así. Creerte extraordinario te llevará al fracaso, ya lo había escrito antes, pero quiero reforzarlo. Pensar que fuiste creado para el éxito perfecto, ser el número uno, ser extraordinario, ser angelical y otras cosas que he escuchado de mis pacientes solo los llevó a grandes depresiones cuando se enfrentaron a la vida real. Hacia la depresión es donde te encaminará esa creencia. Contamos con grandes potenciales, pero estos no están a flor de piel por el simple hecho de existir, estos solo podremos conocerlos a través del esfuerzo, la disciplina y el dolor de salir de la zona de confort.

Cuando aceptas que no eres un dios, que cada error que cometes no confirma tu fracaso como una deidad, sino que afirma que cada vez estás más cerca de tu potencial interno, en ese momento reduces el estrés de equivocarte y aumentas la resiliencia al aprendizaje.

En la vida conocerás a personas egotistas que se venden como lo mejor que ha existido y se comparan contigo diciéndote que ellos eran tan miserables como tú, pero que después de X curso, o X cosa por fin lograron salir adelante. Son estos *coaches* de vida que te recitan como pericos lo que aprendieron de algún curso o libro, pero que cuando profundizas en sus propias vidas, observas que solo te están vendiendo humo y que su éxito depende exclusivamente de que jamás puedas alcanzar el propio.

En el camino al emprendimiento me he encontrado con muchas personas que se vendían como los más grandes emprendedores y que jamás habían comenzado nada. Estas personas, mejor conocidas como vendedores de humo, se hicieron muy exitosas en redes sociales con la fórmula mágica de: «Yo sé algo que tú no sabes y si me pagas te lo diré». Estas personas grises son tan soberbias y narcisistas que no solo se enferman de poder, sino que además, enferman a las personas a su alrededor. Podrías preguntar por qué se comportan así y la realidad es que tienen mucho miedo de fracasar y aprender. Es por eso que jamás debes de creer que ya eres un dios o un ser extraordinario, en ese momento dejarías de aprender, cerrarás la oportunidad de seguir desarrollándote. Al ser seres humanos tenemos que errar. **El error es el mejor maestro que existe porque te da dirección a donde sí quieres llegar.**

Un maestro de educación pública en Estados Unidos tomó a todos los alumnos de su salón y los sacó a la cancha de futbol americano, les pidió que se pusieran en la línea de *touchdown*. Se formó una frontera de alumnos que no permitía pasar a nadie a la línea de meta. El maestro se colocó frente a los alumnos y les pidió que por cada cosa que él dijera que ellos sí tuvieran, dieran un paso al frente. Comenzó:

✓ Si tienes padres casados, da un paso al frente.

✓ Si en tu alacena hay comida como para un mes, da un paso al frente.

✓ Si en tu casa hay internet de alta velocidad, da un paso al frente.

✓ Si en tu casa solo vives con tus padres y hermanos...

✓ Si en tu casa hay agua caliente...

✓ Si en tu casa hay más de una computadora...

✓ Si en tu casa hay una tableta por persona...

✓ Si en tu casa no hay gritos...

✓ Si en tu casa hay más de un auto...

✓ Si te sientes seguro en tu casa...

✓ Si en tu casa tienes privacidad...

✓ Si tienes un clóset de ropa para ti solo...

✓ Si tu familia toma vacaciones cada año...

✓ Si salen a comer al menos una vez a la semana...

✓ Si un café de Starbucks es común en tu dieta...

✓ Si terminas tirando comida porque había demasiada...

Cuando terminó de decir todo esto, las personas que habían quedado hasta el frente eran pocas, pero casi todas eran caucásicas, mientras que las personas de otra tez estaban muy cerca del inicio de la línea de salida (el *touchdown*).

El maestro les pidió a los que estaban hasta el frente miraran hacia atrás para que observaran todo el privilegio que tenían y cómo sus vidas eran mucho más sencillas que las de las demás personas. El maestro continuó: «No me interesa que se sientan culpables, eso no resuelve nada. Es verdad que tienen privilegios y estos mismos sirven para que ustedes apoyen a los que no han tenido el mismo beneficio». Fue entonces que el maestro tomó una cuerda e hizo una especie de corral pidiéndole a todos que tomaran con las dos manos una parte de la cuerda y los unió a todos: «Ahora ya son una sociedad, vean como, si los de atrás no avanzan, los de adelante tampoco podrán hacer mucho. Pero si entre todos nos apoyamos, entonces todos podremos avanzar».

Esta historia es hermosa porque es real. No se trata de castigar a las personas que han vivido con privilegios ni sentir lástima por lo que no han podido subir más rápido en la sociedad. Se trata de apoyarnos entre nosotros por el gusto de hacerlo y no por obligación. Desde la culpa nunca ha salido nada bueno, pero desde el amor son grandes cosas las que se pueden alcanzar.

Cuando tu ego es enorme y la única manera de sentirte superior es aplastar a las personas que hay debajo de ti, entonces buscas ganar a través de que otras personas pierdan. Por desgracia este tipo de pensamiento es el que domina a los políticos que solo buscan su beneficio personal. Es justo ese pensamiento el que hace que siempre estén al pendiente y en paranoia de lo que los contrarios pueden hacer. En vez de amar a su país y a su sociedad, aman el poder y se olvidan de su misión. Este tipo de personas creen que si alcanzan un objetivo es porque están tallados a mano, pero si algo no les sale como quieren, entonces el Universo está en su contra o hay una conspiración.

Cuídate de desarrollar un ego enorme que te ciegue y te impida avanzar y crecer. Eres especial, eso sí, pero nunca un dios o demasiado extraordinario como para no necesitar seguir creciendo, como para nunca equivocarte; por favor no seas un egotista más. No avances aplastando a los demás o tratando de robarle la luz, todos tenemos potencial para lograr cosas maravillosas, no te sentirás satisfecho y solo harás daño a tu autoestima si tus logros son posibles impidiendo que los demás logren sus propósitos. Céntrate en tus metas, no en opacar a nadie, si te es posible apoya a otros también, te hará sentir bien y de eso se trata.

Aprende a mirarte sin juicio

La terapia me ha enseñado (y he logrado trasmitírselo a mis pacientes) que la mejor manera de ver los problemas es sacando al individuo de la ecuación o haciéndose responsable de lo que ocurrió o, de la omisión.

¿A qué me refiero con esto? Hay personas que sienten que el mundo les debe algo. Se les hizo creer que, por ser tan especiales, el mundo les debe y esto no solo los hace infelices, sino que guardan la idea de que podían usar la violencia para exigir lo que no les dan. Este es justo el riesgo de la voracidad del ego, pero las cosas no empiezan así. Si miramos a un ser humano recién nacido, podríamos interpretar que en lo único que piensa es en él mismo, pero estaríamos muy lejos de la realidad. Cuando empezamos la vida, no hay pensamiento como tal, no hay consciencia sobre quiénes somos nosotros y quiénes son los demás. En palabras más filosóficas, no hay *otredad* (la otredad se refiere al reconocimiento del otro como individuo). Simplemente somos el reflejo de la naturaleza buscando la supervivencia.

La voracidad del ego empezará cuando, como infantes, los padres o figuras de autoridad no le ponen límites claros al pequeño o pequeña. Me refiero a que lo dejan hacer lo que sea y no le permiten tener fronteras claras sobre que sí o que no es posible dentro de la relación familiar. Esto últimamente se ha dado por el miedo de los padres a fungir como figuras de autoridad y creer que tienen que ser amigos de sus hijos. No se dan cuenta que están creando pequeños que, para poder conocer límites (que son completamente necesarios para el yo), tratarán de estar constantemente rompiendo reglas (familiares o sociales) o empujando las propias fronteras de los padres. Sin embargo, no le podemos echar toda la culpa a nuestros progenitores. También si hoy eres consciente sobre tu propia existencia, tienes que aprender a mirarte a como la única persona capaz de salir de este enredo egocéntrico (no es el mundo ni nada externo lo que puede sacarte de tal maraña, solo tú). Para lograrlo debes mirarte sin juicio, dejar el pasado solo como las memorias de lo que ha ocurrido y entender que la construcción de tu futuro depende completamente de lo que hagas en tu aquí y ahora. De cualquier forma, ¿qué ganas con juzgarte por tu pasado? El pasado ya pasó y no lo puedes cambiar, pero tu futuro sí lo puedes construir.

¿Y qué es lo que ocurre cuando aprendes a mirarte sin juicio? La realidad es que al principio será complicado, porque estás acostumbrado a compararte y ser comparado con otras personas, pero cuando aprendes que esta acción simplemente proviene del miedo y no del amor, empezarás a amarte a ti mismo, dejarás de mirarte como un ser que necesita de la comparación para crecer. Tu desarrollo no depende de cómo eres en relación a otros, sino en relación a ti mismo desde el pasado. Y esto solo con la intención de avanzar, de mejorar, porque, si te comparas a ti mismo con tu yo del pasado solo para juzgarte, para hacerte daño, no estarás aprovechando lo productiva que puede ser esta reflexión.

Encamínate hacia una mejor versión de ti, actúa, de ti depende.

Cada paso que des hacia una mejor versión de ti, aunque sea tan pequeño como uno por ciento, es suficiente como para crear un gran futuro. Eso sí está en tus manos. Deja de juzgar tu pasado para empezar a construir en tu presente, tu futuro. Si quieres confirmar esto haz el siguiente ejercicio:

✓ Compra un carrete de hilo y extiéndelo en línea recta unos tres metros y córtalo.
✓ Pon una segunda línea de hilo que parta desde el inicio de la primera y, al extenderla, muévela tres grados, más o menos (hacia el lado que quieras).
✓ Recorre el hilo tres metros y mira cómo cambió la dirección, aunque hayas hecho solo una pequeña modificación. Así mismo en la vida.

Tenemos que apreciar esos pequeños cambios, porque para crear el futuro que deseamos, no tenemos que hacer miles de cosas y modificaciones extraordinarias, solo debemos ser constantes y crear las condiciones para tener pequeñas y mejoras continuas. Pequeños pasos te pueden conducir a la vida que sueñas.

Los *influencers*

La palabra «influencer» forma parte del vocabulario moderno y creo que todo el mundo la ha escuchado o conoce al menos una persona que se designe así.

¿Qué diablos es un influencer? El nombre deviene en que trata de personas cuyo contenido creado u opiniones puede influenciar a las masas. Si le preguntas a alguien de 11 a 15 años, su sueño ahora es ser youtuber o influencer, ¿por qué?

Tal vez no diste mucho de lo que representan los actores y actrices, solo con una pequeña diferencia (en realidad es una diferencia enorme): los actores y actrices han tenido siempre directores, productores y toda una industria detrás que creaba cierto equilibrio. Hoy una persona con acceso a la red y un celular con cámara puede construir su carrera como creador de contenido y no habrá nadie que le edite, dicte, dirija o cuestione si lo que hace es ético, moral o si carece de sentido común.

Créeme que no estoy buscando la censura de las personas, sino que me parecería prudente que aprendieran a ser responsables de lo que sale de sus bocas tomando en cuenta que podrían afectar a otros. En la pandemia tuvimos a un montón de personas que estuvieron diciendo que este virus había sido creado y que no era necesario el uso del cubrebocas para salir y convivir. El problema con estas personas y con el contenido que crearon (contando sus opiniones) es que, más allá de si tenían o no razón, estaba el hecho de que, por tener una gran cantidad de seguidores, los contagios aumentaron más de lo que los hospitales podían contener. Y no solamente ocurrió esto, la toma de temperatura dejó de hacerse en la frente porque ciertos influencers comenzaron a decir que esos dispositivos mataban las neuronas.

La desinformación está a la orden del día porque cualquiera puede subir contenido a internet. Debemos tener cuidado de no ser influenciado por la información que se consume de manera perjudicial o negativa. El problema es compartido, no solamente es responsabilidad de un solo individuo, en este caso de los influencers, sino de toda una comunidad que no ha sido enseñada a comparar criterios y se vuelca al consumo masivo de información sin criterio. Me llama la atención que todo el tiempo estamos siendo bombardeados por las personas más extraordinarias o las más idiotas, pero esto nos hace compararnos inconscientemente y nuestra soberbia se ve afectada o crecida.

Nuestra responsabilidad radica en el lugar donde ponemos nuestra atención, sin embargo, también entiendo que todo el tiempo estamos siendo bombardeados con información de todo tipo. Somos la generación con más notificaciones e interrupciones de la historia. Aunque también estamos en el momento histórico donde más productividad y desarrollo ha existido, sin embargo, no todos tenemos la misma inteligencia emocional como para sobrellevar los ataques constantes de notificaciones y la falta de atención que esto genera. Tal vez esta sea una de las razones por las cuales las personas prefieren estar anestesiadas dentro de las redes sociales o los sistemas de entretenimiento en lugar de usar toda esa energía para informarse porque requieren de mucha energía psíquica.

¿Quiénes son las personas a las que ponemos atención? Las personas que muchos consideran «extraordinarias» (más adelante ahondaré en esto). Lo que he analizado es que son seres que se han salido de las normas inculcadas del *debeísmo social*, o por el contrario, las que son las más grandes representantes de lo que se debería hacer dentro de una sociedad. Por desgracia te estoy hablando justamente de los dos extremos que jamás serán positivos dentro de una sociedad.

Últimamente en política se han generado más movimientos violentos y polares. De un lado están los que quieren conservar todo como era y del otro los que quieren una revolución. Permíteme decirte que ambas están en contra de la vida. No existe equilibrio en los extremos y si se les permite tener el poder absoluto, lo que veremos será la destrucción de la mesura.

La ansiedad que estamos viviendo, así como la depresión y falta de motivación, no solo es el resultado de los eventos externos y ambientales, sino también del rápido acceso que tenemos para compararnos con las personas que las redes sociales nos muestran en nuestros perfiles o líneas de tiempo. Todos buscamos ser reconocidos de alguna manera. El reconocimiento lo podemos simbolizar como un tipo de moneda. Las más usadas son las monedas de sexo, dinero, fama o poder. Muchas personas no alcanzan la cima de estas montañas y no quieren quedarse a la mitad, entonces se dejan caer al abismo. Justo ahí pueden suceder dos cosas: las demás personas te tienen lástima o te tendrán miedo.

Cuando tu grupo te tiene lástima, el daño psicológico y emocional que se creará en ti será desgarrador. Puede que sea tu última oportunidad de salir adelante o que sea tan devastador el sentimiento que te quedes ahí para toda la vida (jugando el papel de víctima). Por otro lado, desde el abismo puedes tomar la decisión de crear miedo en las demás personas para compartir con ellas lo que sientes todo el tiempo. El resultado serán las personas que viven violentando a las demás, solo por el simple hecho de mantenerse reconocidas como personas tóxicas. Sana en ti la necesidad de reconocimiento, procura tu bienestar o felicidad, no ser reconocido. Y si el reconocimiento que te pueden dar los otros depende de que no seas auténtico, ¿vivirás escondiéndote bajo una máscara para siempre? No te mereces esa vida sin autoestima y llena de dolor.

Cuidado con la información que consumes y la forma en que esta te podría afectar, trata de ser crítico y objetivo de todo cuanto un *influencer* pueda decir o compartir. Y sobre todo, algo que llevo recomendando todo el escrito: no te compares. Te sugiero que controles un poco la manía de verificar todo el tiempo las redes sociales, al menos, mientras adquieres amor propio y autoaceptación para vencer la necesidad de reconocimiento que nada bueno traerá a tu vida.

Notar que no te conoces

«Lo esencial es invisible para los ojos», esto justamente lo encuentro dentro de un libro que se llama *El principito*, un libro que marcó mi vida y que he leído más de 10 veces porque cada vez que lo hago algo ocurre en mí. Es impresionante lo mucho que pude aprender de él y conforme voy madurando, siento que aprendo más, es como si el autor creciera conmigo. No logro decirte por qué es tan importante pero lo es y, sobre todo, la frase que mencioné arriba es una de las que más me ha trastocado y por eso quise compartirla contigo.

«Lo esencial es invisible para los ojos». ¿Por qué lo esencial? ¿Por qué no podemos simplemente observar lo que otras personas ven? Así sería mucho más sencillo y más fácil tener empatía con la otra persona. Esto es justo uno de los problemas más grandes que tenemos los seres humanos, no podemos darnos cuenta de lo que está ocurriendo con el otro. Lo que para mí es lógico, lo que para mí es sencillo, fácil de entender, etc., para el otro no lo es; entonces me enojo y me frustro porque la otra persona no lo está entendiendo, no está viendo mi punto de vista y este debe ser más importante «porque es mío». Así actuamos.

¿Cuántas veces hemos caído en ese problema, en creer que lo que estoy diciendo, mi sentido común, debería de ser el sentido común de cualquier persona y al final no es así? Este es el error que los seres humanos cometemos y que genera tantos problemas en nuestra sociedad, en nuestra familia y con nuestras parejas.

Entonces yo te pregunto, ¿qué es lo más importante en una casa, la estructura exterior, lo que hay adentro o la base? Para muchísimas personas quizá lo más importante es lo que hay adentro, o si se forma un hogar, o lo que pueden ver los vecinos o, por último, la base, los cimientos en todos los sentidos. Yo te digo que sin la base no puede haber una casa, hablo de creencias, de lo que estamos conformados, del lugar donde estamos aprendiendo, lo que es o no importante. Por lo regular nacemos en un ambiente en el que, si tu familia tiene cierta religión, pues esa es la religión que te toca asumir, jamás te cuestionas tu base, quién eres, para qué estás ahí y si lo que sabes realmente es tan importante como para defenderlo con tu vida.

¿Cuántas veces no te has enojado con alguien porque no pensó como pensabas tú? ¿Cuántas veces no has tenido problemas con tu pareja porque no hizo lo que esperabas que hiciera, pero jamás se lo comunicaste? Y esto es en lo que nos estamos enfocando, en la casa y no en la base. Date cuenta de que tu esencia no es tu armadura, no son las etiquetas que se te han impuesto; tu esencia es algo mucho más profundo y es justo lo que tenemos que abordar.

Empecemos con un tema bastante complicado: **tú no eres lo que identificas de ti.** Todos los días te levantas, te miras al espejo y en ese momento eres tú, es como si fuera magia, pero por lo regular no pensamos en nosotros hasta que nos vemos reflejados o hasta que notamos que nuestra vida también depende de otras personas, de otros seres humanos. Entonces, cuando empiezas a dudar de ti, cuando empiezas a dudar de lo que identificas como tú, en ese momento llegan los problemas porque no queremos escuchar otras ideas, otros debates, otras discusiones; nos da miedo perder nuestra identidad, creemos que somos aquello con lo que nos identificamos. Esa es una terrible idea porque no eres lo que te dijeron que deberías de ser, por lo tanto, te digo: dile adiós a eso solo por formar parte de una sociedad, de una familia o de una pareja. Tú eres mucho más grande y esa es tu esencia.

Muchas veces tenemos miedo a darnos cuenta de que nuestra esencia es más amplia que nosotros porque notaríamos lo limitados que estamos y eso nos da coraje, nos enojamos. ¿Qué se hace entonces? ¿Cómo puedo soltar ese «deber ser»? ¿Cómo puedo empezar a encontrarme con quien realmente soy? Para eso tienes que explorar todo, explorar lo que te gusta y lo que no, ponerlo en tela de juicio y preguntar: ¿esto es algo que me gusta?, ¿esto es algo que va conmigo o simplemente lo aprendí de mi familia?, ¿esta religión que me impusieron, esta escuela de catecismo en la que estuve todos los domingos, realmente veía por mi bien? ¿Es verdad que mi alma se va a ir al infierno?

Debes dudar de todo para poder confirmar lo que sí vibra contigo, pero recuerda algo muy importante: no lo hagas por miedo, no sigas una creencia por temor a perder tu sociedad, tu cultura o tu familia; sigue una creencia porque en tu corazón vibra, porque eres libre cada vez que la sientes en tu cuerpo. De lo contrario, todo el tiempo estarás viviendo en el «deber ser», haciendo las cosas para otros y, entonces, un día te darás cuenta de que esos de los que estuviste atento tal vez ya no estarán o solo te van a pagar con una moneda que no es la que esperabas. Aquí llega el gran problema, cuando nos damos cuenta de que nos hemos esforzado por otras personas y ellas no lo hacen por nosotros. Entonces entregamos nuestra vida, nuestro tiempo, nuestro amor, nuestro cariño y nuestros cuidados a gente que no supo (y tal vez nunca llegue a saber) cómo ser recíproca. Transita el camino del autoconocimiento para que puedas llegar a conocer tu esencia, amarte y valorarte por quien eres. Así podrás entregar lo mejor de ti a los demás y si no es recíproco al final, no te afectará demasiado porque te seguirás amando.

Conocerte es un proceso lento, uno que requerirá que estés al tanto de cómo te sientes ante distintas situaciones y que te cuestiones todo, todo cuanto crees y haces, aquello a lo que estés acostumbrado, tus metas.

Físico al gusto aprendido

Todos anhelamos ser bellos o bien parecidos. Muchas veces nuestra autoestima se ve perjudicada porque no lo somos tanto como los demás, lo que nos dificulta aceptarnos. La belleza está en el ojo del observador y como tú no la ves en ti nunca te sentirás suficiente. Este es un conflicto que muchísimas personas viven.

Es verdad que los humanos nos hemos dicho que algo estético o que algo simétrico puede ser bello, pero ¿para quién?, ¿para qué cultura?, ¿para qué ciudad, nación o raza? Este es el problema de la belleza, hemos dicho o nos hemos convencido de que una mujer o un hombre son mucho más bellos que otro por plena comparación y el ojo de alguna autoridad (si tú no te ves como una persona bella, será muy difícil que puedas ver la belleza en otras personas). Tal vez verás la estética, tal vez verás la simetría, pero ¿la belleza? Es algo mucho más profundo que hace que vibre tu corazón y tu ser por completo. Cuando eso pase entonces te perderás y estarás absorto dentro de la libertad que la belleza genera, pero si no tenemos un buen concepto sobre nosotros mismos, ¿qué queda? ¿Qué tipo de belleza podemos esperar? ¿Cómo podemos vivirnos fuera de esta perspectiva que, tal vez, solo la hemos aprendido por la televisión o por las imágenes que nos bombardean todo el tiempo? Es verdad, estamos siendo bombardeados por conceptos de bellezas industrializadas por completo que nos dicen cómo lucir y hasta vivir.

En este momento revisa tus redes sociales, abre Instagram y pon la lupa para buscar, verás cuánta gente satura la red social mostrándote que, para otros, estas son personas bellas y, si otros los ven así, tal vez tú también deberías de hacerlo, de lo contario quizá quien está mal eres tú, porque todos los demás han dicho que esa persona es bella. Entonces, ¿dónde queda nuestra libertad?, ¿nuestra individualidad? Si alguien no es bello para mí no tengo por qué externarlo, no tengo por qué decírselo, solo no lo es para mí. Pero no trata de personas únicamente, también son situaciones, ¿cuántas veces no hemos sido malagradecidos con la vida porque olvidamos ver la belleza en la sencillez, por ejemplo, en un cielo libre de nubes o lo que te guste? ¿Cuántas veces no hemos visto el sol reflejarse entre los árboles o un arcoíris a través de una mesa de vidrio sin prestar atención? Eso es belleza pura, es algo completamente natural a lo que nuestro ojo observador no está acostumbrado.

Me encantaría que hicieras un ejercicio en este momento: deja de leer este libro y ponte frente a un espejo, observa tus ojos, mírate bello o bella, sonríe, contémplate y mira tu sonrisa, tu cuello, tu cabello, tu cuerpo completo, desnúdate si puedes y observa que tu cuerpo es una belleza. No importa si estás fuera de forma, si estás demasiado en forma, lo relevante es que empieces a observarte como una persona bella, porque eres único e irrepetible, porque a pesar de todo lo que pudo haber ocurrido tú fuiste el resultado de esa unión entre lo femenino y lo masculino, eso te hace bello. No importa si te falta o te sobra, empieza a generar una imagen personal, individual, libre de prejuicios que la sociedad ha impuesto en ti.

Este es el inicio hacia una gran autoestima. Primero, obsérvate como una persona bella, después, desde la consciencia de que absolutamente nadie es igual a ti, de que tu código genético es distinto al de cualquier otra persona y eso te hace irrepetible y muy hermoso. Haz el ejercicio en este momento, no sabes lo importante que es que todos los días lo hagas, que todos los días te fortalezcas para que dejes de vivir en lo que podrías llegar a ser y empieces a vivir y disfrutar quien eres hoy.

Se puede ir mejorando todos los días, para lograrlo debes aceptar en dónde te encuentras el día de hoy. Nada harás tratando de mejorar tu cuerpo, tu aspecto, si no te amas y valoras, primero será aceptarte, valorarte como eres en este momento presente.

Pasado no es futuro

Para muchas personas, lo que ocurrió en el pasado es lo que va a ocurrir en el futuro porque prefieren repetir, en lugar de trabajar en construir un futuro maravilloso, uno lejano a su zona de confort, extraordinario.

Es impresionante el daño que nos hacemos por dejar que el futuro solo sea un espejo de ese pasado sobre el que hoy no tenemos ningún control, creemos que el futuro se manifestará de la misma manera, que las cosas sencillamente van a pasar. No nos damos cuenta de que la vida no pasa, sino que la construimos, es una constante educación, una constante academia en donde, si aprendemos, podemos llegar a ser dueños y responsables de nuestra existencia. De esa manera, el futuro será un reflejo de tu pasado, sino aquello que vas creando en tu presente.

¿Qué ocurre si solo observo el pasado? ¿Qué pasa si todo el tiempo quiero estar viviendo ahí? Tu futuro será nada más que un reflejo porque no existe tu presente, porque te has olvidado de ti, porque te da miedo ser libre. El problema con la libertad es que genera responsabilidad de tus actos. Al apasionarte tanto por tu pasado solo estás confirmándolo a cada momento, propicias que sea tu futuro y no piensas en el daño que te estás haciendo por estar presente sin estarlo. Si nada más me fijo en el pasado y trato de repetir y repetir, puedo desarrollar rutinas que me den seguridad, pero se acabaría la novedad, aquello que nos hace creativos, la libertad de crear el futuro que nosotros queramos.

Todos podemos llegar a ser grandes personas, crecer al nivel que queramos, pero para eso debemos ponernos en acción y romper las limitantes al pensarnos maravillosos. Será muy difícil porque tendremos que ir contra años de práctica, de ansiedad, de cierto tipo de control que nos brinda certeza de lo que hoy somos. Para expandir nuestra zona de confort debemos empujar nuestras propias fronteras, romper con lo que consideramos nuestra identidad para darnos cuenta de que, detrás de ese caparazón, hay un ser humano maravilloso lleno de potencialidad. También vendrá el reflejo de lo que no hicimos en el pasado, de aquello que dejamos pendiente, que postergamos por miedo al éxito.

Así como el bautismo es con agua para limpiar el ego, el verdadero desarrollo es con fuego, porque se eleva, igual que mi espíritu dando lo más grande que tiene de sí mismo, explotando el potencial, pero también purificándose y eliminando todo lo que hoy ya no sirve, todo eso que ya no suma y que, por miedo a un cambio, al rechazo de otras personas, me he quedado quieto. Esa es mi responsabilidad, no le puedo echar la culpa a nadie, yo decidí pausarme. Ese es uno de los miedos más grandes del ser humano, darse cuenta de que ha perdido años (y tal vez decenas) sin hacer nada, pero ¿sabes qué? De nada sirve culparse, así uno se fastidia la existencia, lo mejor es ponerse en acción. Escribe quién quieres ser y trabaja para convertirte en ello. Tú tienes el potencial dentro de ti, lo sabes, lo sientes, es como fuego que arde, pero que has detenido por la falta de oxígeno que la sociedad o tu familia te genera.

Si hoy eres feliz, entonces sigue empujando esa felicidad para mantener la potencia. Si eres de las personas que sigue buscando la certeza, seguridad y sentirte mejor, pero a la vez quieres novedad en tu vida, entonces tendrás que pasar un muy mal rato. Tendrás que empujar tu zona de confort a una sumamente incómoda pero mágica. A pesar de que al inicio duela, jamás te arrepentirás de haber llegado ahí, porque habrás roto tu anterior versión para crear una nueva que estará encaminada a una vida plena. Deja de aferrarte a aquello que no te hace bien y empieza a fortalecer ese ser humano maravilloso que vive dentro de ti y que grita por su libertad.

Atención al camino

Estamos siendo educados para mirar solo el resultado, dejando fuera el camino, es como si estuviéramos enamorados del final y no del proceso, incluso la misma escuela es parte de este engaño. Ahí nunca te enseñan a disfrutar los procesos, ¿cómo podemos ser felices si todo el tiempo estamos pensando en la conclusión, en lo que se va a acabar?

No cabe duda de que estamos enamorados del final, de la muerte, de aquello sobre lo que no tenemos ningún tipo de control; y entendemos que si llegamos a concluir, a tener éxito, en ese momento ya no haremos nada nuevo porque nuestro enfoque estaba en lo final y pusimos atención a la libertad que el proceso mismo tiene. En el hermoso poema de Serrat que dice «Caminante no hay caminos, se hace camino al andar» encontramos una gran verdad. Cuando analizamos el significado, nos damos cuenta de que lo importante es ese proceso, el de crear y recrearte a ti mismo conforme vas andando y vas haciendo y deshaciendo tu propia existencia. Sin embargo, muchas personas sufren con el proceso porque se sienten incapaces de seguir adelante, de lograr resultados, creen que lo hacen mal y ni siquiera se atreven a iniciarlo. Esto se intercala en los miedos que nos anteceden de la familia, la cultura, los errores y fracasos de nuestro árbol genealógico. Ahí es donde comienzan todos los problemas y la razón por la cual ni siquiera queremos iniciar. Cuando tú te enamoras del proceso, cuando de verdad te olvidas del resultado y simplemente disfrutas de crear, de ser, de hacerte tu parte de este momento, entonces el resultado siempre será maravilloso, incluso se acabará la idea del fracaso ante el éxito. No estarás buscando la gran conclusión, sino disfrutar del proceso.

Le tenemos pánico a la crítica negativa y sobre todo le tenemos miedo al rechazo, ya que somos seres sociales, necesitamos que otras personas nos quieran, nos acepten y nos reconozcan, pero te diré una cosa: en todos los años que llevo como psicoterapeuta, cuando mis pacientes han encontrado su autenticidad, quien son en verdad, las personas correctas se les han acercado y las que ya no les suman se han alejado. Esto es porque cuando un sistema se hace mucho más sano, aleja la parte tóxica. No tengas miedo de salirte, pierde ese pánico de nunca más encontrar a alguien. Es todo lo contrario, alejarás a quienes te mantienen en la mediocridad y te acercarás a quienes te ayudan a entrar a esa búsqueda exitosa, que sabes que te mereces.

Algo que me ha llamado mucho la atención y me preguntan mucho es qué hacer con las personas que te avientan odio en redes sociales, o en tu trabajo, o en ese tu entorno. Primero me gustaría que definiéramos cuando es odio, cuando es *hate* y cuando se convierte en una crítica constructiva. Ante todo tipo de situaciones descubre qué es para que decidas qué hacer.

Si algo te incomoda no significa que sea *hate*, pero si la otra persona avienta un comentario sin afán de buscar un diálogo, de mostrar un punto de vista diferente al tuyo para que se puedan complementar, en ese momento lo podemos considerar *hate* porque la persona que lo hace no está ahí para demostrar su punto, sino para destruirte a ti. Seguramente algo que has dicho le ha incomodado tanto que hoy no puede contigo, le has movido parte de su identidad, de sus valores y eso lo único que hará será que quiera aventarte todo el odio posible para destruirte. ¿Por qué? Es posible que tú hayas destruido su mundo sin darte cuenta. El problema en redes sociales es que puedes encontrarte con muchas personas que quizá no quieras escuchar o, peor aún, que estas personas te vean como el receptor ideal de todo su odio. Por eso siempre digo que no debemos de contestar el *hate*. Una de mis políticas es: «Si vas a contestarle a alguien tiene que ser para educarlo a él y a otras personas, jamás para lastimarlo», recuerda que una persona que avienta odio es porque ya tiene demasiado dolor en su corazón.

Tal vez ahora me preguntarás: ¿qué puedo hacer con estas personas que llegan a mi vida, ya sea a mi oficina, a mis redes sociales, y lo único que hacen es llenar de odio el ambiente? Si ya analizaste que esto sea realmente odio y no una intervención de crítica para una discusión que puede llevar a una nueva idea en ti, entonces mi recomendación es que permitas que sea la misma red social la que se encargue de esa persona, o en el caso de la oficina o tu casa que aprendas a poner límites claros. Cuando aprendemos esto, cuando le decimos a la otra persona lo que estamos dispuestos o no a aceptar y sus posibles consecuencias, y aun así esta persona insiste, entonces tú eres quien debe responder o accionar, estará en ti. Es muy importante entender lo siguiente, **el odio jamás se debe de vencer con odio,** sino con amor. Pero amor no tiene nada que ver con aceptar que la gente te lastime y que haga lo que quiera contigo, amor es primero amarte a ti y de esa manera saber qué límites poner y cómo ponerlos a otras personas, que esto jamás se te olvide.

Discernir entre mente y acción

Entre soñar y hacer algo para cumplir nuestros sueños suele existir un gran abismo. ¿Por qué solemos tener buenas ideas que al final sí se hicieron, pero no por nosotros? Cuando nos damos cuenta, ya tenemos un gran abismo entre la mente y la acción. Esto, por desgracia, ocurre muchísimo y es porque jamás hemos sido motivados para poner en acción nuestros sueños. Somos educados para hacer caso, si la campana suena nos movemos, suena de nuevo y salimos a comer y vuelve a sonar y regresamos, es como si fuéramos perros de Pavlov, completamente condicionados a seguir una orden que a nosotros nos obligue a actuar. Y esto no solamente te destruye a ti, sino que también no permite que la sociedad avance. Está demostrado económicamente que mientras más libre sea una sociedad, mayor será el progreso que hay dentro de ella, pero muchas personas no se sienten tranquilas, ni siquiera cómodas, con el hecho de ser libres. Este es el conflicto porque la libertad es ese puente que conecta entre sí el abismo, la mente y la acción. Entonces hay quienes solo disfrutan de soñar, pero no de actuar, porque en el imaginario pueden hacer cualquier cosa, volar, caer sin sufrir algún dolor, pero en la realidad un emprendedor o una persona que se arriesga sí afronta. Por eso muchos en su lecho de muerte llegan a decir que de lo que más se arrepienten es de no haber hecho algo o de no pasar más tiempo con las personas que amaban por atender un trabajo que ni siquiera les gustaba.

¿Y por qué hay tantas personas que viven sin sueños? Tiene que ver con el miedo a ser responsables, al rechazo, a intentar algo que no sea realizable, pero si nos ponemos en la mente de un Edison que tuvo 998 errores para lograr en el 999 encender un foco, en ese momento nos damos cuenta de que cuando realmente tienes un sueño que vale la pena, cuando estas motivado e inspirado para hacerlo realidad, entonces no importa si fracasas 998 veces. Bien lo dijo Edison, solamente ha encontrado 998 veces de cómo no se deben hacer las cosas.

Por alguna razón, el 7 es un número mágico y tal vez pensarás que estoy vuelto loco o que ya empecé a meter metafísica. Sin embargo, leyendo grandes biografías, he notado que las personas con un sueño, desde el inicio hasta el momento en que lo concluyen, suelen tardar 7 años. Es un aproximado, habrá quienes lo logren en 5 y otros en 10 o 15, pero si te pones 7 años como periodo a cumplir, no te frustrarás por ver respuestas aquí y ahora. De lo que sí tienes que ocuparte es del hecho de que cada día que no estés puesto en acción, simplemente estarás aplazándolo. Entonces si empiezas a partir de hoy considera que son solo 7 años, pero si inicias el siguiente año serán 8 y si nunca accionas entonces jamás cumplirás tus sueños.

¿Cómo encuentro entonces mi sueño? ¿Cómo sé qué es lo que realmente quiero en la vida y cómo lo puedo poner en acción? Lo que yo te recomendaría es que, literal, empieces a probar de todo desde la creatividad y la curiosidad. Quizá esto te permita recordar lo que te gustaba cuando estabas pequeño o pequeña, preguntarle a tus familiares y seres que te aman qué hacías con mucho gusto. Preguntando podremos encontrarnos con nosotros mismos.

Experimenta y halla qué actividades te hacen vibrar, despiertan fuego en tu corazón, te apasionan… En ellas encontrarás parte de tu felicidad, te lo aseguro. Pero mucha gente tiene miedo a encontrar su sueño porque en ese momento se convertirán en responsables de concretarlo. Entonces, la ignorancia se termina convirtiendo en una bendición cuando nada ni nadie te pone frente a frente a tu no acción. Cuando eres ignorante, simplemente no sabes que no sabes y eso ayuda a vivir como si fueran un barco de vela al que la brisa del mar los llevara de un lado a otro. ¡No postergues! ¡No lo dejes para después! Porque te prometo una cosa, nadie tiene la vida comprada y tal vez ese «después» nunca llegue. No conozco una sola persona en este mundo que, conociendo su sueño y no habiéndolo cumplido, esté libre de la frustración por no haber luchado.

¿Qué sentido tiene vivir la vida sin conocer nuestros sueños e ir por ellos? Esto le da sentido a la existencia, te hace sentir realizado, evitarás llegar al final con la frustración y el arrepentimiento atorados en la garganta, habrás vivido, habrás vivido bien. Hazlo a pesar del miedo, pues no se trata de no experimentarlo (imagínate, nunca empezarías nada). De pasos pequeños se llega a destinos lejanos. Anda esos pasitos, temeroso tal vez, pero hazlo.

Déjalo ir con amor

¿Qué es el amor? Para muchas personas es un sentimiento, para otras una emoción, decepción, magia y cada una tendrá su manera de verlo. El tema es cómo, con amor, dejar ir a una persona, una conducta, algo que nos está molestando, destruyendo o simplemente un hecho, un pasado, una memoria.

Con seguridad has escuchado la frase «Si amas algo, debes dejarlo ir», esto tiene que ver con que el amor es libertad. El amor te abre, el miedo te cierra. Todo el mundo cree que el odio es lo contrario al amor y eso no es verdad. El odio es simplemente el amor que se echó a perder, te lleva a enfocarte en esa persona, tal como el amor. El odio hace que solo estés pensando en aquella persona, el amor también. Entonces, el miedo sería en realidad lo contrario al amor porque te cierra, te aleja, te aprisiona; mientras que el amor te da libertad. Por eso que es muy importante que primero aprendamos a vivir la libertad de amarnos a nosotros mismos. Si no lo hacemos, no hay nada en esta vida que valga la pena; **el amor propio es lo principal.**

Se llega al verdadero amor después de haber conocido la prisión, de haber conocido a la familia, a la sociedad, al «deber ser». Ya después empiezas a amarte de verdad porque, una vez que conoces tu parte más oscura, empiezas a amar por completo a aquella persona que eres. Lo que hará el amor y la libertad será desnudarte por completo para que conozcas tu parte más íntima, más bella y hermosa que tienes. Es como si debiéramos llenarnos de lodo para después bañarnos y entender lo hermoso que es estar limpio.

Por lo regular dentro de mi consulta o en el programa que hago, en el que doy consejos sobre salud emocional, muchas personas expresan que quieren liberarse de la ex pareja, pero no saben cómo. Mi recomendación es que siempre lo hagan desde el amor, y no del odio y coraje. Cuando sucede así, el punto queda claro: lo que quieres es hacerle el mayor daño posible a la otra persona. Si eres maduro, en el futuro estarás completamente triste y frustrado por haberte comportado así, pero si eres inmaduro por completo, ese odio te habrá servido para demostrar un poco del veneno que hay en tu corazón.

Simplemente cuando dejamos a una persona desde el amor, estamos entendiendo que la relación ya no puede dar más. Cuando las dos personas son sabias y reconocen que lo mejor es terminar la relación eso es soltar desde el amor. Ninguna relación debe estar sujeta a una obligación. Debemos estar en una relación de pareja por la libertad y el gusto de estar con la otra persona, jamás por la obligación misma. Se vale darse cuenta que algo no es para ti y dejarlo, se vale poner límites propios, se vale ser una persona con un criterio y entender que a veces las cosas no saldrán como queremos.

Hace poco tenía un paciente que había empezado a leer un libro que le regaló su hermana y no le había gustado para nada, llevaba 70 hojas y sentía que era un sufrimiento. Le pedí que dejara de leerlo porque solo estaba asociando el dolor de esa lectura con el amor que la hermana le daba. Quizá para la hermana ese libro era muy importante, pero si a ti algo no te está sirviendo, no te está haciendo feliz ni te está haciendo crecer, tal vez no es bueno para ti. Lo mejor es aprender lo que sí nos está nutriendo, que sí nos está ayudando a crecer y seguir alimentando esa nueva idea, rutina, conducta, lectura o situación, dejando atrás lo que no sirve.

Es importantísimo que, como seres humanos, tengamos la libertad de elegir, incluso cuando esa elección sea romper las ilusiones o los debeísmos que otras personas quieren imponernos porque (te tengo una muy mala noticia) lo que no dejas ir, te aprisiona, te vuelve un esclavo. En muchas religiones, incluso en el catolicismo y cristianismo, se habla de que, si tienes las manos llenas, no puedes ayudar a otra persona, literalmente tus manos están ocupadas por aquello que posees sin darte cuenta que te posee a ti. Una corriente filosófica del budismo dice: «Mientras perdamos el deseo, automáticamente seremos libres». Entiendo que es complejo, pero pensémoslo más concreto: soltar a esas personas tóxicas de nuestra vida, soltar esas conductas que nos hacen daño y sobretodo soltar esas creencias que limitan nuestra vida. Soltémoslas desde el amor, repitiendo: «Esta creencia hoy ya no me sirve, pero agradezco el hecho de que me haya ayudado en su momento». Así no solo te quitas el grillete que te mantiene cautivo, sino que también serás agradecido.

Tómate el tiempo de analizar qué personas, hábitos o conductas te están haciendo daño, te limitan, te impiden aceptarte y comprométete con dejarlos ir para dar paso a nuevas personas, creencias, conductas o situaciones que te beneficien, que te empoderen, que te colmen de actitud positiva, que te permitan ser auténticamente libre y feliz. Déjalos ir desde el amor para que el odio no se abra paso en tu corazón causándote dolor, te estarás dando la oportunidad ir a cosas mejores.

Disfruta para triunfar

Es muy importante que conforme desarrollemos nuestra meta u objetivo, aprendamos a disfrutar cada momento. Aprendamos a ser agradecidos con ese proceso, de no hacerlo, nos estaremos engañando a nosotros mismos y solo nos estaremos enfocando en la meta. **Una persona que sabe triunfar, disfrutar y aprende a amar el proceso, aprende a amar todo el juego y no solo el final,** es una persona que más adelante podrá tener éxitos mayores. Si no disfrutamos el camino tenemos algo conocido como el «fracaso ante el éxito», y ocurre porque nos da mucho miedo empezar cosas nuevas y preferimos seguir dándole vueltas y vueltas a aquello que en algún momento nos funcionó para algo.

Las personas que tienen fracaso ante el éxito son desidiosas, con pereza de hacer algo diferente, y esto lleva a que muchas presenten el famoso «Síndrome del impostor», en donde creen que sus éxitos fueron dados por el Universo y sus fracasos son porque se los merecían. Tienes que salir de esta idea, de esta creencia, porque este fracaso ante el éxito es como una regla que nos hemos puesto para no tener éxitos en la vida, y así no hacer sentir mal a nadie de nuestra familia o conocidos por su propio fracaso.

En psicoterapia no imaginas cuantos pacientes han llegado que, a pesar de que en la vida han podido salir adelante, lo han hecho con una culpa enorme y se autosabotean en cualquier éxito inicial. Son personas con padres y madres sumamente celosos y envidiosos de sus hijos, pareciera que tuvieron hijos solo para hacerlos sentir tan mal como se sentían ellos. Entonces, se instala un tipo de programa con el que cada vez que van a tener éxito, se hacen fracasar de alguna manera. Inconscientemente buscan arruinar sus oportunidades.

La pregunta obligada en este caso sería: ¿cómo salir de este sabotaje? ¿Cómo salir de esta conducta que hemos aprendido día y noche? Para esto debes de ser consciente de disfrutar el proceso, al hacerlo los éxitos llegan sin que lo notes. Eso te dará la libertad que tanto deseas, que tanto vive y radica dentro de ti, y que sabes perfectamente que, si tú lo logras, tu vida será diferente. Podrás dar mucho más en esta vida, a la gente que te rodea, si explotas ese potencial que llevas dentro, serás una persona mucho más útil en la sociedad que solo una que se siente a no hacer nada y quejarse.

Las personas con miedo al éxito creen saber lo que pasa en la mente de los demás y se llenan de excusas para no concretar sus tareas. Al final, terminará siendo cierto porque se lo creerán, porque la sociedad es igual en ese sentido: no quieren que tengas éxito, te comprarán tus excusas y van a aceptarte como víctima. El tema es que no siempre podemos engañarnos porque sabemos, muy dentro de nosotros, que estas ideas no son reales, que contamos con esta luz maravillosa que nos puede llevar al éxito que tanto queremos. Entonces nos frustramos.

«Nuestro miedo más profundo no es que seamos inadecuados. Nuestro miedo más profundo es que somos poderosos sin límite. Es nuestra luz, no la oscuridad lo que más nos asusta. Nos preguntamos: ¿quién soy yo para ser brillante, precioso, talentoso y fabuloso? En realidad, ¿quién eres tú para no serlo? Eres hijo del Universo. El hecho de jugar a ser pequeño no le sirve al mundo. No hay nada iluminador en encogerte para que otras personas cerca de ti no se sientan inseguras. Nacemos para hacer manifiesta la gloria del Universo que está dentro de nosotros. No solamente en algunos de nosotros: está dentro de todos y cada uno. Y mientras dejamos lucir nuestra propia luz, de manera inconsciente damos permiso a otras personas para hacer lo mismo. Al liberarnos de nuestro miedo, nuestra presencia automáticamente libera a los demás». Inspirador discurso de Mandela sobre el tema que tratamos.

Es un muy buen momento para merecer ese éxito que tanto anhelas, sigue trabajando en ti y no olvides disfrutar cada paso que das en este camino maravilloso.

El poderoso NO

¿Cuántas veces te has frenado porque crees que te negarán tu petición? Cuando he tenido pacientes hombres, muchos coinciden en no invitar a salir a la chica que les gusta porque tienen miedo a su negativa. Primero, están confundiendo el rechazo, llevándolo a su persona y no a su invitación. He ahí el problema, creemos que cuando nos dicen «no» nos lo están diciendo a nosotros como seres humanos, a nuestra identidad misma, a la esencia que nos construye; en realidad están negando la oferta de salir. Le dijeron NO a tu petición, le dijeron NO a tu pregunta o le dijeron NO a algo que tú ofreciste. No debemos sentirnos anulados o menos por recibir un no por respuesta, no deberíamos dejar que afecte nuestra autoestima.

«El no ya lo tienes» es una frase que usan muchísimo las personas que buscan enseñar a otros cómo seducir a alguien. Lo podemos extrapolar al área de las empresas, del emprendimiento, de la motivación o de cumplir tus propios sueños. Al no ponerte en acción eres tú mismo quien se niega la posibilidad. ¿Por qué los seres humanos nos negamos el derecho de vivir lo que nos merecemos? Es el fracaso ante el éxito. No nos creemos merecedores, que podemos pedirle algo a la gente, al Universo o como tú le llames. Pensamos que, si se lo quitamos a la otra persona, en el mundo dejará de haber abundancia, y esto es una completa patraña.

El mundo es abundante, hay demasiado en él, el problema es que creemos que al obtener aunque sea un poco de él, le estaremos quitando algo a alguien más y eso nos lleva a ser malas personas. No es verdad. Aleja esa creencia de tu mente, concibe el mundo como es en realidad: colmado de abundancia infinita, de oportunidades. Hay mundo para todo aquel que se atreva a perseguir sus sueños, a obtener de la vida lo que sabe que se merece, toda la prosperidad, abundancia, el amor infinito. Hay mundo para todo el que se atreva y no se deje limitar por la posibilidad de un rechazo.

Insisto: el no ya lo tienes, úsalo a tu favor. Úsalo para tener la posibilidad de obtener un sí, de poder tener aquello que quieres. Si ya sabes que te dirán no, no existe riesgo en intentarlo, ¿no lo crees? ¿Y si es al revés? ¿Y si te dicen sí? ¿Si aceptan tu petición? Quizá pienses que la probabilidad es casi nula, pero al menos existe una mínima posibilidad de que sea favorable la respuesta. Pero si te callas, si no te atreves, entonces el no será lo que siempre te pertenecerá y jamás estarás seguro de lo que pudo haber sido.

Falso Sócrates

Hay gurús que solo te hacen sentir bien al principio y así logran sacarte dinero. Date cuenta de que todo toma tiempo y las preguntas más profundas y las que duelen son las que te llevaran al destino que buscas. El verdadero maestro no es aquel que te dirá con exactitud lo que quieres escuchar. A últimas me he encontrado en redes sociales a estos falsos gurús, incluso personas que se hacen llamar doctores y que, cuando se les pide que muestren su cédula profesional o demuestren que tienen un doctorado o que simplemente son médicos, se les va el internet y dejan de contestar tus preguntas. Esto es porque cualquiera en internet puede ser quien quiera. Tú puedes elegir en tus redes lo que quiere consumir y ofrecer y está perfecto, siempre y cuando no te vendas como un falso gurú.

Cuando una persona empieza a ser moralista, a decirte cómo debes de vivir tu vida, lo que está bien y mal dentro de una relación de pareja, en ese momento te pido que dudes de esta persona, ya que simplemente quieren imponer su punto de vista sobre el tuyo. Lo más seguro es que no les interesa tu bienestar, sino que pienses como ellos, que seas parte de su manada. Entonces ya se sienten verdaderos profetas, cuando en realidad son falsos gurús que solo quieren ser pastores de ovejas. Y no tengo nada en contra de las personas que quieran ser ovejas: ¡adelante, selo si tú quieres! Pero hazlo desde la consciencia, desde la voluntad: «Sabes qué, no quiero pensar, no quiero ser libre, no quiero ser responsable, ¡guíame!». Si es así, si eso es lo que en verdad quieres, ¡adelante! Que no sea algo impuesto, que sea a través del debate, del intelecto, de la ciencia.

Si has llegado hasta aquí, me queda claro que no eres una persona que busca ser guiada sin pensar, quieres ser auténticamente libre, así que, dudo mucho que desees que estos falsos gurús o profetas te manipulen. Lo que suelen hacer estos falsos gurús (que te van a quitar tu dinero) es decirte que ellos tienen el secreto, que han estado como tú y ahora van a demostrarte lo que hicieron para seguir adelante. Este es el gancho perfecto para cualquier persona que se niegue a pensar por sí misma, para que quienes están buscando una salida de su miseria. Tú no sabes cuantas veces he encontrado personas que dicen haber vivido ansiedad y se han grabado teniendo ataques por ese motivo, como si en medio de ese problema te diera el tiempo de prender tu cámara y ponerla en un tripié para mostrar cómo es tu ataque de ansiedad. Perdón, estas personas jamás en su vida han tenido un ataque de ansiedad, porque cuando vives uno (o una crisis de angustia o un ataque de pánico), lo que tu cerebro quiere es salvarse. Jamás estará pensando en poner tu celular para grabar, el cerebro no funciona de esta manera. Debes tener mucho cuidado con estas personas, puede que ellos ni siquiera estén viviendo lo que tú deseas. Aquí debes esforzarte por encontrar que hay detrás de las palabras de esta gente, porque serán grandes manipuladores, pero no grandes personas.

Un buen psicoterapeuta no es aquel que te dará la razón y te dirá que todos los demás están mal. Todo lo contario, un gran psicoterapeuta te mostrará que el mundo no tiene que cambiar para que tú seas feliz, sino que tú debes aprender a lidiar con el mundo donde te tocó nacer. A veces es difícil y a veces es muy doloroso, pero ¿qué crees? El amor real pone límites, te ayuda a ser mejor persona, no te hace seguir creyendo en cuentos de hadas, sino que te demuestra que la vida es un caos y tú puedes ser completamente feliz dentro de él.

Deja de creerte las cosas que dicen estos falsos gurús, deja de hacerles caso a los que solo repiten todo como si fueran merolicos y empieza a vivir tu vida.

El psicoanalista le dice a su paciente (un gran empresario): «Mi técnica es muy sencilla, usted entra a mi consultorio, le habla a esta grabadora y al final lo escucho. Si me interesa su caso lo atiendo, si no me interesa, lo dejo. Tiene 45 minutos para grabarla».

El paciente entró y salió a los 2 minutos. Al psicoanalista le intrigó qué había pasado: «Señor, usted no pudo haberme contado toda su historia en 2 minutos», a lo que el gran empresario respondió: «Así como usted, yo también soy un hombre muy ocupado, así que mi grabadora le está hablando a la suya».

Esto para mí es una gran historia porque muestra cómo el conocimiento va pasando de «grabadora en grabadora» sin que haya una sola persona que se pregunte: ¿realmente es viable este conocimiento?, ¿es útil para la época que vivimos?, ¿es útil para mí en este momento? Si cualquiera de las respuestas es no, ¡deséchalo! Simplemente son grabaciones muertas. ¿Cuántas veces hemos encontrado esto en libros?, ¿cuántas veces hemos encontrado esto en las palabras muertas de falsos profetas que vienen a decirnos que el mundo se va a acabar, que no somos suficientes? La realidad es que esto se ha repetido desde hace mucho tiempo. Tal vez cuando decimos que el mundo se va a acabar, no estamos hablando del mundo físico, sino del mundo interno de esa persona, que con tanto miedo lo grita para que alguien más lo ayude a cargar su propia angustia, a cargar con su propia miseria. No permitas que te engañen ofreciéndote todas las respuestas. Siempre cuestiónate todo.

Monos lampiños

Nos jactamos de ser seres humanos, pero somos muy conscientes de que también somos animales, de que nos movemos por instintos. Y aunque nuestra parte racional nos diferencia de las bestias, esta convive con la animal que debemos aprender a reconocer y aceptar, porque forma parte de quienes somos.

Tengo un gran amigo que se llama Eduardo Talavera. Es un comediante bastante ácido y dentro de su rutina está la sección «Darwin's Awards», en la que otorga premios a las personas que considera que tienen cero capacidad intelectual y que la única razón por la que están vivas es porque la sociedad es bastante buena. Suele elegir a quienes no creen en la ciencia, que cuando brotó el coronavirus, aseguraban que se trataba de una pandemia manipulada por unos gobiernos y que las vacunas contenían micros y nanochips. Este tipo de cosas entran en los «Darwin's Awards». No se trata de hablar si es o no real lo que él está diciendo o poner en tela de discusión o juicio si el pensamiento mágico es superior al pensamiento científico. De lo que quiero hablar es en cómo los humanos somos animales racionales.

Detrás de muchas de nuestras decisiones, hay una parte biológica que gobierna. Todo lo que vive en nosotros, desde la parte más biológica hasta la más espiritual, nos influencia y nos convierte en seres individuales, sin división. Por ejemplo, en la pandemia, pudimos ver como las personas compraron todo el papel de baño disponible porque corrió el rumor de que se acabaría (nada lógico o racional). Esto se conoce como «Mentalidad de rebaño» y no es una ofensa, los humanos solemos repetir lo que hacen otras personas. Es como una manera ancestral de cuidarnos de la ansiedad, de mantenernos con vida y generar supervivencia.

Por eso te invito a que, cada vez que tomes una decisión que parezca no haber pasado por la racionalidad, te preguntes: ¿qué fue lo que me movió?, ¿qué hubo en mi biología o que hubo en mi inconsciente que me hizo actuar de una manera impulsiva? Así empezarás a reconocer si le diste poder a tu parte animal y no racional y con ello, podrás recuperar el control que tu instinto animal te estaba arrebatando.

El hecho de aceptarnos como seres biológicos no dicta que debamos estar a merced de nuestra biología y de la naturaleza. Varias de las peleas que he visto dentro de las relaciones de pareja y que he platicado con pacientes tienen como origen si se es capaz o no de controlar los impulsos y qué tanto se deben dominarse frente a los demás.

Podemos controlar nuestros impulsos, eso nos diferencia de los animales, por algo somos seres racionales y ellos no. Si tu pareja, por ejemplo, ve videos de mujeres o de hombres frente a ti y esto te molesta, te preguntas por qué no puede controlarse si ya está al tanto del enojo. Lo que nos hace seres humanos es la capacidad de ir dominando nuestra propia naturaleza animal, nuestros instintos y, sobre todo, comportarnos de una manera social aceptable (bajo las normas de la sociedad en la que vivas). Cuando una persona excusa que el responsable de sus acciones fue su biología, lo que realmente te está diciendo es que no quiere hacerse cargo por no controlar su impulso, que fue mucho más fuerte que su fuerza de voluntad. Cuando esto quiebra alguna ley y llega al delito (delito de poder, delito sexual, delito de jerarquía u otros) se debe sancionar. Vaya, este no es un libro para tratar temas judiciales o morales. Lo que busco es que nosotros, como seres humanos, con la libertad y la responsabilidad de controlar y guiar cada uno de nuestros impulsos biológicos, lo hagamos a nuestro favor sin dañar a los demás. Aportará a nuestro propio desarrollo humano y personal.

Me encantaría que entendieras que la libertad que tú tienes y ese poder de ejercerla solo recae en ti, ya no puedes echarle la culpa a otras personas ni a tu sociedad o cultura. Si ya eres una persona consciente, se tú él y la responsable de cómo ejerces tu libertad. ¿Te comprometes a convertirte en responsable? Toma el control racional de ti mismo, sé responsable de tus acciones.

Valores que destruyen

Aclaremos algo antes de avanzar: esto no va en contra de una persona en específico o alguna práctica, hablo de un sistema que nos ha engañado haciéndonos creer que, si no se cumple a cabalidad, el ser humano no tendrá valores. Hablo del daño que la religión ha creado dentro de los seres humanos, sobre todo en Latinoamérica.

Los seres humanos somos seres espirituales, para mí es necesario tener una buena relación con un Dios, pero no con uno que esté impávido, completamente ciego, sordo, que no te escuche; sino con un Dios que todo el tiempo te busca, que lo que está intentando es que tú lo encuentres y él se quiera dejar encontrar, o ella en su caso.

El problema de las religiones que vivimos en Latinoamérica (o las más aclamadas) es que están basadas en un sistema romano con el que se considera a los fieles como segregados, fuera la élite, como bárbaros. Si te remontas a la historia del catolicismo o el cristianismo, verás que la gente normal (sin cargo eclesiástico) no podía ni siquiera leer los textos antiguos porque no estaban traducidos (no querían hacerlo) para que se mantuviera en la ignorancia. Hoy vivimos en un mundo completamente informado. Pero ahora, **el daño que la religión ha traído es por las interpretaciones de quienes se consideran líderes, guías religiosos.**

¿Es necesario tener una religión para tener valores? ¿El ser humano es tan ignorante, tan violento y tan animal que no puede tener valores si no es a través de un dogma religioso? Aquí es donde podemos usar la biología para desmentir este tipo de criterios. La biología, así como la psicología antropológica, nos demuestra que no es necesario la religión para tener valores.

Empecemos con un ejemplo, con un valor muy importante, el amor al prójimo. Como seres humanos **somos sociales y es importante que nos amemos entre nosotros,** nos cuidemos para sobrevivir como sociedad. Hoy, con toda la tecnología que tenemos, ¿es necesario seguir trabajando para la supervivencia de la sociedad? ¿No sería más sencillo que cada quien estuviera en su casa y ya no tuviera contacto con ningún otro humano? ¿Ya no necesitamos de los otros? Pues todo esto es una de las peores mentiras que existen, lo único que podrías hacer para no depender de otro ser humano sería vivir muy muy lejos de cualquiera persona. Probablemente no lograrías sobrevivir ni 5 años. Nos guste o no, nos necesitamos entre todos. Quienes declaran que no quieren relacionarse con otros seres humanos no es por odio, solo que fueron lastimados y temen volver a pasar por eso. En ningún momento es por falta de amor al prójimo.

Cuando te amas a ti mismo, cuando sabes que eres único e irrepetible, en ese momento puedes entregar tus capacidades, tus dones y tus talentos a otras personas para así crear un grupo mucho más fuerte y cohesionado. Los humanos sabemos, de toda la vida, que si no es con la fuerza del grupo, el individuo moriría por la fuerza de la naturaleza (cualquier posibilidad en ella). Entonces, más que estar pensando en lo que la religión te obliga a hacer, ¿por qué no empezar a pensar que nos conviene amarnos los unos a los otros?

Muchas personas creen que la riqueza está en el cielo, que tienes que sufrir en este mundo para vivir muy bien en el siguiente, y esto no solamente lo dice la religión católica, en la islámica permanece la creencia de que, si la persona es asesinada, en el cielo contara con setenta y tantas vírgenes para disfrutar. Entonces, no estamos aquí para criticar la religión, lo que estamos diciendo es ¿por qué esperar la muerte para generar riqueza? ¿Por qué la religión católica y las religiones del mundo, en absoluto, tienen tanto miedo a la riqueza? ¿Es, acaso, que creen que las personas que tienen dinero podrán informarse más y de esa manera empezar a ver las patrañas que se les venden? ¿O simplemente tiene que ver con una necesidad de dejar de buscar el dinero y empezar a buscar la espiritualidad? Si es esta última, entonces se ha comunicado muy mal en Latinoamérica ya que, por lo menos en mi país (México) las personas que están en situaciones de pobreza creen que se trata de una cruz que tienen que cargar y que, tras su muerte, vendrá la recompensa.

Esto no solamente hace que el hombre y mujer sean mediocres y vivan una ilusión, sino que limita el crecimiento propio y de la sociedad, y el desarrollo tecnológico de las nuevas generaciones. Imagina que si a las pequeñas generaciones que llegan les empiezo a decir que no deberían hacer nada porque en el cielo es donde van a conseguir todo, estoy creando a una legión de personas flojas y desidiosas que no van a querer mover un solo dedo, esperando a que sea el cielo o el gobierno quien se encargue de todo.

Ahora bien, ¿qué es la riqueza?, ¿está vinculada con el dinero? El problema de decir riqueza y confundirla con lo económico es que la primera puede ser del corazón, de las emociones, de la bondad, de tus valores y no exclusivamente del dinero o el papel moneda. Aquí es donde se comete un error. Sí creo en una riqueza material y en una riqueza espiritual sin ningún tipo de conflicto entre cada una de ellas. Se puede tener mucho dinero y ser una gran persona, así como se puede tener mucho dinero y ser una terrible persona, una no excluye a la otra y, además, una no está correlacionada con la otra. Es por eso que, cuando decimos que las riquezas están en el cielo, lo que estamos haciendo es alejar lo espiritual de lo que la persona puede crear en su propia vida. La verdadera riqueza se encuentra en tu corazón, en tu capacidad para resolver problemas y ser mucho mejor en sociedad.

Los valores de la religión no están vinculados con los valores humanos, incluso te podría decir que si a una persona jamás se le enseña sobre religión, eso no excluye que pueda llegar a creer en un ser superior o un ente espiritual, sino que, además, si se le fomenta la creatividad, el uso de la razón y de la bondad, esta persona no necesitará a un Dios castigador para evitar ser una mala persona.

Vayamos ahora al Dios castigador, este que sí aparece en el viejo testamento, que es una visión en la que, cuando las cosas no salían bien en el pueblo, era porque algo estaba haciendo mal y Dios debía reprenderlo. Ahora, quiero que vuelvas a leer esta idea, es muy importante que entiendas que en toda la historia de este pueblo (que llamaremos judío), en el viejo testamento sus pobladores son conscientes de que no han hecho las cosas bien y desataron la furia de Dios. ¿Qué diferencia habría si el mundo, en vez de educarnos en la idea de que hay un Dios que te está castigando, nos educara desde ser responsables de nuestras acciones porque hay reglas muy claras y de romperse habrá consecuencias?

Por desgracia la traducción ha hecho de las suyas. El viejo testamento ha pasado del arameo al griego y del griego al latín y, aunque no lo creas, algunas de las palabras que se usan como equivalentes entre lenguas resultan muy diferentes y cambian el contexto por completo. Hablemos del arrepentimiento. Esta es una terrible traducción que se hizo ya que, en muchas de las partes en donde Jesús dice: «Arrepiéntanse, que el reino de los cielos está cerca», no era arrepentirse la palabra correcta, sino «Teshuvá, Teshuvá» que significa «regresar». Mira cómo cambia el significado: «Arrepiéntanse, que el reino de los cielos está cerca» contra «Regresen, que el reino de los cielos está cerca». Parece muy tonto, pero es completamente diferente la manera en la que se nos enseñó. Regresar significa que se cumple lo que en el judaísmo se dice (que Dios siempre nos está buscando y nosotros tenemos que acercarnos a Él). Veamos el ejemplo en el que Moisés sube al Monte Sinaí para recibir las tablas de Dios, y este baja. Las malas traducciones pueden trastocar grandes emblemas y bases de una religión, como lo es *La Biblia*.

La Biblia no es el único libro que habla de Dios y, por lo tanto, debemos de entender que hay muchísimas formas de ver a este Dios creador, no solamente la Judeocristiana es la correcta. Dejemos de buscar al Dios perfecto, al mejor de todos y empecemos a darnos cuenta de que al final esto es solamente una manera de mirarnos como seres humanos y entender que esta narrativa, o este cuento que nos estamos contando, nos puede ayudar a ser mejores personas o unos asesinos.

Y por último, hablemos de la culpa para dominar. Se ha encontrado que la culpa es uno de los mejores medios para controlar a una sociedad porque es una emoción social. Puedes usarla para hacer sentir mal a las personas y hagan lo que tú les digas. ¿Para qué? Ellas lo harán para eliminar la angustia que hay detrás de la culpa, esta que termina por destruir al ser humano si no es trabajada dentro de un contexto filosófico o terapéutico (y nuestros familiares la conocen bien, pues se usa como dominio familiar). Las personas intentan no cometer errores, no por el error mismo, sino para no sentir el displacer de experimentar la culpa. De ser así, ¿estamos haciendo las cosas por el miedo a sentirnos mal? ¿O es porque es lo correcto? Entonces empezamos a abrir un tema completamente ético y nada que ver religioso.

Tus valores han de ser parte de lo que es importante para ti, descubre tus valores primordiales, deja atrás la creencia de que hay valores que tienes que tener solo por religión o porque te fueron inculcados. ¿Conoces tus valores reales? ¿Aquellos a los que les das prioridad, aquellos presentes en ti, que son importantes para ti?

Nuestros valores son los faros que guían nuestra vida.

Amor, familia, amistad, respeto, humildad, amabilidad, ética, generosidad, sinceridad, responsabilidad, esperanza, justicia, libertad, autodominio, independencia, solidaridad… ¿Conoces cuáles son tus valores fundamentales? Si no estamos alineados sufriremos sin sentido y cuando me refiero a alineados imagina que tus valores son faros de luz, estos faros que vemos en las fotografías que iluminaban el camino de los barcos para poder llegar a los puertos sin perderse en la inmensidad del mar. Si vives de forma incongruente con algún valor que es importante para ti, te sentirás perdido y seguirá siendo así hasta que utilices el valor ignorado o con el que estás siendo incongruente y que, como un faro, te regrese a la luz.

Cuando somos incongruentes con alguno de nuestros valores fundamentales, nos sentimos mal, hasta afecta nuestra propia autoestima, por eso es importante tener claro cuáles son esos valores importantes en nuestra vida.

¿Pero qué pasa cuando no los tenemos claros?, ¿si no sabemos qué es un valor? Y sobre todo, ¿qué pasa si nuestros valores fueron inculcados por personas que, tal vez, tampoco sabían que valores tenían? Es estar completamente perdidos en un territorio donde el mapa no coincide con el lugar en donde estamos, y es por eso que es tan importante que desde hoy sepas qué es un valor y cómo lo puedes usar a tu favor.

Respeto, amor, justicia, libertad, tolerancia, responsabilidad, bondad, gratitud, humildad, solidaridad, lealtad, perdón, paciencia, honestidad... Estos son algunos de los más conocidos, podríamos llamarlos cualidades humanas. Te invito a que estos valores los conviertas en un modelo de acción conjugada, por ejemplo: «Respetaré». Harás que la palabra escrita se convierta en movimiento, así podrás medir tus valores y tu forma de vivir. Como midas el éxito y el fracaso es cómo vivirás cada uno, si estos son algo positivo, existirás de una manera bastante agradable, en cambio si es desde lo negativo, todo lo que hagas terminará frustrándose.

Hagamos una exploración minuciosa: ¿en dónde estamos?, ¿qué tanto puedo medir los valores que estoy viviendo y qué tantos cambios puedo plantear para que este valor pase de una connotación negativa a una positiva?

Empieza por identificar cuáles son los valores con los que riges tu vida. Tómate un tiempo para reflexionar, mide la forma en que los vives para darte cuenta de si estás siendo objetivo o si has elevado ese valor tanto que te estás haciendo daño.

Siempre se habla de valores con una connotación positiva cuando la realidad es que también hay negativos por la forma en que los vivimos o nos valemos de ellos.

¿Cómo sabemos que un valor es negativo? Los valores negativos (ojo: no son malos) son aquellos que están basados en algo externo a ti, pueden ser nacionalista, religioso, imperialista, cualquier cosa que tenga que ver con algo externo completamente a ti, en donde no significa que sea algo malo, pero si algo que pueda generar un problema a gran escala.

¿Cuántas veces ha pasado que por la nacionalidad las personas se han matado justificando que no pensaban igual? Este es uno de los problemas que tenemos referente a los valores externos a nosotros, los hemos aceptado como una narrativa que termina convirtiéndose en un daño mayor si uno de estos valores es arriesgado o es puesto a prueba. Es muy importante conocer qué valores te empoderan, no simplemente escuchar a otros y agarrar lo que te dicen, para esto, requieres de un proceso filosófico psicoterapéutico, en donde vayas poco a poco dándote cuenta qué valores están llevándote al éxito y cuáles, tal vez, te mantienen en una zona de confort. Los valores que te empoderan, como responsabilidad, creatividad, verdad, honestidad, entre otros; son valores que, si se manejan de la manera correcta, pueden llevarte a vivir en plenitud, quizá no fuera de la zona de confort por completo, pero sí se pueden acercar al éxito.

Los problemas de tu vida te enfrentan a tus valores. Si yo le pongo atención a una vida fuera de lo que realmente puedo alcanzar, en ese momento me estaré lastimando porque jamás podré vivir como quiero y estaré persiguiendo la vida de otras personas y caminos que tal vez ni siquiera me lleven a un buen destino. Por esto debo entender que los problemas que tengo no son negativos, sino que me están enfrentando a mis valores y cómo aprovecharlos. ¿Cuántas veces hemos caído en ese arrecife, en ese vacío, y en vez de darnos cuenta de que fue por culpa del faro (o el valor), creemos que fue nuestra responsabilidad por no hacer las cosas bien? Este pensamiento es el que termina por destruirte y no te permite seguir avanzado para encontrar valores que te sumen.

Cuando decidas cambiar tus valores habrá dolor y encontrarás resistencia porque estás acostumbrado a vivir de cierta manera y a tu cerebro no le gustará el cambio, entonces habrá tanto dolor como para que te quieras alejar de la novedad. Sin embargo, si sobrepasas el dolor y superas la resistencia tendrás mayor tolerancia a la frustración, te hará un mejor candidato al éxito en tus propios términos. Es un premio alto y vale la pena ser determinado, ser persistente para lograrlo.

Una de las cosas que más caracterizan a las personas que han hecho cambios en la humanidad es que tienen la capacidad de tolerar la frustración, de aprender de sus errores sin miedo y sin dolor. No es que no les duela y no es que no les de miedo, lo hacen a pesar de todo, siguen adelante buscando lo mejor para ellos y la sociedad.

Para reconocer y cambiar (si así lo quieres) tus valores, haz una lista de los que tienes. Analiza lo siguiente en cada uno: ¿cuáles de estos valores me ayudan a crear la vida que yo deseo?, ¿cuáles me ayudan a tener placer?, ¿cuáles hacen una mejor persona? Los que salgan agrúpalos como valores internos. Ahora hablemos de los que solamente te han generado vergüenza, culpa, miedo, dolor, enojo, tristeza, u otras emociones displacenteras. Tal vez no son valores tuyos, tal vez son valores que te han inculcado y que hoy ya no te sirven para nada. Estos serán los valores externos. Trabajarás en fortalecer los que pertenecen a la lista de internos para aumentarlos y notes cómo mejoran tu vida. Así, no será necesario eliminar los valores externos, será tu propia vida, tu mente, lo que los irá alejando de ti. Tu cerebro notará que ya no son necesarios en tu existencia.

Esta es la mejor y más grande técnica que existe para modificar tus valores, no se trata de destruir los que ya llevamos dentro, sino de fortalecer los que nos gustan y nos hacen bien, y de esta manera ir quitándole la energía a los que no nos sirven.

Éxito material como meta

Vivimos en un mundo donde se busca frenéticamente el éxito material, poseer. Hay adictos al trabajo, personas que dejan de lado el disfrute de su vida, que no se dan tiempo de calidad, que no descansan porque necesitan producir más, tener más ¿Qué sentido tiene poseer más si no vas a disfrutar la vida? Ni una moneda nos llevamos cuando nuestra vida acaba. Que la adicción al trabajo también puede ser una forma de distracción para no lidiar con el dolor.

Me encantaría que le preguntaras a una persona que es completamente adicta al trabajo lo siguiente: ¿para qué trabajas tanto?, ¿cuál es el fin? Vamos a llamar a este ejercicio «Pregúntale al Workahólico». Cuando a una persona que trabaja demasiado le preguntas qué es lo que realmente necesita, no podrá responderte porque el workaholismo es un tipo de adicción que sirve para anestesiar las emociones incongruentes o displacenteras a través del trabajo. Entonces, ¿busca realmente el éxito material o está tratando de alejarse de aquello que le duele y molesta?

Si eres tú el adicto o la adicta al trabajo, hazte estas mismas preguntas: ¿por qué?, ¿con qué fin?, ¿realmente estás persiguiendo el éxito material o hay algo detrás? Y a todo esto, ¿qué es el éxito material?, ¿lo necesitamos?, ¿es tan importante? Una de las preguntas que más me gusta al respecto es: ¿a qué estarías dispuesto a renunciar por ese éxito material?

Al definir el éxito material cada uno de nosotros tendrá sus propias opiniones y cómo medirlo, ya que para mí puede ser simplemente tener una casa en donde mi familia esté tranquila y para otra persona será un Bugatti Wagon con el que pueda correr en pistas alemanas y viajar a Japón a comer un buen sushi... El tema surge cuando el éxito material está completamente fuera de nuestra razón, cuando empezamos a obsesionarnos y a llenarnos con ideas como la de tener relojes híper caros, animales exóticos, aviones privados, entre otras. Ya eso no es sano. Está bien tener, poseer, pero no renunciar a nuestra tranquilidad, a nuestra felicidad con tal de alcanzar cada vez más y más. Esto me llama mucho la atención. Suelo ver en redes sociales que cuando se habla de éxito, se acompaña de fotografías con personajes virales en coches impresionantes, aviones, yates y yo me pregunto: ¿es esto el éxito material?

¿Qué es para ti?

¿Alguien creerá que siguiendo estas publicaciones y personajes tendrá yates, aviones y lo demás? No porque leas frases de enriquecimiento alcanzaras grandes bienes materiales, no porque te llenes de libros de cómo ser millonario te convertirás en uno. El éxito material es una representación de tu mente, de cómo visualizas tu mundo interno. Si para ti el éxito material es tener todo lo que hoy no tienes, lo único que haces es frustrarte todos los días y creas una paradoja donde la buscar más, menos alcanzas.

Yo te invito a que revises biografías de los más grandes millonarios, entenderás que no buscaban el dinero como tal, era lo de menos. Ellos y ellas estaban querían que su sueño alcanzara a la mayor cantidad de gente posible. Es por eso que empresas tan grandes como Apple, Microsoft, Oracle, entre otras, son tan fuertes económicamente hablando, porque resuelven problemas que quizá para nosotros ni siquiera existen (porque ellos los están resolviendo).

No te centres en el éxito material, enfócate en perseguir tus sueños, en fijarte metas, en resolver problemas, en crecer, avanzar, así el dinero vendrá. Hasta ese momento ya podrás decidir en qué gastarlo, no te desvivas por ello antes de haber acumulado riqueza. Trabaja con esfuerzo, pero nunca dejes de lado disfrutar el camino, que estés tranquilo y con calidad de vida. Solo vives una vez, no te lo pierdas solo por trabajar. Si consideras que tu obsesión al trabajo es para lidiar con una emoción dolorosa, mejor enfócate en mejorar. Anestesiar tu dolor no lo hará desaparecer, debes vivirlo, enfrentarlo. Busca ayuda, haz lo necesario para mejorar, mágicamente no desaparecerá. ¿No es mejor trabajarlo que cargar con ese peso? Puedes anestesiar tu dolor mientras trabajas, pero ¿qué pasa cuando no lo haces?, ¿cuando te vas a la cama? No mereces eso.

Mood saberlo todo

Una de las más grandes complicaciones en este momento es la soberbia al creer que lo sabemos todo o que siempre estamos en lo correcto, que nuestra opinión es la única posible y nos negamos a aprender de otras personas porque nuestra postura es tan perfecta que no podemos aprender nada de nadie más que no sea de quienes piensen como nosotros. Este tipo de soberbia lo que hace es destruirte porque va en contra, incluso, del mismo aprendizaje.

Usemos como ejemplo Wikipedia. Es una enciclopedia web que cuenta con información probada y certificada no solamente por una institución, sino por varias personas, lo que hace que sea aún más fidedigna. No significa que sea la última palabra, pero cuentan con algo más que solo opiniones. Las evidencias que necesita para publicar algo no se las piden a las personas para hacer lo mismo, si fuera así seguramente dirían: «Has tu propia investigación» o «No es mi responsabilidad». Te diré una cosa, si afirmas algo debes tener las bases para sostener tu postura.

¿Y qué tal al sostener tu propia postura ante ti mismo?

Si se tratara solo de bases para sostener aquello en lo que crees, ¿las tienes?

Deja atrás la soberbia de creer que lo sabes todo, solo te limita. Mejor abre tu mente a otras opiniones, a información distinta a la que tienes, indaga más allá y, para apegarte a una creencia, busca siempre las bases, los argumentos, las pruebas científicas, algo en lo cual apoyarte. Basta de darte la razón solo porque sí, esta es una conducta humana que no lleva a ninguna parte. Indagar más te ayudará a crecer, a romper tus límites. Te conviene.

Positivismo que nubla la perspectiva

Hace unos años empezó un movimiento llamado *positivismo* y no me refiero a la teoría filosófica o a la postura psicológica, hablo del positivismo en donde todo tenía que ser positivo, tal cual: todo es bueno y pasa para lo mejor. No acepta que a veces en la vida las cosas salen mal o no pasan como uno quisiera. Tratar de ver la vida de una manera extra positiva te impedirá ser objetivo, tomar decisiones acertadas y realistas. En definitiva, no te conviene. Del mismo modo, tampoco ayudará ser extra negativo, ir por la vida resaltando lo malo, quejarte, esperar lo peor.

Este positivismo del que hablo es un tipo de pensamiento mágico en el que se cree que todo lo que pasa está destinado a tu favor, cuando lo único que toca es aceptar que, a veces, la vida es una mierda y no pasa nada. Aceptándolo puedes empezar a mirarla desde un nuevo nivel, en cambio si te estancas en pensar que el mundo es rosa y todo funciona para ti, te llevará a caer con los gurús vende humo. Cerrarás los ojos ante alguna verdad que te toca aprender. Si te autoengañas con fantasías de lo que podría ser, no tomarás el control de lo que sí sucede.

Cuando pensamos que todo es para un bien común, un bien magnifico y genial, universal o como lo quieras llamar, en ese momento nos mentimos y no logramos ver la realidad, no estarás trabajando, por ejemplo, tus emociones displacenteras. Estas emociones que no nos gustan nos están dando guía para trabajar en nosotros mismos. Si algo no me está gustando, no es que el Universo me quiera dar un mensaje, es que simplemente tengo que hacer un cambio en mi manera de estructurar, de ver o de actuar, de lo contrario solo me niego a ver la realidad y quedaré en total desventaja frente al resto de la gente. Entonces, en lugar de estar en contra de las personas que piensan negativo, el objetivo aquí es evitar ir a los extremos. Ni todo positivo ni todo negativo: la vida es un caos completo que se va equilibrando a sí misma.

Combinar placer y éxito

Cada uno de nosotros debe encontrar qué es lo que le genera placer y qué considera éxito personal, no existe una respuesta que aplique en general. Conviene no buscar el placer como objetivo, podrías caer en las garras del hedonismo; permite que sea parte del proceso, que llegue solo.

Ahora, dentro de los valores que la sociedad tiene (y será muy importante fomentarlos más, incluso desde una temprana edad), se encuentran los que que van a crear en ti paciencia, amor, tolerancia, empatía, respeto. Estos al nunca completarse, te crean nuevas metas, un nuevo sueño sin el miedo a que un día se acabe, ¿a poco conoces una persona que haya terminado de amar?, ¿de ser empática?, ¿de ser respetuosa? Céntrate en estos valores, si forman parte de tu lista básica, explóralos, vívelos, explótalos, disfrútalos, dales prioridad. Te traerán bienestar interminable.

¿Cómo podemos crear valores que nos lleven a desarrollarnos como mejores seres humanos? Primero necesitamos que estén basados en la realidad, en algo que te haga bien a ti, que sea una luz para guiarte, que te construya como una persona amable, amorosa. Esto te convertirá en una persona sumamente valiosa dentro de tu comunidad y familia.

También existen valores que te destruyen y son incontrolables, se basan en lo externo, en teorías de conspiración sin sustento, en enfermedades que no existen, en ideas ficticias que crean pánico. Vale la pena analizarlos porque nunca sabemos se hemos internalizado alguno de ellos y por ello actuamos desde el miedo y la destrucción, y no desde el amor y la edificación de un mejor futuro. Hazte consciente de tus valores, de los que son importantes para ti, no de los que te digan que deben serlo, los que te produzcan bienestar, que no se agotan nunca.

Vara medidora

Si te enfocas en aquello que no puedes cambiar como tu estatura, sexo, raza, color, etc., sufrirás. Si constantemente te estas comparando, lo único que lograrás será destruirte, invertirá esfuerzo en algo completamente inútil y lo más probable es que te conviertas en una persona frustrada, luego agresiva y con miedo. No existe algo más peligroso que alguien agresivo y con miedo, porque actuará en modo de supervivencia y pasará por encima de los demás. No es algo que quieras para ti y tu futuro, estoy seguro.

Cuando dejamos de compararnos con las demás personas y de medirnos con una vara que no refleja nuestros intereses nos sentiremos mejor con nuestra propia vida, empezaremos a crecer y a convertirnos en seres de bien para los demás. No hay nada más hermoso en esta vida que servir a otros humanos y darles lo mejor de nosotros para que ellos, a su vez, estén tranquilos, seguros y puedan hacer exactamente lo mismo.

Si dejamos de juzgarnos de manera tan dura, de hacer comparaciones crueles, se formará un ciclo hermoso: **no te comparas con otras personas, entonces tampoco le harás lo mismo a los demás.** Te convertirás en un modelo maravilloso de sociedad, buscarás los beneficios y los dones que tiene cada persona para apoyarnos entre todos.

Imagina una sociedad en donde cada uno de nosotros este buscando qué don, qué talento, qué actitud, qué conducta maravillosa tiene la otra persona, en lugar de compararnos para sentirnos superiores. Imagina una sociedad en donde valoremos a cada ser humano, cada vida, con las diferencias que tenemos. Mientras mejor conozcamos lo que otra persona puede aportar hacia nosotros y nosotros de regreso, más creceremos como sociedad. Es algo que la misma naturaleza nos ha enseñado una y otra vez.

CAPÍTULO 5
VALOR EN EL CAMPO

Libertad para elegir

Muchas veces tenemos miedo de decidir cuando, lo cierto, es que no podemos NO elegir. Nuestras acciones y nuestras omisiones son igualmente decisiones. Para todos los seres humanos la libertad existe detrás de cada elección que hacemos, ¿no lo crees? La libertad existe detrás de cada una. Eres libre porque puedes elegir. Es imposible no hacerlo y eso sí es algo de lo que no todo el mundo es consciente.

¿A qué me refiero con la imposibilidad de no elegir? Es una paradoja: al tú decidir no decidir estás decidiendo. En la comunicación existe una ley: es imposible no comunicar. Todo el tiempo estamos diciendo algo con nuestro cuerpo, con nuestras palabras, con nuestra «no comunicación», por lo tanto, siempre somos responsables de ello. Siempre estamos eligiendo, siempre somos los responsables de ello y, cuando lo internalices, reconocerás la fuerza que adquirirás. Es como si se levantara dentro de ti una energía que antes no conocías, es la energía de la responsabilidad y de donde podrás valerte para tus siguientes acciones.

Detengámonos a distinguir algo: responsabilidad y culpa no son lo mismo. Aquí es donde mucha gente se equivoca, creen que tomar responsabilidad es sentir culpa, esta es una emoción social, mientras que la responsabilidad es un valor. Están en diferentes categorías, pero esto no significa que una no afecte a la otra. Cuando siento culpa lo que estoy diciendo es que en algo no he sido responsable, una acción u omisión ataca la emoción.

La culpa es el pasado, la responsabilidad es el presente y genera un gran futuro. Al no ser responsable de algo que hiciste surge la culpa, te das cuenta de que algo estuvo mal y por eso te sientes mal.

La responsabilidad se vive en el aquí y el ahora, es ser consciente, aplicar el *mindfulness* en cada acción de tu vida, así no solo estarás creando un gran presente, sino que desarrollarás un gran futuro. Un ejemplo es cuando tú tienes una emoción y, en vez de echarle la culpa a otra persona, te haces cargo de ella. Intenta este ejercicio: «Me siento triste con esta decisión que tomaste», «Me siento enojado con lo que dejaste de hacer», en vez de decirle a la otra persona: «Tú me enojas», «Tú me pones triste». Cuando tú le das a la otra persona la responsabilidad de tus propias emociones, en ese momento te estás perdiendo en algo lingüístico, pero también muestra cómo percibes la vida. Cuando eres responsable de tus propias acciones, te haces cargo de ti; cuando le echas la culpa a la otra persona, responsabilizas a alguien más de ti. En definitiva, no es algo positivo en tu vida.

La culpa, por otra parte, es una función social para controlar a la población a través de una idea o sensación de incomodidad. Sin embargo, la culpa es aprendida, no es algo que esté dentro de tu sistema operativo; es algo que tu padre, tu madre, tu sociedad, tu religión te inculcan. Si bien es cierto que es muy útil para seguir aprendiendo y a no ser indiferente con la vida de los demás, también pasa que cuando es demasiada la carga de culpa te pierdes en la forma y te olvidas del fondo. Por eso es tan importante aprender qué es cada una y su uso. La culpa es justamente esta capacidad que no tuvimos de responder a algo del pasado y lo podemos remediar el día de hoy; la responsabilidad es evitar que esto se repite u ocurra en el fututo.

Es muy útil que descubras desde dónde vives tu vida, ¿desde la culpa o la responsabilidad? Si es desde la culpa es muy probable que le tengas miedo a la libertad, a responder a las capacidades que tienes o, tal vez, a las que no has usado. Estas métricas también definen tu vida: si solo te mueve la culpa, tristemente tu vida siempre será mediocre, jamás permitirás que sea maravillosa. Ahora, si tu métrica está en la responsabilidad, es muy probable que tengas éxito en los niveles que tú consideres que lo son. Cuando vivo desde la responsabilidad, desde mis capacidades y limitaciones, entonces soy mi propio jefe. Yo soy la única persona con la que me puedo comparar y eso me permite crecer a diario sin culpar a los demás de mis fracasos y aprendiendo constantemente cómo seguir eligiéndome a mí mismo. Y llegamos a lo que ocurre cuando te eliges a ti. Cuando lo haces estás dictando lo que quieres que ocurra en tu futuro. Elegirte a ti pareciera egoísta, y quizá lo sea en cierta medida, pero es sumamente necesario que lo hagas porque, de no hacerlo, jamás tendrás la capacidad de mirarte a ti mismo, de introspectar y seguir adelante, creciendo y desarrollándote.

¿Cómo podemos empezar a elegirnos y dejar de elegir a los demás sobre nosotros? Para esto te voy a invitar a hacer un ejercicio:

✓ Cierra los ojos.
✓ Empieza a respirar con tranquilidad y pregúntate en donde has puesto la atención últimamente: ¿en ti o te has mirado como un espectador?

Si te pones atención, digamos, sin que los otros estorben, está genial, el problema es que quizá tiras muchas culpas sobre ti; si por el contrario, te observas como espectador es porque te consideras alguien a quien hay que ayudar, como externo a ti. Yo no quiero que cambies lo que eliges, sino que te enfoques en elegir y en tus prioridades. A veces decidimos ayudar a otras personas y otras ayudarnos a nosotros, todo es cuestión de perspectiva.

Cuando nosotros estamos actuando hacia otras personas, nos estamos olvidando de nosotros, no significa que esto sea negativo, simplemente significa que estamos actuando para el otro. Ahora, ¿el objetivo dónde está?, ¿en lo que el otro obtendrá?, ¿en lo que ganaré al ayudar al otro?, ¿o simplemente me dejo fluir en este proceso? Cuando te eliges a ti tienes que ver las prioridades, preguntarte: ¿para qué me estoy eligiendo a mí?, ¿estoy buscando mejorar para la otra persona?, ¿mejorar para mí mismo?, ¿con qué fin?, ¿a dónde quiero llegar con todo eso?

Esta es justamente la necesidad que debemos trabajar. ¿Para qué elegirte a ti y en qué te enfocas? **No son tus grandes decisiones las que cambian tu destino, sino la suma de las pequeñas que tomas en la vida, ahí radica su poder.** La toma de pequeñas decisiones propicia que seas mucho más exitoso en la vida. Suelo ver que los pacientes buscan hacer muchas cosas, cosas gigantescas, en vez de enfocarse en las pequeñas decisiones diarias que los llevarían a grandes resultados. Te doy ejemplos muy sencillos: trata de elegir beber agua en vez de refrescos o jugos, elegir levantarme 10 minutos más temprano, elegir reducir a la mitad el tiempo en redes sociales para ocuparlo en leer libros, es elegir aprender a ir a donde mi curiosidad me lleva.

Parecen pequeñas cosas, lo sé. Conozco personas que no leían ni un libro al año, empezaron a hacerlo 5 minutos al día, así, con solo 5 minutos al día, lograron leer un libro en 1 año. En verdad trata de elegir qué hacer por más pequeña que sea, a lo mejor en este momento estás sentado y te duele la espalda, podrías elegir levantarte, caminar unos minutos y volver a acomodarte; estas pequeñas decisiones de verdad hacen un gran cambio en un futuro.

Hacia todo gran logro uno se dirige dando pasos pequeños. Pequeños hábitos provechosos pueden conducirnos a grandes logros. Muchos exitosos han sido generosos al hablar de sus hábitos, y estos (los que les ayudaron a triunfar) no son más que pequeñas decisiones que los encaminaron a lograr sus metas, como: formarse, ahorrar el tiempo dedicado a redes sociales, planificarse, llevar una vida saludable (porque de nada te serviría lograr tus metas si no puedes disfrutarlas por estar enfermo, ¿verdad?).

Crear confianza con el conflicto

Teniendo que convivir con muchas personas día tras día, y, existiendo tantas personas en el mundo con tantos criterios tan distintos, los conflictos serán constantes, habrá desacuerdos, es parte de la vida. ¿Cómo sueles afrontarlos?

Tenemos que perder el miedo al conflicto, a defender las ideas que son importantes para nosotros. Decide perder el miedo a la confrontación, las personas no confían en quienes todo el tiempo dicen que sí y que no defienden su punto de vista, que no son capaces de decir: «Esto es lo que yo siento… y esto es lo que yo creo…». Una persona que tiene autoridad es mucho más clara. Cuando veo que a alguien no le preocupa enfrentar el conflicto, que a pesar del miedo que puede sentir ponerse en ridículo, ahí está, al frente con todo, para mí habla de una persona que sabe en dónde está parada. Ahora, a los que yo veo como un problema mundial es a los tibios, estas personas que prefieren masificarse y olvidarse de tomar decisiones. Son las personas que tienen miedo a su propia libertad, a tomar responsabilidad. Les digo «tibios» porque ni están calientes ni están fríos, siempre están de un lado y del otro, no se atreven a levantar la voz cuando saben que algo claramente es una injusticia, cuando va en contra de sus creencias o hasta de sus valores. Cuando alguien tibio se atreve a salirse del rebaño de inmediato es atacado por otros.

Sé que en el mundo todos tenemos la capacidad de tomar decisiones diferentes, por eso este mundo es tan maravilloso, de lo contrario todos pensaríamos igual y no tendríamos avances. Tenemos que buscar siempre posicionarnos en un lugar: izquierda, derecha, arriba, abajo, centro, afuera; no importa, el punto es que tengas la capacidad de ponerte ahí y decir: «Esto es lo que creo y estas son las razones por las cuales lo hago», lo peor que puede pasar es que aprendas. No vivirás una vida auténticamente libre callando ante los conflictos, siendo incapaz de alzar tu voz, de tomar decisiones por miedo al ridículo o a lo que piensen los demás.

Lo que no está bien es que no tomes partido ante los conflictos cuando se trata de algo que te importa. ¿Cómo te sentirás bien contigo mismo si no defiendes tus creencias, tus puntos de vista, si no tomas partido, si no te atreves a alzar la voz, tomar responsabilidad? No necesariamente tienes que opinar lo mismo que opinan las masas. Defiende tu opinión o ideas, siempre dispuesto a escuchar también las ajenas, sus argumentos, sus creencias, para no cerrarte al aprendizaje, pero sin estar dispuesto a adherirte a las ideas de otros solo por no atreverte a defender tus opiniones. Te convertirás en una persona más confiable frente a los otros y también ante ti mismo, te sentirás con la fuerza y el poder para vivir.

Fracasar hasta no fracas

Solo será un fracaso cuando te rindas, cuando decidas dejar de intentarlo. Mejor sigue intentándolo, sigue fracasando, ¿hasta cuándo? Hasta que lo logres.

Hay un término que se usa en la marina de Estados Unidos que dice que se debe fracasar hacia adelante, lo más rápido posible, esto es: trata de equivocarte lo más rápido posible desde la acción (no desde la equivocación voluntaria), desde «Actúa, y si te equivocas resuelve». De esta manera, siempre podrás apresurarte al camino que tú deseas y no a corregir, desde tu mente, lo que en la vida real puede o no funcionar.

Tomar acción, ir a por lo que quieres y por tus sueños tiene un riesgo: que te equivoques y falles. Pero con cada fallo ganarás aprendizaje (o quizá aciertes), podrás intentarlo otra vez, pero con más sabiduría, con más probabilidades de acertar. Los exitosos, los triunfadores, los que lo han logrado son personas perseverantes. La perseverancia le gana al talento innato, a la mayor inteligencia, a la mayor habilidad. Las personas que viven en este abismo entre el pensamiento y la acción son las que jamás podrán llegar a nada en su vida, ya que no se atreven a dar el primer paso por miedo al fracaso, y lo peor es que no se dan cuenta de que no moverse ya es un fracaso. Entonces es mucho mejor hacer las cosas que piensas, ponerte en acción y, si después eso genera un fracaso, entiende lo que estuvo mal, resuélvelo y vuelve a empezar. Tampoco vale intentarlo, fallar y, por temor a la derrota, no volverlo a intentar. NO. Yo lo pienso así: si lo tengo que hacer un millón de veces, lo haré un millón de veces porque, como yo sí sé en donde estoy parado, no me importa si me equivoco una, dos, tres o 500 veces. Esta es la actitud que te recomiendo encarecidamente tomar si quieres triunfar, si quieres lograr tus sueños.

Atrévete a pesar del miedo, sigue a pesar del dolor y vas a lograrlo. Toma la decisión de ser determinado. Si no te rindes en algún momento podrás reclamar el premio de tu esfuerzo.

Ser más que el ADN ⚡

Eres más que tu ADN, que tu sangre, que las enfermedades que podrías heredar o que heredaste, que esa predisposición genética a ser alcohólico, depresivo, etc. Puedes demostrártelo a ti y puedes demostrárselos al mundo por medio de tus decisiones. Tu genética te creó sin duda, pero no significa que te defina, que debas resignarte a ella sin más.

Vamos desde el principio, ¿qué es la genética y cómo funciona? Este es un tema que requiere claridad. Cuando el espermatozoide de tu padre se juntó con el óvulo de tu madre, sea que hoy funjan o no como tales, se logró que tú fueras tú. Esa creación fue uno de esos milagros de la naturaleza que hoy ya entendemos a la perfección, y para mí sigue siendo una maravilla. Allí fuiste creado, de esa unión entre el óvulo y el espermatozoide de tus padres obtuviste tu ADN, tus genes, tu color de piel, cabello, naciste, en fin, existes.

Entonces, si tu genética te define en tantos aspectos, en realidad, ¿qué queda en tu responsabilidad y qué trata de la suerte con la que llegaste a este mundo?

Yo nací con una enfermedad genética que se conoce como fiebre mediterránea familiar, es muy parecida a una fiebre reumática. Me genera mucho dolor muscular en todo el cuerpo, algo así como si se te contrajeran todos los músculos de golpe. Lo más parecido que he encontrado a esta enfermedad es la fibromialgia. Cuando me enfrenté a este problema no sabía qué pasaba, pensaba que algo en mí estaba fallando, constantemente tenía dolor, me sentía mal, perdía clases, juegos, incluso viajes; para mí fue muy molesto porque ningún médico sabía qué diablos tenía. Hasta que pude tener estudios genéticos (que en aquella época eran muy caros y poco realizados) descubrí que contaba con un par de genes que no andaban bien y mis problemas derivaban de ahí.

Entonces a mí me quedaban dos opciones: me quejaba o actuaba. Y como quejarme nunca se me ha dado porque no me gusta, me puse a actuar y decidí que viviría de la manera más plena y pura posible. Sé que podría irme al lado de la víctima y decir: «Ay, pobre de mí, me siento mal, todo me duele, vivo con dolor, cuídenme, cúrenme». Pero eso no me funciona, no me gusta; pude haberme rendido ante mi genética y vivir entre quejas y victimización, mi decisión fue hacer algo completamente distinto.

Tu genética no te define del todo, es tu responsabilidad usarla a tu favor o no, y para esto me gustaría hablarte de algo llamado «epigenética» que encontré en un libro del doctor Lipton, *La biología de la creencia.* Usa muchos ejemplos de genética y lo que ocurre cuando piensas que te dará cáncer y te deprimes porque no te dio, es muy interesante. En este libro se habla de cómo fuimos engañados por años, creyendo que si tú tenías un gen de cáncer automáticamente tendrías cáncer. Hoy se descubre a través de muchos factores, de muchos estudios, que tú puedes definir tu propia genética, no al punto de volverte un mutante, pero sí de resolver tu vida y no basarte en lo que la genética dice. Recuerda mi caso. Si yo hubiese decidido creer que toda mi vida estaría jodido por la enfermedad mediterránea, entonces no habría avanzado en la vida, no me habría dedicado a hacer todo lo que hago. Solo me habría sentado a llorar, maldiciendo mi destino, lo que me tocó. Y NO.

Las personas que tienen una genética o una predisposición genética al alcoholismo, a la diabetes, a cualquiera de ese tipo de enfermedades, pueden prevenirlas. Tu responsabilidad es esa, si sabes que propenso, por ejemplo, a tener diabetes, entonces no consumas grandes kilos de azúcar esperando que no te dé.

En una ocasión le dije a un paciente que muchas de las veces, cuando tenemos propensión a algo, pareciera que queremos demostrarnos que podemos controlarlo. Imagina que tienes un problema con las fresas, te dan una alergia terrible y te sientes súper mal cada vez que las consumes. De pronto, decides tomarte un licuado de fresas. Lo que haces en ese momento es ponerte a prueba con algo que sabes a la perfección que te va a lastimar. Todos los seres humanos lo hemos hecho, nos sentimos mal con algo, lo volvemos a intentar, nos volvemos a sentir mal, lo volvemos a hacer; es como esperar a que lo que estoy haciendo, por alguna razón, deje de hacer tener ese efecto o de crear ese problema. Se dice que una persona completamente loca es aquella que hace lo mismo esperando resultados distintos. Para mí la vida se parece mucho al póker (con 5 cartas ocultas debes ganarle a los otros jugadores, blofeando si es necesario): tú no puedes elegir qué cartas te tocan (o la familia a la que llegaste, qué tipo de dones o talentos tienes, tu nombre, tu nacionalidad), pero eres responsable de lo que haces con lo que te tocó, puedes aprender a jugar muy bien tus cartas aunque hayan sido pésimas. En ese momento lo que importará será las decisiones que tomes.

Eso es lo que las personas con resiliencia empática o resiliencia emocional logran cambiar. Cuando tú aprendes a usar tus emociones a tu favor, a usar lo mejor de ti para salir adelante, para ir por tus metas, para cumplir con tus sueños, en ese momento se acaban las excusas, lo que te lleva a la liberación y a ser la mejor versión de ti.

Te invito a hacer un compromiso muy sencillo: deja de pelear contigo. Algo que he visto en muchos pacientes es que intentan resolver toda su vida en un día, en una sesión, y pelean con ellos mismos por no lograrlo. Se torturan, sufren, la pasan muy mal, por intentar cambiar algo que en ese momento no se puede. Cuando tú te comprometes a dejar de pelear contigo, te conviertes en tu propio aliado, en una persona empática, alguien que entiende, que se ama y eso resuelve muchos conflictos futuros. Si tú te conviertes en tu mejor aliado, no te estarás conflictuando ni buscando la manera para ir lo más rápido posible, porque sabrás que todo va a tu tiempo, a tu forma, con las herramientas que tienes. Cuando dejas de pelear contigo, te conviertes en tu mejor amigo y los mejores amigos nos decimos la verdad, sabemos expresarnos sin lastimar a otros.

¿Cuántas veces te has mirado al espejo para insultarte?, ¿cuántas veces te has dicho una grosería por cometer? Muchas veces nos insultamos de maneras que no nos atreveríamos a decirle a otro por respeto, entonces también merecemos respetarnos a nosotros mismos. Cuando buscamos como una constante señalar lo que está mal con nosotros, nos bloqueamos en vez de potencializar nuestros dones y talentos.

¿Para qué resaltar nuestros puntos malos que no podemos cambiar en vez de enfocar toda energía en lo que sí se puede mejorar? Para mí es más importante ayudar a mis pacientes a encontrar los talentos que tienen y cómo crecerlos, que gastar esfuerzos en lo que ya saben que no pueden cambiar. Tal vez es una idea absolutista pensar que alguien no puede cambiar algo, sin embargo, es mucho más fácil incrementar tus talentos, tus dones, tus conductas placenteras y positivas que estar todo el tiempo castigándote por aquello sobre lo que hoy no tienes herramientas para modificar.

Diferencia entre víctimas y voluntarios

«Me hicieron tanto daño», «Me traicionaron», «Por su culpa ya no puedo confiar en los demás», «Me causaron ansiedad», «Esto que estoy viviendo es demasiado», «No me quieren», «No me entienden», «Me ridiculiza», «Me humilla»…

Es muy fuerte aprender que quizá no existen víctimas, sino personas que voluntariamente siguen en el lugar en donde se sienten como una. Y quiero aclararlo desde el inicio porque no soy abogado: claro que existen víctimas de delitos, pero este libro no es de derecho, es un libro sobre psicología y sobre tomar tu vida en tus propias manos.

No digo que no puedas estar siendo víctima de personas dañinas, pero ¿qué te mantiene allí salvo tu propia decisión? En su momento pudiste ser víctima, pudieron lastimarte, traicionarte, burlar tu confianza, dañar tu autoestima. Claro que pudiste ser su víctima, pero ya no tienes que cargar con ese peso. De no soltarlo no podrás vivir una vida libre, feliz, menos aún si sigues en el lugar en el que te hacen daño, si aún lo recibes.

Cuando yo voluntariamente me quedo en un lugar en donde me hacen daño, en donde tal vez las personas son tóxicas para mí, en ese momento me estoy convirtiendo en un voluntario. Por mi propia decisión me quedo ahí. Y aunque para muchas personas en un tema sumamente complicado (por eso elegí ponerlo hacia el final), en este punto ya cuentas con la fuerza para escucharlo.

Pongamos de ejemplo que estás en una relación donde la otra persona es violenta contra ti y sigues ahí. **El primer paso es que**

reconozcas que estás voluntariamente ahí. Al principio dolerá, pero tras asumirlo te dará la fuerza y la energía para salir, porque la única manera de saber que estás perdido es aceptando que no sabes donde estás. De otra manera no encontrarás el camino a casa, a tu propio ser, a tu interior.

También te conviene liberar tu mente del daño pasado, ya pasó. ¿Por cuánto tiempo seguirás lamentándote? Con esto también te mantienes, por voluntad, anclado a ese dolor.

Para mí existen tres tipos de personas: las que todo el tiempo quieren quedar bien, las que voluntariamente son víctimas y las que luchan por su ser y amor propio. Las personas víctimas ganan mucho al ser víctimas, sobre todo de las personas que quieren quedar bien porque estas todo el tiempo buscan salvar a alguien, siempre están dispuestos a ayudar. Pero, el precio de mantenerte como una víctima es demasiado alto como para seguir allí. Lo que en verdad te conviene es dejar de ubicarte como víctima para disfrutar tu vida, para ser feliz.

Es un gran momento para salir delante de esa posición, para darte cuenta de que tú lo has decidido, que te has mantenido en el juego de otra persona por voluntad, que te has mantenido anclado al sufrimiento que te causaron. El dolor ayuda a sanar porque nos demuestra lo que es importante para nosotros. Te invito a dejar de ser voluntario de aquellas personas que te lastiman, de aquella empresa que te sobreexplota; también a dejar de ser voluntario de esa apatía que no te permite salir adelante. Deja atrás también el sufrimiento por haber sido víctima, has aprendido algo de lo que pasó, quédate solo con el aprendizaje y avanza.

Ofensa como epidemia

Es muy interesante ver que tenemos una nueva epidemia en el mundo con la que todo nos hace sentir ofendidos, y no me refiero a esa sensación social con la que te das cuenta de que algo no debería de estar pasando y debemos hacer un cambio entre todos y todas para frenarlo. No me refiero a los gobiernos dictatoriales, no las injusticias que vemos en nuestra sociedad. No, me refiero a esta sensación de sentirnos ofendidos porque otras personas tienen ideas diferentes a las nuestras (qué aburrido sería de lo contario).

Abundan los que pregonan cómo se debe vivir, qué se debe de pensar, estos pueden ser influencers, personas de poder, artistas, etc., esto no solamente es peligroso, si les seguimos permitiendo dictar cómo debemos vivir a través de su moralidad falsa y dictatorial, vamos a terminar hundidos como sociedad sin poder decir lo que realmente creemos. De por sí, vivimos en una sociedad de la apariencia, en la que si no te ves de cierta manera, te comportas de otra manera; serás catalogado como un extraño que debe ser separado del grupo para evitar contaminación. Y es todo lo contrario. Resulta que gracias a estas personas que pensaban diferente, muchos de los cambios generacionales, sociales, tecnológicos, entre otros, pudieron darse.

Por lo común, aquello con lo que se discrepa es con la idea. Por desgracia, a veces las personas sienten que las ideas son su identidad y entonces llega el problema, pues el rechazo ya lo asumen personal.

Te tengo dos consejos en este caso: *1)* aprende a ser tolerante con las ideas de los demás, defiende las tuyas con valentía, pero no desde la ofensa porque otro piense diferente. Así como tú tienes derecho de pensar como lo haces, el otro tiene derecho de pensar como lo hace y *2)* no temas a las opiniones distintas y alza la voz por ellas. En caso de que otros se ofendan por tus ideas, el problema será de ellos. Haz oídos sordos cuando las críticas resulten solo ofensivas o tengan solo intensión de atacar, escucha a aquellos con los que puedas debatir con la mente abierta para obtener algún aprendizaje, pero defender tu punto.

Red social de victimismo ⚡

Si te das una vuelta rápida por alguna de las plataformas más grandes de internet, notarás que muchas personas actúan como víctimas, se hacen pasar por personas que están pasándola muy mal, que están teniendo algún tipo de trastorno mental, que quizá hasta tienen un ataque de ansiedad; y por casualidad en ese momento prendieron y pueden mostrarle al mundo lo mal que estaban. Por desgracia, **estas personas lo único que hacen es romantizar lo que está mal en nuestra sociedad,** son personas que en lugar de demostrar el daño que una enfermedad mental puede ocasionar, romantizan el padecimiento.

Pregúntate a qué se debe que tantas personas estén buscando atención por ser víctimas. Cuando indagas, entiendes que los seres humanos somos demasiado empáticos, nos gusta ayudar, nos gusta apoyar a las personas que la están pasando muy mal y quizá, en algún momento, estas personas logren hacer algo que nos inspire a todos. El hecho de romantizar las enfermedades hace que poco a poco nos alejemos del ánimo de ayudar y pensemos que lo hace para llamar la atención. Es igual que la historia de Pedro y el Lobo, en donde Pedro constantemente decía que vendría ese lobo, y cuando el pueblo dejó de creerle y por fin llegó, nadie le creyó, nadie ayudó y Pedro murió. Es justo lo que estoy empezando a ver en redes sociales. Los humanos nos hemos hecho insensibles a este tipo de actitudes y de casos.

Las noticias falsas viajan seis veces más rápido que las reales y esto hace que las personas que pagan dinero para captar tu atención tengan mayor oportunidad de que los mires. No a todos nos salen las mismas noticias cuando abrimos Facebook o Twitter, entre el algoritmo y la publicidad pagada se filtra lo que vemos. Esto también ha causado que se polarice aún más la sociedad, que por otro lado trae grandes beneficios económicos a muchas empresas: entre más polar sea el ánimo, más compra la gente.

Somos seres sumamente curiosos, el problema es que no estamos usando esta curiosidad para nuestro bienestar, nos estamos llenando de cosas que nos hacen daño. Si tú eres una persona próvida o pro aborto, solamente recibirás noticias del grupo al que tú le vayas y esto lo que genera es que no tengas la capacidad de discernir entre una noticia es real y una falsa. Tomas una posición sin escuchar la otra parte. El hecho de que no puedas escuchar lo que la otra parte tiene que decir te quita la mitad de la información y de lo que es verdad.

Tómate un tiempo para revisar lo siguiente: ve las noticias generales y nota como ya no son sobre los problemas sociales, sino de víctimas en particular. Está el caso en México de una chica que era Youtuber, un día ella confiesa que fue abusada por otro Youtuber con el que trabajaba. Lo que más llama la atención es que el abuso sexual (que dentro de mi país por desgracia es algo común y suele ser noticia), por tratarse de una persona famosa propicia que más gente quiera conocer la información. La noticia tuvo mucho impacto, y créeme algo, yo fui de las primeras personas en analizar el caso y de las primeras personas en levantar la voz, no solo por la chica (que la quiero mucho), sino porque es algo ocurre siempre y hay demasiadas víctimas invisibles por las que nadie hace ni dice nada.

Hoy las noticias ya no tienen nada que ver con el problema social, hoy importa cien por ciento si la persona es o no famosa; es uno de los más terribles problemas que estamos teniendo los seres humanos. Por desgracia ocurre en todo el mundo, lo que invisibiliza a las demás personas que la están pasando muy mal, de eso no hay ofendidos.

Es muy interesante como ahora que conocemos este caso de abuso sexual entre dos personas conocidas, todo mundo está al pendiente de lo que ocurre, mientras en el resto de la sociedad sigue siendo un delito constante. No sé si este caso provoque que abramos los ojos para notar que este problema que estamos viviendo es la violencia que recorre todos los países de Latinoamérica. No lo sé de verdad y me gustaría que el tema siguiera sobre la mesa, aunque la popularidad de este caso en particular se acabe.

Conmigo o en mi contra ⚡

Cuando vivimos en una democracia implica que estamos dando parte de nuestra libertad para mantener la armonía en esa sociedad. Esto no significa que todos tengamos que pensar igual, ese es uno de los más grandes problemas que existen dentro de las autocracias, las dictaduras y los imperialismos; en donde consideran que **si tú no piensas como los que están en el poder, entonces estas en su contra,** en contra de la cultura, en contra de la nación misma. Esto no solo es basura, sino que enferma las mentes de las personas que no tienen la capacidad de pensar con mayor profundidad; y genera los daños que hemos visto, incluso en uno de los países más fuertes del mundo como Estados Unidos.

Ahí hemos visto una gran polarización de su gente al grado de violentarse entre sí; personas del mismo país, de la misma cultura, de la misma raza, se agreden unos a otros por una ideología distinta. Estamos teniendo menos paciencia con nuestra familia, nuestros amigos, nuestros vecinos; y esto es sumamente peligroso, porque en donde las personas están divididas puede llegar la autocracia, pueden llegar un dictadorcete y unir a unos cuantos para tener mayoría. No conviene pelearnos entre nosotros por un gobernante, lo recomendable es solo debatir las ideas; seamos duros con las ideas y suaves con las personas.

Recuerda que el ser humano es un ser complemente verbal, nos encanta estar reunidos con otras personas, estar en compañía e incluso eso hace que nos sintamos mucho más seguros y tranquilos. Pero cuando empezamos a sentir que nuestro vecino está en nuestra contra por tener una idea diferente a la nuestra, en ese momento ya no queremos estar cerca de la gente y empezamos a buscar a otros que piensen como nosotros, lo que no da oportunidad a conocer nuevas ideas para salir de la zona de confort.

Trabajar desde la mejor manera

Mucha gente cree que la gente exitosa solo trata de emprendedores que levantan empresas gigantescas y tienen muchísimo dinero. Esto no es real, la gente exitosa también puede trabajar para otras personas y hacerlo de la mejor manera. No es verdad que debes ser el próximo Mark Zuckerberg, los que estuvieron a su lado cuando creó Facebook (los primeros 30, 60, 100…) hoy son millonarios. No se puede decir que no tuvieron éxito. No tuvieron que crear Facebook, solo tuvieron que apoyar a esta persona a crear su sueño.

Si no trabajas dando lo mejor de ti solo porque estás trabajando en los sueños de otros, eso sí te traerá insatisfacción y difícilmente te conducirá a un logro que consideres exitoso. Sucede lo contrario si das lo mejor de ti. El problema es que mucha gente se tragó esta idea de Steve Jobs que decía que si tú no estás trabajando en tu sueño, estarás trabajando para el sueño de otra persona. Lo hizo ver como si fuera algo muy malo trabajar para el sueño de alguien más, como si se estuviera cometiendo un triste error; y no hay nada más patético que pensar así. Es el típico pensamiento de un hombre que murió de cáncer por el resentimiento social que tenía. Hoy ni siquiera creo que haya sido un gran líder, fue un gran visionario sí, pero no un líder; sé que esto le puede llegar a molestar a mucha gente que es fanática de la marca. Recuerden: son fanáticas de la marca, no fanáticas de la persona. No está mal si tú quieres trabajar para una gran empresa o para otros, siempre y cuando lo hagas de la mejor manera, dando lo mejor de ti. Así también te estás convirtiendo en una persona exitosa.

Sé tan entusiasta con la primera puerta que abres como con las otras cincuenta. No importa cuántas puertas se cierren, siempre hay una nueva oportunidad, siempre hay más opciones por explorar. Cuando empieces a acostumbrarte a recibir un «no» por respuesta, a acostumbrarte que la vida no es como tú lo imaginabas, habrás pasado uno de los miedos más grandes de los seres humanos. Y entonces difícilmente algo te limite en la consecución de tus metas.

Los seres humanos tenemos pánico a ser rechazados, es como si lo peor que te pudiera pasar es que alguien te dijera que no a una idea tuya. «Que alguien le diga no a una idea no significa que te esté diciendo no a ti, solo a tu oferta». Persona entusiasta, amigo lector, cuando de verdad te has esforzado por llegar hasta ese punto más hermoso y encontrar ese camino, el no será solamente una manera para darte cuenta que cada vez estás más cerca de ese sueño. Deja de temer al no, siempre habrá otra oportunidad de que sí. Si una puerta se te cierra lo que debes decidir es abrir otra y otra si es necesario, hasta dar con el sí que estás buscando.

Lo opuesto a tus malos hábitos ⚡

¿Qué hábitos tienes hoy en día que te están manteniendo en el mismo lugar y necesitas cambiarlos para salir de la zona del conformismo? Los hábitos negativos son terribles porque empiezan como conductas que mutan a rutinas y terminan como hábitos. El hábito es un acto natural, automático, en el cual ya no tienes un pensamiento consciente, lo desarrollas de una manera automática. Estos sistemas son los que harán que tengas éxito o fracaso en la vida. Por eso es tan importante que dejes atrás los malos hábitos que te estanquen por aquellos que te ayuden a crecer, a lograr lo que deseas.

Incorporando hábitos beneficiosos, que te conduzcan a la consecución de tus metas, que te alejen de malas conductas, que te proporcionen salud, energía, motivación, de manera automática te encaminarás al éxito. Es por todo esto que debes analizar con todo tu esfuerzo qué hábitos tienes que tal vez no te están llevando a donde tú quieres, qué rutinas te empujan al fracaso. Tal vez eres una persona que no hace ejercicio, fuma, bebe mucho alcohol, sale con personas con las que no coincide en propósitos, está en un trabajo complemente inservible en el que sufre y cómo cambiarlo, que procrastina.

Mi recomendación es que investigues sobre esas personas que admiras, hay muchísimos libros y grandes biografías en las que podrías apoyarte para conocer los hábitos que los condujeron al éxito. Nota: estas personas no te dicen lo que debes hacer, servirá para que seas consciente de cómo construyeron su camino a su medida.

Una vez que hayas encontrado cuáles son los hábitos que te conviene retirar de tu vida en pro de tu éxito y bienestar, esfuérzate por hacer lo contrario parte de tu rutina. Si el hábito del que necesitas deshacerte es fumar, te ayudará a hacer meditaciones; si el hábito que quieres dejar atrás es el sedentarismo, entonces sal a caminar 10 minutos a diario. El punto es hacer lo opuesto con conciencia, en tu mente estarás atacando los efectos secundarios de los daños por los hábitos nocivos.

Nunca es tarde para hacer un cambio, para mejorar; el más pequeño de los hábitos que modifiques puede hacer que la trayectoria sea completamente distinta a lo largo del tiempo. Muchas veces no nos queremos dar ese tiempo por miedo y por no cargar con la responsabilidad que lo acompaña. Pudiste estar haciendo cosas muy malas en el pasado, pero un gran éxito te puede esperar en el futuro.

Obsesión por las posesiones

Parte de lo que debes soltar para lograr una vida libre serán tus obsesiones. Aquellas idealizaciones sobre personas, objetos, etc., que no puedas sacar de tu mente, sean cuales sean, te impiden un avance. Muchas personas no entienden que cuando te obsesionas con alguien, con algo, con una actividad, con una conducta, en ese momento te estás volviendo la víctima y el prisionero de esa obsesión.

No es que la otra persona te posea, es que tú te estás sometiendo a la otra persona debido a tus obsesiones. Pongamos el ejemplo de alguien que está obsesionada con otra persona, a la fuerza quiere que sea su pareja sin importar que ya dijo no. Sin importar lo que haga o diga, esta persona está obsesionada, digamos que se mantiene con un grillete que no le permite avanzar en su vida, se ha autoimpuesto la esclavitud y se ha prohibido ser libre. Hay cosas que no podemos tener, si una persona no quiere algo contigo no puedes obligarla (a menos que cometas un delito). Va por la misma línea el resto de obsesiones. Cada obsesión que tú tienes te absorbe, se convierte en una cadena que te impide crecer.

Uno de los pasos más importantes es darte cuenta de qué estás obsesionado para hacer algo al respecto. Si tu obsesión es acumular ropa, una forma de combatirla sería regalarla, venderla; porque te quita espacio para la nueva. Las acciones a tomar para liberarte de tus obsesiones dependerán de cada una. Lo primero que tienes que hacer es identificarlas, luego podrás planificarte cómo liberarte.

Brillar para no desaparecer

¿Cuántas personas conoces que harían lo que sea por tener *likes*, por tener visitas en sus redes sociales, que los miren? ¿Cuántas personas (que a lo mejor ni siquiera están a gusto con su cuerpo) se han reducido a ser vistas como objeto visual para tener atención?

¿Eres una de estas personas?

Si la respuesta es positiva, ¿para qué quieres esa atención?, ¿qué harás con miles de personas mirándote y pidiéndote ayuda?, ¿qué harás frente a miles de personas para las que te has convertido en su bufón y buscan que actúes para ellas? Por eso es tan importante que antes de buscar ser famoso te preguntes para qué. ¿Para qué quieres tantas vistas?, ¿de qué tema vas a hablar?, ¿cuál es tu nicho?, ¿a dónde quieres llegar con ese tipo de actitudes y conductas? Déjame decirte una cosa, si para ti lo más importante es que te admiren por tu cuerpo, por tus habilidades de maquillaje o de baile está perfecto, no hay ningún problema; solo date cuenta de que las personas le van a poner una casilla a lo que hagas, al contenido que generes y difícilmente saldrás de ahí a menos que rompas por completo el nicho. Repito, no tiene nada de malo, cada quien hace con su vida lo que desea.

Sin embargo, si me encantaría que pusieras mucha atención en este punto: ¿qué tipo de atención quieres y que precedentes quieres tener? No para un largo futuro, eso realmente no importa aquí, sino por ese pasado con el que serás encasillado o encasillada hagas lo que hagas. Si yo empiezo hablando de perritos en redes sociales y toda mi cuenta va de perros, mañana que quiera hablar sobre elefantes la gente me reclamará que no lo haga porque no me siguieron por eso. El riesgo es que te deje de seguir tu público, pero la fortuna es que siempre puedes hacer uno nuevo, siempre puedes hacer un gran cambio.

Esa es una de las razones por las cuales yo te pido que jamás tengas miedo a hacer un cambio, **jamás tengas miedo de madurar porque, aunque pierdas a muchas personas que te seguían, te estarás abriendo al cambio.** Quien quiera te acompañará, quien no se irá, no hay ningún problema, no te hagas daño haciendo de ello un problema. Vuelve a empezar si es necesario. Si lograste muchos seguidores sobre un tema en el que ya no quieres estar más encasillado, ¿quién dice que no podrás atraer de nuevo gente interesada en lo que quieres mostrar en tu presente?

Ve a por tu cambio si es lo que quieres, si es lo que necesitas para sentirte mejor. Eres libre, no dejes que te estanquen tus seguidores, no vas a desaparecer, tal vez un nuevo comienzo sea difícil, pero si trabajas en ello obtendrás de nuevo una cantidad de seguidores que te resulten satisfactorios.

CAPÍTULO 6
CONCLUSIONES EQUIPADAS

Construir tu realidad

Si te ofendes por un insulto, estarás dándole fuerza al mismo porque decidiste creer en él. Si te dicen feo, pero, tú estás convencido de que eres lindo, no te afectará. Tú eres quien le da fuerza a tus creencias. Nada es cierto a menos que tú lo quieras creer.

Si te haces cada vez más consciente de eso, serás más tolerante hacia la gente que no opine igual que tú y, por otro lado, no prestarás tanta atención a lo que digan sobre tus gustos, creencias y opiniones porque entenderás que no todos viven como tú ni su perspectiva es igual. A pesar de que todos pisamos el mismo suelo y nos encontramos bajo el mismo cielo, nuestras realidades difieren. Por otro lado, serás capaz de cuestionarte tu realidad, tus creencias. Eso es básico en tu proceso de convertirte en una persona auténticamente libre, porque ya no serás nunca más presa de una creencia, sabrás que eres tú el que le está dando fuerza y que puedes decidir no hacerlo más.

Nuestros sentidos son la base para observar y percibir el mundo, creamos la realidad por medio de lo que percibimos. Esta es una de las razones por las que muchísimas veces las personas confunden sus opiniones con realidades y, aunque podríamos pensar que una opinión puede convertirse en una realidad, esto no da fundamentos para todas.

Nuestras creencias muchas veces son nuestras peores enemigas. A veces lo único que estamos haciendo es repetir lo que otras personas nos han dicho como cierto, pero para entender algo con mayor profundidad, debemos recurrir a nuestros 5 sentidos (en realidad son 7). Tenemos la vista, el olfato, el gusto, el oído, el tacto (que son los más conocidos); pero también tenemos la propiocepción (o tacto profundo), que es la sensación interna de nuestro cuerpo como cuando nos duele el estómago o como cuando, con los ojos cerrados, levantamos un brazo y sentimos que está arriba, y por último tenemos el sentido del equilibrio, que nos permite saber si estamos acostados, de pie o bocabajo. Pareciera muy tonto, pero estos 2 últimos son sumamente importantes para construir la realidad. Hay estudios que han demostrado que las personas que carecen de fuerza en el centro del cuerpo (vulgarmente conocido como «Core»), también son inseguras. Hay varios ejercicios, como los pilates, que sirven para fortalecer el área.

Podrías pensar que esto es una completa locura, pero si lo piensas a detalle, nuestra relación más profunda y más hermosa es con la madre Tierra. Es la gravedad que nos atrae siempre hacia la Tierra. Hagamos lo que hagamos siempre vamos a estar pegados a ella y esto nos da cierta seguridad. Sabes que, cada vez que caigas, al único lugar a donde puedes llegar es hacia abajo, hacia la Tierra. Entonces, cuando empiezas a trabajar en tu fortaleza interna, cuando empiezas a trabajar en tu equilibrio, te sentirás más tranquilo porque **sabrás que siempre podrás levantarte tras cualquier cosa.** Yo sé que es un poco más filosófico esto, pero tener la seguridad de saber que nos podemos levantar de cualquier caída tiene mucho que ver con la fuerza y la resiliencia que tengamos en nuestro cuerpo, el conocimiento y el amor hacia nuestro cuerpo.

Pero regresemos a nuestros sentidos. Si la realidad se crea por medio de lo que percibes, tengamos claro que la calidad de la percepción estará basada en cómo conozcas tus sentidos, y si no los conoces, si no los has entrenado, entonces tu realidad carecerá de información.

Empezaré por la visión. Muchos hombres carecen de la misma capacidad de mirar colores y formas como lo hacen las mujeres, y esto no tiene nada que ver con una guerra de sexos, es se trataba de las primeras generaciones de Homo sapiens. No necesitaban gran capacidad para muchos colores, con el simple hecho de detectar un animal era suficiente. En cambio, muchas de las mujeres que se quedaban dentro de las cavernas a cuidarse entre ellas, a recolectar y a cuidar a los otros seres humanos necesitaban de afinar sus ojos, su visión para reconocer el entorno aun con poca luz. Por lo tanto, es común que una mujer pueda detectar el color «fucsia» (que ni siquiera sé cómo se escribe), mientras que yo como hombre no podría definir si es un morado o alguna variación.

Ahora vamos con el oído, también las mujeres tienen una gran ventaja neurológica con él. Tienen esta capacidad maravillosa de detectar más tonos que el hombre, no exclusivamente lo que concierne a la crianza o temas de hijos, es en general. Esto les da ventaja en la comunicación: si yo estoy hablando y empiezo a enojarme, seguramente una mujer podrá detectar en mí la emoción, esto también provoca que sean mucho más empáticas y carismáticas con otros seres humanos a diferencia de los hombres que no afinan su oído.

Con respecto al tacto volvemos a lo mismo, en la mayoría de los hombres el tacto es mucho más insensible debido a que, como tenían que pelear, la piel no desarrolló tantos órganos de contacto como lo hizo la mujer. Por eso muchos hombres cometen el terrible error de tratar de tocar a sus novias o esposas como se tocarían ellos, lo que resulta agresivo a los nervios de la piel de la mujer. No la hace más delicada ni más débil, simplemente la hace distinta.

Así podríamos continuar con cada uno de los sentidos, lo importante aquí no es generar una guerra de sexos, sino ayudarte a entender que, si no afinas tus sentidos, tu percepción será bastante superficial.

Lo podemos lograr a través de entrenamiento, como escuchar música clásica, ejercitar el ojo para ver más colores, escuchar con más atención a las personas, permitirnos el contacto suave con nuestra pareja o incluso con nosotros mismos. Hay incluso muchos métodos de sensibilización que funcionan para que la persona tenga mayor contacto consigo misma y así pueda mejorar sus sentidos. Al afinar nuestros sentidos automáticamente mejoramos nuestra percepción, y con ella la forma de entender mejor el mundo. Añadido a esto también tenemos un filtro que está entre los sentidos y la percepción: tu capacidad de creencias.

Cuando tenemos creencias, se convierten en filtros para mirar el mundo. Por ejemplo, una persona que nace en una familia que se asusta de las personas que tienen diferente tez de piel, raza, identidad, etc., estará viviendo en el mundo del miedo y activará una zona de tu cerebro que funcionará siempre alerta para protegerse y defenderse. ¿Qué implica esto? Que su percepción del mundo será violenta, a la defensiva, como algo de lo que tiene que huir o atacar. ¿Qué tipo de percepción crees que puede generar alguien así? ¿Qué tipo de realidad puede construir una persona que todo el tiempo siente que el mundo está en su contra y necesita defenderse? Una bastante triste. Esto no es una exageración y, por desgracia, muchas personas viven de esta manera.

Muchas opiniones, después de pasar por nuestras creencias, las consideramos certezas y no nos permitimos aprender a ser mucho más tolerantes. Ya no tenemos fronteras, internet nos permitió ser vecinos del mundo entero y, aunque nos aferremos con fuerza a nuestros dogmas, nuestra realidad nunca será cien por ciento verdadera y única. Te convendrá muchísimo detectar qué filtros hay en ti que te limitan, que te hacen percibir el mundo como algo hostil, triste… Son creencias que, de no trabajarlas, solo te seguirán dañando.

«Al final siempre te lastiman», «Nunca seré lo suficientemente bueno», «No merezco amor o perdón», «No le demuestro a nadie que estoy enojado, no quiero lastimas a alguien»… ¿Cuáles creencias te están lastimando? No olvides que al final eres tú el que les da fuerza creyéndolas, puedes decidir transformar tus creencias, tus filtros, para percibir el mundo de una forma más positiva que te proporcione bienestar.

Certeza imaginaria

¿Qué tanta certeza se puede esperar de una vida en la que no sabemos si la estaremos vivos mañana? Perseguirla es la base de la neurosis. Mientras más queramos aprisionar la certeza y asumiendo que ocurrirá, menos viviremos en el momento.

Empecemos con lo básico, ¿qué es la certeza? Es la seguridad de que algo es cierto, la creencia de que es. Los humanos tenemos cuatro necesidades básicas: la primera es la certeza, queremos tener asegurado absolutamente todo, que las reglas de la vida sean claras y fáciles de entender, que no tengamos riesgos de nada; la segunda es la novedad, buscamos sentir que hay novedad, sorpresas, que podemos divertirnos, conocer, que a la par trae incertidumbre; la tercera es la conexión, nos encanta tener vínculos con los demás, que podemos estar cerca de otras personas, nos hace sentir mejor; y por último está el reconocimiento, queremos ser evocados por otras personas.

Pero hablemos más de la certeza. **Cada vez que tú quieras controlar algo para lograr seguridad estarás mucho más neurótico,** mucho más sensible, buscarás tener todo en orden y todo en control, lo que no te permitirá vivir en el aquí y en el ahora. Siempre pensarás en el futuro, analizando el pasado, y tu presente no figurará. Si asumes que las situaciones ocurrirán sin ofrecer alguna novedad y aprender, en automático te estarás violentando. Sufrirás porque no encontrarás la manera de sentirte mejor, de controlar aquello que siempre está cambiando. Sencillamente no está en tus manos ni en las de nadie controlarlo todo.

Mientras más certeza quieras, más inseguro te sentirás, se convertirá en un ciclo. Es una paradoja del cambio. Entre menos control busques y aceptes la incertidumbre, más feliz serás, es una realidad. Cuando aceptas que las cosas son como son y no hay forma de controlarlo todo, en ese momento algo en ti despierta, es como si te dieras cuenta de que lo único que debías hacer era soltar ese control y vivir. El río no necesita que lo empujes, este fluye y cuando intentas llevarlo a donde tú quieres sin una infraestructura lo suficientemente poderosa para sostener esa fuerza natural, vivirás en frustración y cometerás peores errores.

Para eso tengo algunos puntos que pueden ayudarte a soltar la necesidad de buscar la certeza en todo. Primero, duda de todo, tal cual, esto te pondrá en modo de aprender, a reconocer que siempre puede haber una mejor manera o diferente de hacer las cosas, lo que te impide tener el control. Al dudar de absolutamente cada creencia que tienes pensarás afuera de la caja, es un acto creativo. Con esto, no solamente podrás ser una persona más novedosa, apaciguarás tu ego para que deje abandone este control. **Duda de todo, empieza hoy.**

Otro punto muy importante a trabajar es el de entender que tu mente busca algo llamado confirmación. Un ejemplo de esto, aunque un poco agresivo, es muy real. La gente racista o que atacan a otros por temas específicos de creencias, género, etc., están seguros de que lo hacen por las razones correctas y siempre encontrarán justificaciones para mantener su idea. Esto es una disonancia cognitiva, la manera en que tu cerebro estará constantemente buscando la información necesaria para seguir apoyando su creencia. Aquí radican muchos problemas. Tal vez no todos los casos hablen de algo tan violento como ser racista o agresivo, pero hay muchas personas que usan esta información que recolectan para confirmar su odio, su ignorancia, su mal gobierno, su falta de responsabilidad, su poca libertad, entre otras cosas; y es a través de esta confirmación que insisten en que sus creencias son correctas sin abrir la mente a nuevas opciones. No se permiten despolarizarse, vivir una vida mucho más libre en la que puedan estar tranquilos. Una forma bastante eficiente de salir de este problema es tomando psicoterapia o acuñándote a la ciencia. Si no encuentras evidencias claras, científicas, repetibles, que incluso puedan ser valoradas por varias instituciones; entonces la realidad que tú tienes puede ser que no sea tan real como pensabas.

Traigo a colación un ejemplo de algo que ocurrió en la Segunda Guerra Mundial. Los nazis estaban seguros de que su raza genéticamente era mejor y estudio tras estudio biológico, lo único que demostró es que los genes eran exactamente iguales entre todas las personas. Esto por desgracia no quisieron publicarlo porque sabían que se caería su ideología sobre que la raza aria era la mejor de todas. Ya que no encontraron una manera científica de comprobarlo, se mantuvo una narrativa en la que los demás eran los culpables de las desgracias y tormentos que vivían todos. Si te suena a algo que hoy está ocurriendo en el mundo, quizá es porque en lugar de leer artículos científicos, es mucho más fácil quedarnos con las ideas manipuladas que nos llegan.

Este problema lo podemos llevar al rango económico en donde hay personas que están seguras y certeras que deberían de tener más, que deberían de ganar más y estar en un mejor lugar, y en vez de sentirse mejor por esta certeza, solo se frustran al observar que la vida no es como ellos quieren y le echan la culpa a los que tienen la vida que ellos desean.

Aquí caben los resentidos sociales, que al considerar que deben tener una mejor posición social (y no hablo de justicia social por una vida digna, sino a ser mejor que el otro reflejado en lo material), que creen que la vida se explica muy sencillo: todo es culpa de los pobres, todo es culpa de los ricos, todo es culpa de los políticos, todo es culpa de alguien… ¿Conoces gente así? Son muchos y estos pensamientos lastiman a la sociedad al arrastrar y estancar a los otros.

Reciprocidad inexistente

Suele suceder que reclamemos a los otros lo que no podemos dar y eso no tiene ningún sentido. ¿Con qué cara podrías condenar a alguien que contamina el medio ambiente con su negocio o proyecto si tú arrojas basura a la calle, sin más, si no reciclas?

Dentro del contexto terapéutico y, sobre todo, en el de terapia de pareja me he encontrado esta pregunta que me llama mucho la atención: ¿cómo puedes pedir fidelidad a otros si tú mismo no eres fiel a tus propias creencias? Es algo que he platicado con varias parejas en donde se pide un tipo de fidelidad, pero es como si quisieran ver en la otra persona un nivel de esta que ni ellos están pudiendo lograr. Es bastante injusto que le pidas a una persona esto cuando tú no lo puedes brindar. Recuerda que muchas de las cosas que a ti te molestan tienen que ver con cómo miras el mundo y cómo te ves reflejado en él. Entonces, en aquellas parejas en las que se exige fidelidad solo de un lado, es como pedirle al olmo unas peras, es imposible. Si eres fiel por el hecho de serte fiel a ti mismo y no necesitas demostrarle nada a nadie, está perfecto; pero de no ser así, pedirle algo al otro que tú no puedes lograr es injusto. Nos convertimos en hipócritas (además de ser justo lo que lastima más este mundo), te sentirás mal al actuar así. ¿Dónde está nuestra propia responsabilidad como seres humanos? ¿Dónde está la fidelidad a nuestros propios valores, a nuestra propia moralidad, a nuestra bondad, a nuestra amabilidad? Tratamos de moldear a los demás a nuestro gusto, pero nosotros no ponemos el ejemplo. ¿Con qué moral pedimos algo de alguien que no podemos realizar o alcanzar? Debemos centrarnos más en nosotros y menos en lo que hacen y dejen de hacer los otros.

Como seres humanos tenemos esta maravillosa capacidad de fomentar, de crear y recrearnos a nosotros mismos todo el tiempo sin la necesidad de que alguien más nos lo tenga que estar exigiendo. ¿Por qué no vivir desde la responsabilidad y desde la libertad, y de esta manera entonces ser el ejemplo para alguien más? Sin discursos, solo acciones.

Eres lo que haces

Si te mantienes enfrascado en un pensamiento negativo no avanzarás. En su lugar mejor actúa, pero hazlo en contra de ese pensamiento, hacia lo que quieres lograr, hacia quien deseas convertirte. Por ejemplo: si piensas que eres malo en matemáticas y, en consecuencia, nunca prácticas resolver problemas matemáticos, siempre serás malo en la materia. Con tu acción, con la decisión de no perseverar, te irá mal y reforzarás tu pensamiento o creencia negativa. Si pensando que no eres sociable, huyes de las conversaciones y de los eventos sociales, no practicarás formas de ser sociable. Al actuar decidirás en qué centrar tu atención, tus pensamientos dominantes y lograr tus objetivos. **Tus acciones te definen.**

¿Con pensar en convertirte en artista lograrás serlo? No, si nunca te encaminas para eso. Pero si luchas y fomentas tu arte es distinto, tendrás más posibilidades de hacerlo. Leí una frase que me encantó: «No eres lo que piensas, eres lo que haces». Revisémosla, lo que estás haciendo debió surgir de lo que pensaste, por lo tanto, todo lo que realizas en este momento es justamente quién eres. Si eres una persona que todo el tiempo se dedica a crear arte, eres un artista; si te dedicas a hacer música, eres músico; si lees con constancia, eres un lector. Y así.

Es súper importante que todo el tiempo estemos poniendo atención a lo que realizamos, porque ahí es donde estamos poniendo nuestros pensamientos, nuestras emociones y nuestras conductas; de no hacerlo empezaremos a vivir de una manera automática. En esta automatización es en donde muchos de los problemas surgen, ya que, si constantemente yo estoy haciendo cosas que me mantienen en el fracaso y la mediocridad, siempre me sentiré mal. Por más que intente mejorar, por más que intente ser una mejor persona, no lo lograré porque me habré anclado en ese pensamiento nocivo por tenerlo como parte de mi rutina, algo que se acciona en automático sin requerir algo de energía de nuestro cerebro. Que tus acciones le ganen a cualquier pensamiento negativo.

Malos maestros

No existen malos alumnos, solo malos maestros. Yo no creo que ningún niño o niña nazca malo, considero que las circunstancias del ambiente, de la humanidad, de los malos maestros y las malas educaciones los que hacen que las personas terminen siendo seres maldad o nocivas para la sociedad. Si a mis hijos los tengo siempre educados desde la violencia y el miedo, terminarán repitiéndolo: impartirán violencia y miedo. Más que estar castigando a las personas por sus acciones, deberíamos de analizar qué está pasando detrás. ¿Por qué aprendieron a hacer eso? ¿Por qué aprendieron a defenderse de esa manera? ¿Y por qué el día de hoy se sienten tan mal con tu entorno?

Los malos maestros terminan siendo bastante peligrosos para la sociedad y muchas veces no nos damos cuenta. Con maestro no me refiero solo a la persona que está en la escuela, sino a cualquiera de nosotros que influya en el otro, que nos vea como un modelo a seguir e intente copiar nuestras acciones.

¿Eres el maestro o la maestra de alguien?

Es en este momento y en este proceso en donde tenemos que ser conscientes de quién nos observa. Si piensas que nadie lo hace, toma en cuenta que las niñas y los niños muy pequeños son capaces de absorber todo lo que haces, tus conductas, las miras constantemente… Si un niño o niña copiara cada cosa que haces, ¿sería lo mejor?, ¿estarías demostrando lo mejor de ti o terminarías siendo ese mal maestro?

Reflexiona.

¿Te gustaría que la forma en la que vives, que cómo te comportas fuese el modelo de un niño o de alguien muy inocente? Si la respuesta es negativa sabrás que habrá cambios necesitas hacer en tu vida, si no quieres convertirte en un mal maestro y que la sociedad siga viéndose afectada.

Mundo de cabeza

Mucho de lo que este libro hace es atacar creencias de positivismo o pensamiento mágico. En lugar de eso, empecemos a aceptar las cosas como son. Exponte a tus miedos para volverte más valiente. No es lo mismo ir caminando por la calle y que se nos aparezca un perro rabioso, que ver a ese mismo perro a punto de atacar a uno de nuestros hijos o ser querido y lo defendamos. Nuestro cerebro ocupará distintas áreas para cada situación y por eso la psicoterapia funciona tan bien: aprendemos a contrarrestar de manera voluntaria cada caso. Es sumamente importante darnos cuenta de que cuando atacamos ese miedo, cuando lo hacemos consciente, somos nosotros quienes controlamos el ambiente y no al revés.

Imagina esto en el terreno amoroso: «Es que me lastimaron y ya no quiero abrir mi corazón a nadie más». En ese momento la persona se vuelve solitaria no cree que encontrará a alguien digno de su amor. Ninguna relación de pareja puede vivirse en plenitud si se está con miedo, la única manera de que te encuentres a una persona valiosa es dejándote lastimar por todas aquellas que no lo son, es abriendo tu corazón y creando la libertad suficientemente hermosa para permitir que la gente que no necesita estar a tu lado desaparezca y solamente se queden las que importen para ti. Puedes tomar el control de tu vida, de tu mente y así evitar que te lleve, a través de creencias limitantes o pensamientos de miedo, a vivir en malestar.

Cuando empieces a hablar de tus inseguridades empezarás a contrarrestarlas, porque quien tiene el control eres tú. Por eso a las personas que tienen miedo de hablar en público se les pide que hagan publicaciones, que hablen en un blog o que simplemente un día se paren y hablen en público. Hay una herramienta muy interesante para eliminar la ansiedad social: si tienes demasiada ansiedad social y ya no sabes qué hacer con tu vida, toma una correa para perro (o algo similar), amarra un plátano con ella y llévalo a caminar a la calle. Literal, se trata de arrastrar ese plátano por la calle ¿Para qué sirve esto? Para darte cuenta de que mucha de la gente ni siquiera se va a inmutar por lo que estás haciendo, para que entiendas que no eres el actor principal en la mente de los demás y para que la gente se ría de ti (los que realmente pongan atención), no daña a nadie y no se estarán riendo de ti, se estarán riendo de que alguien está llevando un plátano a pasear.

Mientras más intentes escapar del dolor, más dolor tendrás. Es otra de las paradojas de la vida. Cuando tratas de escapar de dolor, cuando tratas de anestesiar tu vida, en ese momento, empiezas a formar una capa que hará que después sea peor. Voy a usar el alcohol como un ejemplo: las personas que beben alcohol para no sentir, terminan convirtiéndose en alcohólicas y destruyen su vida, no solo la personal, todas las áreas. Cuando tú enfrentas tu dolor o tu miedo, tu cerebro ocupará distintas herramientas para salir adelante y descubrirás aquellas que ni sabías que tenías. Están ahí, dentro de ti, en tu fuerza de voluntad, en tu resiliencia.

Aburrimiento que ayuda

Quizá después de leer este libro y de encontrarte con este título digas: «Creo que Adrián ha perdido la cabeza después de escribir tanto». En realidad no, ser mundano es lo mejor que te puede pasar porque puedes ser mejor con el menor esfuerzo posible.

Cuando entiendes que la vida no tiene que ser sumamente increíble, maravillosa, llena de viajes y llena de un montón de cosas todo el tiempo; cuando te das cuenta de que la vida puede ser tan hermosa con las cosas más simples y más pequeñas; en ese momento tendrás todo para ganar y muy poco por perder. Te invito a eso. Gran parte de tu vida estará compuesta de rutinas y las puedes ir mejorando para ser una persona extraordinaria en poco tiempo. Poco tiempo me refiero a 1 o 2 años.

Déjame contarte cómo llegué a esta medida. En un día normal, salía de mi casa rumbo al trabajo (de lunes a sábado), era un camino entre 800 a 900 metros. Algo que puedes caminar a la perfección sin necesidad de usar autor. Un día caí en cuenta de que este camino que tomaba (esta ida y vuelta unas 6 veces al día), era mi vida, por completo, y no había nada más que esos 900 metros. Era un ciclo que no terminaba; a veces jugaba con la idea de pasar por una calle, pasar por otra, caminar, dar una vuelta diferente, hacía muchas cosas, pero al final el punto A y el punto B eran lo mismo. Entonces noté que mi vida era sumamente aburrida, lo que me había acarreado cierto problema. Pensé que como psicoterapeuta, como persona que hace ejercicio, que quiere llevar una vida *healthy*, tenía que ser mucho más emocionante porque, además, veía youtubers, instagrameros, entre otros, que todo el tiempo estaban haciendo algo diferente: comiendo en lugares distintos, viajando, pasándola bien; y yo decía: «Y si yo hiciera eso, ¿cómo sería?». Fue ahí donde me di cuentade que tal vez mi problema es que me estaba enfocando en cosas que no tenían importancia y que la vida de los demás realmente no tenía sentido para mí. Decidí enfocarme en el tiempo que ocupaba en desplazarme, alcanzaría uno de los mejores resultados. Empecé a escuchar pódcast en los trayectos. Poco a poco me empecé a acostumbrar a la velocidad de los pódcasts y decidí aumentarla, hoy estoy escuchando audios a 2.5 de velocidad, lo que hace que en una hora realmente esté escuchando 2.5 horas. Esto no solo cambió mi forma de percibir el mundo, también llenó ese momento de mi vida que yo pensé que era sumamente aburrido. Esto hizo que explotara mi creatividad y por eso lo quería compartir contigo; ser mundano, ir del punto A al punto B fue lo mejor que me pudo haber pasado, solo escuchar pódcasts a la par. Imagínate, hizo que mi vida pasara de 3 de diversión a un 10, al máximo, porque me dio la oportunidad, no solamente escuchar varios puntos de vista, sino de seguir aprendiendo y seguir explotando este potencial que llevo dentro.

Me gustaría que analizaras qué cosas en tu vida consideras sumamente aburridas y puedes sustituirlas por algo que te haga la vida mucho mejor. En mi caso fueron los pódcasts, en otro podría ser la música, o puede ser que a diario grabes videos, audios de lo que quieras, cualquier cosa que hagas para mejorar tu estado de aburrimiento o mundano. No se necesita mucho y será un gran cambio en tu vida.

Calificar las experiencias

No hay experiencias buenas o malas, somos nosotros los que les ponemos las etiquetas. Esto cuando lo entendí fue una belleza y lo será también para ti cuando lo asimiles y vivas en consecuencia. Nosotros somos quienes consideramos que algo es bueno o no. Un ejemplo sencillo es cuando vas a ver una película con alguien y al final cada uno hay entendido algo completamente diferente. Quizá te ha pasado. Fuiste de muy mal humor y odiaste la película, mientras tu acompañante, que estaba feliz, la amó. Un día de nieve puede significar una completa desgracia para ti y comenzarás a pensar en todo lo negativo que vendrá, pero para alguien podrá ser lo mejor del mundo en diversión y será una experiencia maravillosa. Todo esto por nuestra percepción. Somos nosotros quienes etiquetamos algo de bueno o malo.

Piensa en cómo los mejores aprendizajes llegaron de las experiencias que tú creíste peores. Esto es algo que he enseñado en terapia por mucho tiempo y que he aprendido en carne propia. Las peores cosas que me han pasado, los momentos donde más angustia sentí, hoy son ese fuego que forjó el metal de mi alma. Fue justamente una experiencia que yo concebía la más negativa de mi existencia la que hizo que yo fuera alguien más claro, capaz de poner límites y de saber lo que necesito. Para esto tuve que reclasificar las experiencias de malas a de aprendizaje. **Si decides catalogar tus experiencias negativas como oportunidades de aprendizaje, las verás con otro matiz, con otro filtro, ya no serán una mera desgracia por la cual quejarte.**

Piensa en la experiencia que consideras más terrible (quizá las catalogas así), ¿podrías empezar a verlas como un gran aprendizaje? Esto requiere un gran esfuerzo de tu parte, pero después podrás mirarla de una nueva manera y mejor. Este ejercicio te ayudará a no sentirte víctima del mundo y a vivir con mayor bienestar.

Cuando nosotros somos los creadores de algo bueno o malo (como experiencia), somos quienes le podemos dar todo el control a nuestra propia existencia y no dejar que sea el ambiente el que nos controle. Si consideramos algo como una oportunidad de aprender, nos volvemos libres, responsables; dejamos de cargar el miedo de perdernos en el dolor y del sufrimiento. Verifica las etiquetas que has puesto y que le pones a tus experiencias para no atormentarte innecesariamente con un pasado del que puedes obtener algo bueno, servirá como una gran lección, un valioso aprendizaje.

Sobre rituales y adicciones

Hay muchísimos rituales que nos hacen daño, de algunos ni siquiera somos conscientes de que los estamos haciendo. Pueden terminar en adicciones de sustancias, conductas, de personas o un largo etcétera; y por desgracia creamos una falsa felicidad a través de estas que nos hacen ciegos ante cualquier daño. Usemos el ejemplo más común de los «5 minutos más» para postergar levantarte. ¿De verdad crees que con esos 5 minutos más estás descansando? Si tu respuesta es sí, te estás engañando de una manera total, porque ningún estudio del sueño ha demostrado que 5 minutos sean suficientes para recuperarse. Las mejores siestas duran de 15 a 20 minutos, si duran más te van a aletargar, pero si duran menos no crearán ningún tipo de función dentro de ti. Por lo tanto, esta rutina de 5 minutos más, que además termina volviéndose media hora o hasta una hora en algunos casos, es una de las peores acciones que puedes tener, porque te estás perdiendo una hora de ti, de la vida y de tiempo que podrías aprovechar en algo completamente mejor para ti que quedarte durmiendo. Podrías tener una sesión de ejercicio, de meditación, podrías desayunar con calma, crearte tu propia rutina de limpieza, yo qué sé, muchísimas cosas podrías hacer en ese tiempo.

Estas rutinas te llevarán a la felicidad a largo plazo, pero si buscas esto a corto plazo solo alimentas una adicción o una conducta adictiva dentro de tu mente, que con seguridad te traerá problemas graves. De momento no lo sabes porque solo quieres 5 minutos más para descansar. Muchas de nuestras rutinas, que son inconscientes, terminan siendo destructivas con nuestro futuro; cuando no estamos dispuestos a sacrificar cosas de placer inmediato por grandes éxitos y grandes alegrías en el futuro, nos convertimos en algo menos que un animal. Aunque los animales no son conscientes de este tipo de cosas y nosotros, con nuestra conciencia, sí lo somos. Además, te estarás culpando o achicando por esto pequeño que no hiciste.

¿Qué puedes hacer entonces para crear cambios?

Con un diario en mano, sé claro con tus rutinas. Solo podrás generar cambios siendo consciente de las actividades que te dañan. Mihaly Csikszentmihalyi, en su libro *Fluir*, afirma que es muy importante que tengamos un relojito a la mano para apuntar cada hora, con exactitud, lo que estemos haciendo y cómo nos sentimos en ese momento. Así tendremos un registro por lo menos de 16 horas en un día de que ocurre, cómo lo vivimos; midiéndolo durante una semana podríamos perfectamente sacar la información necesaria.

Sentidos por asociación

Todo el tiempo tu mente está creando sentido y esto puede acarrear problemas como cuando sufrimos un trauma y asumimos esa situación como universal. Por eso que muchas personas caen en problemas que podrían ser perfectamente evitados. Como nuestra mente tiende a guardar las memorias en pequeños compartimientos para ahorrar energía, cuando asociamos cosas positivas con eventos negativos, nuestra mente no podrá distinguir si esto es positivo o negativo. Si una persona que te violenta se convierte en alguien de importancia para ti, entonces tu mente pensara que está perfecto que te violente porque es una persona que en el futuro te amará más. Este es justo uno de los problemas más graves dentro de la violencia intrafamiliar y es el tipo de casos que los psicoterapeutas tenemos que trabajar constantemente: tratar de ayudar a la persona para que evite asociar el dolor con algo placentero, o la violencia con algo normal y común dentro de su hogar.

Ahora imagínate si hemos asociado el fracaso como parte de nuestra vida cotidiana, el hecho de que no podemos avanzar y ni siquiera podemos hacer nada por nuestras propias vidas porque simplemente es normal estar jodidos. Si tú analizas a las personas que nacieron en familias de dinero, la mayoría de estas personas tienden a mantener ese capital. La pregunta que los sociólogos y los psicólogos siempre nos hemos hecho es: ¿por qué ocurre esto? La razón es que el contexto hace que asocien el éxito y el dinero como parte del trabajo o, incluso, parte de su vida diaria. Grandes millonarios que han perdido todo, en menos de 3 o 4 años recuperan su fortuna y esto es porque tienen la mentalidad del dinero y el éxito, una mentalidad de la que hablé en mi libro *Soy potente* (disponible en Amazon). Empieza a trabajar en asociar mejores respuestas y mejores contextos a tu vida, no quedarte con lo que tienes hoy, sino explotar ese potencial que llevas dentro de ti.

Para muchas personas será muy difícil porque varias rutinas se han convertido en parte de su contexto. Si así pasa contigo, no te preocupes, poco a poco vas a ir rompiendo estas pequeñas secuencias. Podrás crear el futuro que deseas. Requerirá de mucha conciencia, mucha energía y mucha atención; gastarás más energía de lo normal, pero te llevará a esa vida que siempre has deseado.

Vamos a llevar esta asociación al extremo ¿Qué pasa con las personas que tienen relaciones tóxicas y pasan de una relación a otra en donde siempre están mal con su pareja? **Ellas ya asociaron que hay reglas en donde tienes que pagar cierto valor para tener minutos o segundos de amor.** Por eso pueden cambias de pareja constantemente, pero pareciera que es la misma persona solo que con diferente nombre o diferente rostro. Esto es por asociación. Las pocas formas que existen para romper con esto son: primero ser consciente de lo que te empuja a tomar estas relaciones como parte de tu vida, después aprender a poner límites claros y, por último, la psicoterapia para aprender qué reglas has puesto en tu vida que hoy te están lastimando.

Existe el problema de las generalizaciones y las paradojas, la mente usa la generalización para entender, de una manera mucho más sencilla y simplista, aquello que ocurre dentro de un proceso de vida, tratamos de generalizar la realidad para no estar detallando cada cosita o cada figura qué ocurre dentro de un contexto: es mucho más fácil ver un bosque que ver un árbol. El conflicto es que muchas de las cosas en donde deberíamos de ser más específicos (como rutinas, creencias limitantes, conductas específicas que nos están manteniendo en la mediocridad…), generalizamos, entonces vemos que quizá no es tan grave dormir 5 minutos más, tal vez no es tan grave no tomar agua, tal vez no es tan grave evitar el ejercicio.

Después ocurren las paradojas, estas son mensajes que parecen contrarios, pero a la vez son correctos. Por ejemplo: «No mire o no lea este mensaje». Cuando observas algo así estás atrapado en la comunicación, ni puedes hacer una cosa ni puedes hacer la otra. Dentro de todas las relaciones de pareja donde hay toxicidad y se están lastimando, por lo regular las parejas viven una paradoja de amor-odio en donde tienen mucho miedo de dejar a la otra persona, pero tienen más miedo de estar solas, entonces se mantienen en una relación que termina por hacerles demasiado daño.

Una vez que hemos creado un sentido, nuestra mente lo defenderá como si fuera la última gota de agua en un desierto, esto es porque la mente odia perder. Para ejemplificar esto, no hay nada mejor que el caso de las personas que han perdido algún tipo de extremidad. Ya existen prótesis robóticas para que las personas puedan sustituir su extremidad perdida; mientras que para la mente nunca se pierde nada, ella considera que sigue teniendo todo el cuerpo. Recuerda que nuestra mente crea y recrea un ambiente completamente holográfico en donde todo funciona a la perfección, y poco a poco se va dando cuenta qué ocurre en realidad. Sin embargo, el cerebro odia perder, lo reitero. Y esta es una de las razones por las cuales a la gente se le complica dejar de fumar, dejar de beber alcohol o cualquier otro hábito dañino. Para la mente eso significaría perder algo, «Después de tanto tiempo, después de tanta energía invertida, ¿por qué dejaría o perdería aquello que tanto tiempo le hizo sentir bien?». Entonces es mucho más sencillo cambiar la forma de verlo.

Tu mente le ha creado cierto sentido a fumar, cierto sentido a estas conductas negativas que hoy te están haciendo daño, pero si tú le das un nuevo sentido o le ayudas a crear uno nuevo, por ejemplo: «Quiero correr un maratón», y empiezas a entrenar, tu cuerpo irá rechazando el cigarro porque buscará el sentido de hacer ejercicio más que el sentido de fumar. Si lo notas estarás eliminando la necesidad de fumar sin tener que dejar los cigarros. Cuando AGREGAS a tu vida, será mejor que trabajar en lo que quieres eliminar, por ejemplo, no estás alejándote de amistades tóxicas, te estás acercando a nuevas y mejores amistades. Estos son pequeños ejemplos que te pueden servir para resignificar tu vida y no sufrir tanto cuando quieras hacer algún tipo de cambio.

Nuestras memorias fallan, primero vives la experiencia, luego la recuerdas ya con algunos huecos en el recuerdo, luego la cuentas y le agregas elementos a esos espacios para taparlos y completar la idea; conforme la sigues narrando, vas mejorando o empeorando, dependiendo de tu estado de ánimo, hasta que la experiencia ya no se parece en nada a lo que viviste, y esto se debe a que la memoria es un constructor de tus neuronas, tu memoria jamás hará una fotografía o un video de aquella experiencia que viviste. La memoria es tan perfeccionista que tiene que ir llenando todos esos faltantes que se crean en los recuerdos y, dependiendo de tu estado de ánimo, será con lo que lo llenarás. Imagínate el siguiente escenario: vas con tu pareja a cenar a un restaurante después de ver una maravillosa película, de pronto al mesero se le cae la comida encima de ti, como tú estás tan contento porque estuviste saliendo con tu pareja y la película fue muy buena, en automático le dirás que no se preocupe, le ayudarás a limpiar, y por cuenta del restaurante pagarán los gastos de la tintorería. Ahora imagínate que, en lugar de eso, la película estuvo horrible, te peleaste con tu pareja y el mesero tira la comida encima de ti. ¿Cómo será tu reacción? Si eres una persona común, seguramente te enojarás más de la cuenta y esto es porque la experiencia se fue enturbiando más y más, y los recuerdos de ella cada vez serán peores. Este es el poder que tiene tu mente de convertir las memorias en tan positivas o tan negativas como sea posible.

Nuestra mente recordará la situación dependiendo de la relación que tengamos con las personas con las que estamos viviendo la experiencia. Sé que esta es una frase bastante enredada, pero vale la pena que se entienda: «También las personas que están a tu alrededor irán contaminando o filtrando tu experiencia, por lo que, si estás con alguien que no soportas, las experiencias van a ser teñidas con repugnancia y molestia, a diferencia de cuando estás con tu pareja a la que amas». Esto, cuando tú lo entiendas a cabalidad, te dará noticia de la importancia de estar rodeado de personas que ames y que sean importantes en tu vida, en vez de estar todo el tiempo con quienes odias o no soportas. Es mucho mejor que te tomes la licencia de estar con gente que te llene, que te sume, y no con quienes te hacen daño.

Control sobre la mente

Tu mente estará siempre buscando confort y hasta lo hará a través de engaños para mantenerte lo más tranquilo posible. Recuerda que la mente no tiene que vivir algo para hacerlo real. Existe un experimento que quiero compartirte para que lo hagas: imagina que en tu mano tienes un limón, imagínalo lo más vivido posible, y este limón puedes abrirlo poco a poco, poco a poco, hasta el punto en donde quede abierto por completo. Ahora imagina que la mitad de este limón lo metes en tu boca. Si lograste sentir el sabor ácido característico de un limón, si incluso se te inflamó la parte de abajo la garganta (créeme, será así si realizas bien el ejercicio), automáticamente te habrás dado cuenta de que tu mente tiene la capacidad de crear esto.

Siendo esto así, entonces tenemos que aprender a trabajar con el enemigo principal, que es nuestra mente. Esta, para evitar riesgos, para mantenernos seguros, intentará entrar a una zona de confort aunque no quieras. Por eso es tan difícil iniciar algún tipo de inspiración o motivación, por eso te resulta tan difícil cuando dices: «Ahora sí quiero empezar a hacer ejercicio». Te cuesta mucho trabajo porque tu mente se acostumbró a estar en piloto automático y lo que menos quiere es que tú salgas adelante. Haz el ejercicio del limón, cuando te das cuenta del poder que tiene tu mente, puedes empezar por imaginarte haciendo las cosas, imaginarte haciendo el ejercicio, imaginarte que después terminas muy contento y feliz. Esto te llevará a que, cuando dejes de pensarlo, tu mente diga: «Oye, ¿por qué estamos dejando de hacer esto? Necesito otra vez la sensación de gusto, de alegría, de haber hecho ejercicio». Después de recrear en tu mente lo que quieres hacer y convencerla de hacerlo, de no poner resistencia, debes llevarlo a la práctica; recuerda que te mente eres tú y, si no llevas a la práctica lo que imaginaste, se dará cuenta que la estás tratando de engañar, y hará lo posible para regresar a esa zona de confort de la que quieres salir. Lo que creas te reprime y te limita, aprende a romper con lo que tú generas.